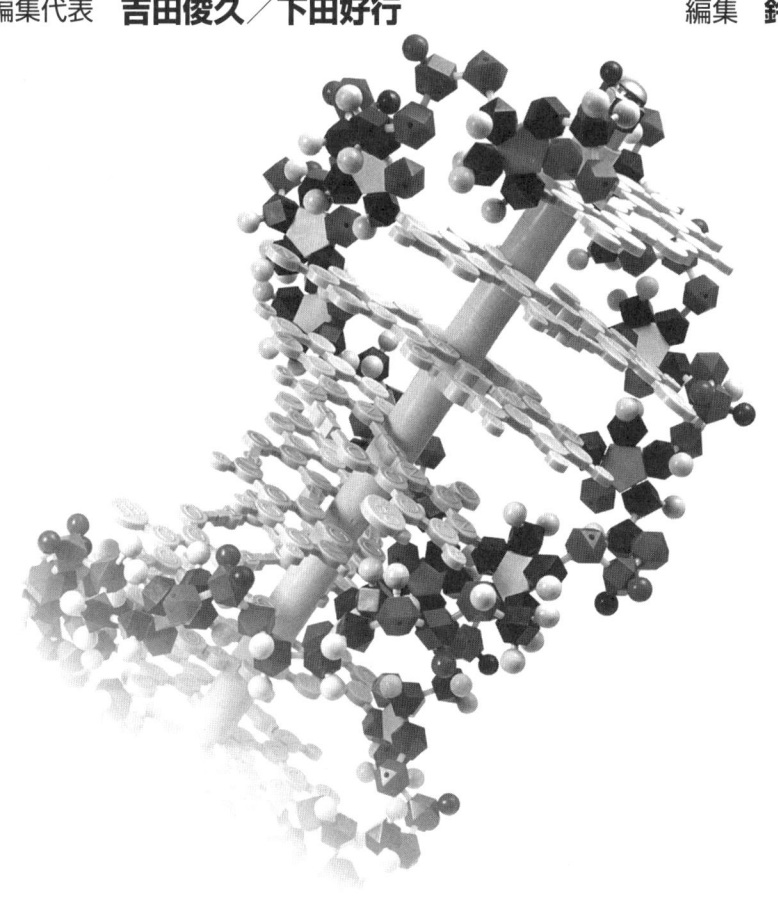

図説

学力向上につながる
理科の題材

物理編

「知を活用する力」に着目して
学習意欲を喚起する

編集代表　埼玉大学名誉教授 **吉田俊久**／国立教育政策研究所総括研究官 **下田好行**

編集　宇都宮大学教授 **鈴木　勲**／横浜国立大学教授 **山本郁夫**

とうほう
東京法令出版

刊行に寄せて

財団法人 日本科学技術振興財団会長　　有 馬 朗 人
武蔵学園学園長

　学力低下という問題が喧伝されているが，学力問題の根底にあるものを見誤ってはならない。児童生徒の知識の多寡ばかりがクローズアップされ，それが，学習内容の精選によるものだという短絡的な見方があるが，知識の獲得量ばかりに目を向け，たくさんのことを教えることは，以前のような詰め込み教育の復活であり，結果として，受験以外には役に立たない知識の獲得に陥る危険性を孕んでいる。

　我が国においては，児童生徒の学習意欲が逓減している現状や，学習の動機づけに対する工夫が弱いという現状こそが問題なのである。TIMSSやPISAなどの国際比較調査を分析してみても，数学で学ぶ内容に興味がある生徒が国際平均値より低く，また，理科や数学の勉強を楽しいと思う生徒の割合が国際平均値より低いという結果が報告されており，そのことが明確に読み取れる。この問題の改善なくして，児童生徒の学力向上は困難である。

　すなわち，学習意欲の喚起こそが本当の学力向上につながると言えよう。児童生徒に，学習する必要性を納得させ，どういうところで使えるかに気づかせることが重要で，そのための授業の工夫が求められているのである。実生活と関連づけた指導の充実を図るなどして，数学や理科を学ぶことの意義や有用性を実感する機会を持たせることが重要である。

　その視点として，実生活との関連性において数学・理科の学習内容をとらえることが重要で，そのうえで科学的，論理的な思考力を養成する必要がある。

　本書には，児童生徒の学習意欲を喚起することをねらいとして，数学・理科の学習内容と実生活（日常現実社会）とを結びつける題材が集められている。今後，学習により獲得された知識を実生活に活用する力が一層求められることになるが，副題に「『知を活用する力』に着目して」とあるように，本書はまさにその点に着目して編まれたものであると言えよう。そして，断片化された学習内容を実生活に結びつけて総合的にとらえようとしている点に注目したい。

　教育実践に携わる多くの先生方が，本書に収録された題材を活用され，さらに，児童生徒の学習意欲を喚起し，学習に対する強い動機づけにつながる題材を発掘され，本当の学力向上につながる教育の実践を積み重ねて下さることを期待している。

まえがき

　ある心理学者が人間の能力を，知識能力，技能能力，態度能力の三つに分けたときに，知識を得ることも，技術・技能を身に付けるのも大切であるが，それらを生かし積極的に活用する意欲，人間力が極めて重要でその態度能力がなければ，いくら知識能力や技術能力があっても意味が無いと言ったという。まさに同感である。コンピュータ等の情報機器が知識を補完し，優れた機械が技術・技能をも補う情報化時代である。意欲さえあれば，コンピュータを駆使し情報を検索でき，機器を使いこなして目的を達成することができる。

　また"理数離れ"が言われて久しいが，OECDのPISA（学習到達度調査）の国際比較からも学習意欲（態度能力）の低下は裏付けられている。学力の低下傾向だけでなく，元々日本の児童生徒の学習意欲の低いことに問題はあった。これは学習内容が日常現実社会とかけ離れ，知識が断片化しているためである。断片化された知識では"何のために学ぶの？"や"学習内容は日常現実社会のなかでどのように活用されているの？"という児童生徒の問いに答えられない。受験教育では単なる暗記力（断片化クイズ的知識）でもそれなりの成果は手に入る。しかし本当の「確かな学力」では断片的な知識の多寡を競うのではなく，学習内容と日常現実社会とを結ぶ総合的な学習も必要である。そこで学習内容として身近な題材を取り扱えば，学習への興味・関心から学習意欲も喚起されるであろう。意欲が喚起されれば，学習内容もより拡がるというものである。それゆえまず，日本の児童生徒の学習意欲の喚起が緊急の課題となっている。

　一方，次期学習指導要領の原案が中央教育審議会の部会により示された。ここでも「知識・技能を実生活に活用できる力」を基本的な考え方に据えて，総合的な論理的な思考力の育成の大切さを強調するという。最近，あるシンポジウムで小学生の"好きな教科"について，算数・数学，理科，社会が50～60％に対して，国語は30％しかいないという報告を聞き驚いた。しかしその予感はあった。大学生のレポート（報告書）や試験の答案を見ても，読み手を納得させる具体的な客観的な論証を行う文章が特に減ったように感ずる。少なくとも言葉と言葉をつなぐ論理的操作を行う接続詞，「つなぎ言葉」等が無かったり，あるいは正確に使われていないから文章が論理的に破綻する。携帯電話をコミュニケーションの手段としている高校生，大学生は文章を書くことを嫌っているのではない。データに基づく知識に裏付けられた考え方，論じ方や表現の仕方が未熟なのである。理科・科学の論理でも，このような小さな知識と小さな知識とを結び，これらを全体へと紡ぎ，つなぐ統合・総合力を必要とする。まさに今，学校現場では児童生徒の学習意欲，態度能力と「知(識)を活用する力」という総合的な論理的思考力の育成が望まれている。

　今回，東京法令出版株式会社より『図説　学力向上につながる理科の題材 ―「知を活用する力」に着目して学習意欲を喚起する ― 』を企画・出版した。「日常現実社会のなかで産業（製品・技術）・職業・人間とに関連した題材」を集めたもので，視覚的にも図・表，写真という資料を数多く取り入れた。本書はあくまでも中学・高校の理系教科（物理，化学，生物，地学）における教材開発のための題材の提供であると共に，学習意欲の喚起と論理的思考力の育成をねらいとしたものである。授業への導入時の話題（ネタ）としてもご活用いただければ我々にとり望外の喜びでもある。是非とも中学・高校の多くの先生方に本書のご活用をお願いしたいと考えている。

　2006年4月

編集代表　吉田　俊久

目　次

刊行に寄せて
まえがき

第1編　ホリスティックな視点による学習意欲の喚起と学力向上

1　理科の学力向上と学習意欲の喚起　　8
2　物理における学習意欲の喚起と題材の開発　　10
3　知の活用力：分析力と綜合力－科学領域におけるホリスティックな視点について－　　14
4　「知を活用する力」に着目した児童生徒の学習意欲を喚起する題材の開発　　16
　　　－授業への導入の可能性を中心として－

第2編　学力向上・学習意欲喚起につながる物理の題材

生活の中の電気

1　青い光とダイオード　　～半導体　発光ダイオード　原子の構造　　22
2　電波で位置が分かると何ができる？　　～全地球測位システム(GPS)　　26
3　切符で自動改札を通れるわけ　　～磁石とその応用　　30
4　"ひも"が生み出す衛星の電力と推進力　　～地磁気と導電性ケーブルを利用する宇宙技術　　34
5　電子の"五感"センサー　　～回路における電圧　　38

波の性質とその利用

6　地震も津波も波動現象　　～いろいろな波，波の反射・屈折　　42
7　携帯電話で話ができる仕組み　　～電波を利用した通信の仕組み　　46
8　弦楽器が管楽器に合わせる音合わせ　　～弦の振動と空気柱の振動　　50
9　地球の熱を蓄える二酸化炭素の赤外線吸収　　～二酸化炭素による温室効果　　54
10　温度を光で測る　　～熱放射　　58
11　アンテナの長さは電波の波長によって変わる　　～共振と共鳴　　62
12　うなりで速度を測る　　～ドップラー効果を用いた速度測定　　66
13　果物の甘さを計る「糖度測定装置」　　～光の吸収と原子の振動　　70
14　音で音を消す　　～波の重ね合わせの原理とその応用　　74
15　遠くのものはなぜ小さく見える　　～レンズの光学系　　78
16　パラボラアンテナと太陽熱調理器は反射集光器　　～光の反射と屈折の法則　　82
17　目にくっつけてピント合わせをする虫めがね　　～凸レンズによる拡大倍率　　86
18　砂は濡れると黒くなる　　～物質の界面と光の反射　　90

運動とエネルギー

19　タイヤに働く抵抗力は？　　～転がり抵抗と表面の状態　　94
20　大気圧を測定して高度を知る航空機　　～アルキメデスの原理と大気圧　　98
21　ロケットの打ち上げは赤道付近で　　～円周速度と遠心力　　102
22　限界に挑むアスリートたち　　～平均速度と(瞬間)最大速度・加速度・角速度　　106
23　熱気球は，なぜ浮かぶ？　　～浮力のしくみ　　110

- 24 340年前の上皿天秤の機構を持つ電子天秤　　～仕事の原理と天秤の釣り合い　114
- 25 単位の演算から振り子の周期を求める　　～物理量を表す固有の単位　118
- 26 大きな力を得るには長い移動距離が必要！　　～モーメントの釣り合いと仕事の原理　122
- 27 おもりをつけたエレベーター　　～重力と位置エネルギー　126
- 28 棒高跳びの世界記録　　～運動エネルギーと位置エネルギー　130
- 29 真空の2重壁からなる魔法瓶　　～熱伝導と対流　134
- 30 温度は運動の激しさ　　～温度の定義と気体の状態方程式　138
- 31 なぜレールに隙間が空いているか？　　～熱膨張の弊害と応用　142
- 32 何度も使えるカイロ　　～相転移と潜熱　146
- 33 電子の速度が減少して発熱する電熱線　　～電力とジュール熱　150
- 34 海水の熱から電気をつくる　　～海の温水と冷水を用いる発電・海洋温度差発電　154
- 35 火が消えるとガスが止まる　　～熱電対によるエネルギー変換　158
- 36 『宇宙旅行』を"リアルに"体験する方法　　～重力と視覚でつくり出す体感的仮想現実　162

電気と磁気

- 37 コンピューター用小型コンデンサーと誘電率　　～クーロン引力と誘電率　166
- 38 きれいに人形へ植毛する方法　　～電荷の間で働く引力と斥力　170
- 39 磁場と電場で原子・分子の重さを量る　　～磁場中のイオンの運動　174
- 40 "超"大容量を可能にするスーパーコンデンサー　　～電解液と活性炭で電荷をためる　178
- 41 電磁誘導で調理する　　～電磁誘導と渦電流　182

原子・分子と原子核

- 42 空気圧で支える東京ドーム　　～圧力と大気圧　186
- 43 水を高温に保つ圧力鍋　　～水の温度の蒸気圧　190
- 44 上方・下方置換法は気体の混合速度の差　　～対流と拡散　194
- 45 デジカメで写真を撮る仕組みは？　　～半導体，フォトダイオード，CCD　198
- 46 暗闇でものを見る　　～光電効果で微弱な光を測る　202
- 47 質量欠損と原子核の安定化　　～原子量の基準と^{12}Cの質量　206
- 48 100％輸入されるヘリウム　　～原子核のα崩壊とヘリウム　210
- 49 放射能で安全を守る　　～放射線の電離作用で煙を検知　214
- 50 放射線でつくる新素材・新技術　　～物質と原子　放射線と原子核　218

あとがき
編集・執筆者一覧

第1編

ホリスティックな視点による学習意欲の喚起と学力向上

1 理科の学力向上と学習意欲の喚起

吉田 俊久

1　学力と学習意欲

　学力と学習意欲は密接な関係にあるはずである。学習の始まりはまず，興味・関心（好奇心）であり，興味・関心を持てて初めて学習意欲が喚起される。日本の児童生徒の学習への興味・関心は世界的に見てもあまり高いとは言えず，結果として学習意欲も高くはない[1]。児童生徒は"何のために学ぶの？"や"学習内容は日常現実社会のなかでどのように活用されているの？"がわからないのである。まさに学習への動機付けが必要である。学習への意味，意義が理解できたときに，少なくとも学習への意欲が喚起される。学習の内容と児童生徒の現在，すなわち日常現実社会とのつながりと児童生徒の将来，すなわち夢としての職業とのつながりを明確に示してやれば，学習の意欲はわくはずと考えた。

　とは言っても，日常生活で身のまわりにある物については，コンピュータが陰に隠れて"フール・プルーフ"とか"ユビキタス"とかいう物になっている。それらは完全に中身が見えず，何が何だか理解できない。また将来への夢としての職業についても，昔ながらの職業がなくなったり，サラリーマンとはいっても何時，リストラされるかもしれない。完全に夢の見えない時代になっている。さらに児童生徒の周りには生まれたときからデジタル機器が溢れている。強烈な刺激的なデジタルな世界に慣れている者にとっては，情報が安易に提供されるから容易に手に入る。あえて必死になって物事に取り組み，それらを吸収する意欲もわかず，生半可な刺激，動機付けでは理科などという教科への「興味・関心，意欲」などわくはずもない。文部科学省でも『「確かな学力」と「豊かな心」をはぐくむために』の方針で「確かな学力を飛躍的に向上させるための総合的施策」を講じている。「学習意欲向上のための総合的戦略」として平成16年度文部科学省委嘱研究『「学習内容と日常生活との関連性の研究—学習内容と日常生活，産業・職業・人間とに関連した題材の開発—」』の報告がホームページ「確かな学力」にも転載されている[2]。

2　知識の断片化と総合化されるべき知識

　教育の世界では効率は馴染まないが，教育の面でも過去に学習指導要領の改訂の度に精選・厳選の効率化が優先されてきた。その結果，知識の切り売りが続き"知識の断片化"が進行してきた。また小学校，中学校，高校では大学への入学のための受験教育が強調された。そこでは暗記力による知識のクイズ化が起こり，"知識の断片化"に拍車が掛かっている。さらにデジタルな世界，現代では容易に情報が手に入るが，得られる情報はやはり"断片化された知識"でありそれ以上のものではない。日常生活とは無関係な知識が"断片化されたもの"では児童生徒はそれを十分には使えない。小学生では断片化された知識とは言え，極めて重要な基礎・基本としての知識であるが，それでも"断片化された知識"は児童生徒が中学生，高校生へと成長するにつれて"ある種の総合化概念"にまで論理的に統合化されねば有効にはならない。

　人間は言語（母語）を使って考える。母国語の力の育成こそが論理力を養うものである。最近，大学生の文章でも読み手を納得させる具体的で客観的な論証を行う文章が確かに減った。少なくとも言葉（断片知）と言葉（断片知）をつなぐ論理的操作を行う接続詞や副詞，「つなぎ言葉」そして論理

的な構想力や思考力,「物語性の(知を活用する)力」が正確に十分に使われていないから文章が論理的に破綻する。神経回路のように,まさに理科・科学の論理でも,言語と同じように小さな断片知と断片知とを結びこれらを全体へ,すなわち原理あるいは法則のようなものへと紡ぎ,つなぐ統合・総合力を必要とするものなのである。本当の「確かな学力」では断片的な知識の多寡を競うのではなく,学習内容と日常現実社会とを結ぶ学習も必要なのである。児童生徒が身に付けるべき「学力」では単なる断片化された知識だけでは不十分で,それらを紡ぎつなぐ「知(識)を活用する力(論理的な構想力,思考力)」も必要となる。児童生徒がこのような論理力を身に付けたときには,PISA調査に示された"読解力"の著しい低下傾向も改善できるかも知れない[1]。

3 「日常現実社会のなかで産業(製品・技術)・職業・人間」と本書の編集方針

　現実の社会は科学・技術の恩恵を目いっぱいに受けているから,児童生徒には生まれてこの方,当たり前のこととして何の感激や感慨もない。日常現実社会を意識するのも容易ではないからそれを意識させる必要があり,そこで産業(製品や技術)と職業,人間との相互の関係へのつながりを意識させるのも重要と考えた。本書はまず児童生徒を取り巻く現在のあらゆる環境としての日常社会と「産業・人間(現実)」と児童生徒の将来の姿を「職業(自分の夢)」の視点で取り扱うことにした。これらが"何のために学ぶの?"や"学習内容は日常現実社会のなかでどのように活用されているの?"への応答である。

　それゆえ本書ではプロセスとして断片化知識を総合化概念へと"紡ぎ,つなぐ"「知を活用する力」に留意して,教材ではなく理科の「題材(あるいは授業のネタ)」の開発を行った。『物理編』で事象・現象を,『化学編』で事象・現象,環境問題を,『生物編』で人間の健康関係を,『地学編』では防災,環境問題を扱うものが多かった。理科の教科書とは一味違ったもの,総合学習などでも扱えるもの,選択理科でも扱えるものを扱ったつもりである。その道の専門家,多くの諸先生方にご協力を仰ぎ,児童・生徒にとっても新鮮で,面白い題材を提供できたと考えているので,中学校・高校の先生方に注目してもらいたいと考える。

　本書は"断片化された知識"をタイトル(題材名)や副タイトルの題意に沿う形で個々に"総合・全体"化し執筆された。まず本題材と関連する他の題材を本標題頁の右肩に記した。次いでこれらは個々の題材がどこの学習内容に使えるかについて,**1**で学習指導要領の項目との関連を示した。学習指導要領での関連性の強い項目から列挙し,発展的内容として関連性のある項目は( )書きで示した。**2**で題材と日常現実社会のなかでの活用場面─産業・人とのつながりを取り上げた。キーワードは「日常現実社会のなかで」と「産業(製品・技術)・職業・人間」である。具体的には「〜の学習は〜の場面に〜と活用されている,あるいは生かされている」を原則として結語にした。**3**で題材の解説,**4**では授業で使いやすいように学習内容のポイントを提示し,**5**で授業に役立つ図・表,ここでは視覚的にも図・表,写真等の資料を数多く取り入れ,授業資料としても有効なように仕上げたつもりである。さらに**6**で「テーマに関連したドリル(あるいはトピック)」として追加情報などを付け加え,最後に文献ナビを添えてみた。いずれも"断片化された知識"を"総合化されたもの"へとつなぐ形で,ある種の概念(題意)を明らかにしたものである。本書では各題材が1題材4ページで構成されて,他に類書の見られない点で形式**1**から**6**までを特徴にしている。是非とも皆様が本書を手に取り,一読されることを我々は期待している。

1) OECD(経済協力開発機構)の「PISA(学習到達度評価調査)」など(2003)
2) (http://www.mext.go.jp/a_menu/shotou/gakuryoku/siryo/05070801.htm)

2 物理における学習意欲の喚起と題材の開発

鈴木　勲

「図説　学力向上につながる理科の題材（物理編）」の出版に当たり，三十数年にわたる教員養成学部における自然科学および物理・化学に関するささやかな教材開発に携わってきた編者の思いを記したい。編者は，学齢期に達したわが子を通して小・中・高等学校の教科書には通常の大学の教科書より学生の学習意欲を喚起する題材が盛られていることを知り，小・中・高等学校の教科書を大学生の目で見直すことが学習意欲の喚起につながることを知った。そのため，最近20年間は「小・中・高等学校の教科書を大学生の視点で見直そう」という授業を続けてきた。学生が学習の必要性を感ずること（内的必要感）と大学の教科書に盛られた学習内容の関係が薄弱になるにつれて，学生の学習意欲が毎年低下してきたからである。

特に精選されて分析的な課題の多い物理の学習内容と現実世界あるいは日常的な事象との関係は一般的に希薄であり，日常的な事象と学習内容との関係が見えにくいので学生の学習意欲がわかないのであろう。一方，通常の大学物理の教科書より小・中・高等学校の教科書は，現実世界に見られる事象が数多く取り上げられ，標準的な物理の教科書に記述されている内容に比較してはるかにみずみずしい内容が盛られている。小・中・高等学校の教科書を大学生の目で見直す過程で，無味乾燥に見える大学で学ぶ物理の学習内容が，みずみずしい現実世界の事象に活用できる力となることを大学生が理解することになる。編者が「小・中・高等学校の教科書を大学生の視点で見直そう」という大学での授業に期待したのはそのためである。編者がこの「物理編」で執筆した題材の多くもそのような過程で例示したものである。

本『図説　学力向上につながる理科の題材（物理編）』では，小・中・高等学校で学ぶ学習内容と現実世界あるいは日常的な事象との関係が見えるようにすることにより，児童・生徒の学習意欲の喚起を図ることに努めた。前期量子論発展の指導者であり水素原子モデルの提案者であるボーア（1922年ノーベル物理学賞授賞者）は，若い研究者に「あなた自身が自分の仕事を充分理解しているかどうかを判断するには，あなたの仕事を専門外の人にも分かるような言葉で説明できなくてはならない」と若い研究者を諭したという。小・中・高等学校および大学においても授業の導入は，正しく児童・生徒あるいは学生がその学習内容への学習意欲を喚起する重要な導入部であり，その学習内容がより幅広い日常現実社会の中でどのような位置を占めるかを明示することが重要であろう。教育実習帰りの学生が，教育実習における1コマの生徒実験の導入にも苦労するというのもうなずける。

2006年2月19日付けの朝日新聞に「理科嫌いな人が先生になると…苦手意識，生徒に継承？」という記事が掲載された。全国の大学生6,436人への大手教育産業のアンケート調査によると，高校で物理の授業をとった学生は全体平均では51％であり，教員志望学生に限ると38％に過ぎない。高校で物理を好きだったと答えた教員志望者は17％であり，全体平均の23％を大きく下回った。同じ理系科目の中でも，数学や生物に関しては全体平均より教員志望学生の方が好きと答える割合が高い。物理は，文系・理系の選択を左右する科目と見られ，自分は文系向きか理系向きかを意識するのは小・中学生の頃と答える大学生が多いという。物理嫌いで，教えるのも苦手と思われる先生が小・中学生を教え

ると物理嫌いの子を「再生産」する可能性があるのでは，というのが朝日新聞の記事である。小学校高学年でも教科専科制を採っていないわが国では，「科学的に調べる能力と科学的な見方や考え方を養う」ことを目標とする中学校時代にさらに小学校時代に芽生えた理科嫌いが進行するのであろう。編者もこの調査の仮説どおり，物理（理科）嫌いの先生が物理（理科）嫌いの生徒を再生産することを懸念してきた1人でもある。

　物理に限ったことではないが，学校教育での学習とともに家庭での学習時間も重要である。なぜなら小・中学生が家族と共にする朝夕の食事時間だけでも年間約300時間もあり，小・中学校における算数・数学あるいは理科の学習時間より長い。おそらく，わが国の平均的な家庭では家族と共に過ごす時間の1％も物理に関する話題は提供されないだろう。理科の中でも，身近な動物・植物等の生物の話題あるいは天文あるいは地震等の地学の話題が家庭で交わされることもあろうが，物理の話題が交わされる家庭は極めて稀というのが編者の観測である。すなわち，児童・生徒の理科離れあるいは物理嫌いの原因はわが国の科学・技術政策の立案者を含む成人の科学あるいは技術に対する関心の低さが底流にあろう。数年前のOECD加盟国国民の「科学上の新発見」および「新技術の発明・開発」に対する関心調査にも，わが国の成人が米英仏独等の欧米先進国の成人に比較して格段に低い関心しか示していないことが明らかにされた。わが国の科学・技術の啓蒙書が米国に比較して少なく，またその多くが天文等の一部に偏らざるを得ないのは，わが国の成人の自然科学特に物理への関心の低さの現れであろう。

　日本は唯一の原爆被爆国であるために，日本人の多くは原子あるいは原子核という物理では全く基本的な言葉にさえアレルギーがある。核磁気共鳴装置が大学の研究室に備えられるようになった四十数年前にはその測定感度が低いので，物理・化学の一部の研究者のみに知られた分析機器であった。しかし最近は超伝導磁石と計算機の処理能力の格段の進歩により私たちの体内の水の水素原子の分析にも核磁気共鳴装置が使用されることになり，医療用の検査装置となった。科学あるいは技術とは全く無縁の患者さんにその検査機器名を伝える際に，核磁気共鳴装置では不安を与えるので「核」という言葉を避けて磁気共鳴画像（MRI）と呼ぶことになったと聞いたことがある。製造者あるいは販売者から直接聞いた話ではないが，日本人の自然科学への関心の低さから充分納得できる。

　2006年1月5日付けの朝日新聞によると，2006年3月に松山で開催される日本物理学会が「ニセ科学」とどう向き合っていくか？」についてのシンポジウムを設けるという。これまでは，物理学会のみならずいわゆる学会は「ニセ科学」については相手にしない姿勢だったが，社会に科学的な考え方を広めるのは学会の重要な任務と捉え，「ニセ科学」に対して無関心でいられなくなった。また平成18年度概算要求に文部科学省の「科学技術関係人材総合プラン・国民の科学技術への理解の増進」が盛られたという。このような学会および行政の一連の動きがわが国の成人が自然科学・技術への関心を高める契機となることを期待する。

　小・中・高等学校で学習する基本的な学習内容の達成度は，それへ投入した学習時間の多寡によることを，先生方から児童・生徒およびその保護者にも強調して欲しい。最近は教育関係の書籍にも，短時間で達成できると誤解を与えるキャッチコピーで飾った宣伝文句の書籍が多すぎることが編者の憂いである。わが国は英会話学習の本が最も多く出版されて，最も多く売れている国と聞く。おそらく日本人のほとんどがその習得に苦労する英語会話習得には向き不向きはなく，その到達度も投入した学習時間が最も重要であるというのが編者の反省であり，ささやかな子育て体験の実感である。それに反する即席学習法が有効であれば，だれでもそれを採用し，その即席学習法が広まったはずであ

る。この『物理編』の題材26「大きな力を得るには長い移動距離が必要」は編者自身が最も伝えたい題材の1つである。一定のエネルギーあるいは成果を得るためには大きな力を投入すれば短い移動距離（あるいは投入時間）で済む。しかし，小さな力では長い移動距離（あるいは投入時間）が必要であることを充分理解させることが重要であろう。これは，編者の座右の銘「継続は力なり」と一致し，単なる物理の学習内容としてではなく地道な努力を奨励する題材でもあろう。

　理科の中でも物理は積み重ねを要する学問である。物理のような長い間の積み重ねにより高度に分化・発達した成果を理解するには骨の折れる地道な努力が必要なのは当然であろう。したがって，物理の理解は典型的な学習曲線のように，ある一部を理解することが今まで理解できなかった課題への理解に広がることを教えることが重要であろう。すなわち，物理の学習は投入時間に対応した成果が見えるまでに比較的長い時間を要する学習課題である。

　小・中学校で扱われる物理関係の課題のほとんどが高校の物理で扱われる課題であるので，本『図説　学力向上につながる理科の題材（物理編）』の配列は高等学校物理Ⅰおよび物理Ⅱの学習指導要領における配列にしたがった。しかし，物理が歴史的にこの配列の順序で発展してきたわけではなく，この配列の順序が物理の学習に相応しい順序あるいは最も良い相互の関連性を意味するものではない。そこで，物理編も含めて『図説　学力向上につながる理科の題材』では，当該題材と他の49の題材との関連を関連題材番号として記し，併せて読んでいただきたい題材を明記した。それによって，ここで取り上げた物理の50題材が相互に関連しあっていることを日常的な実例を持って知ることができる。したがって，先に述べたようにある課題を理解することが，今まで理解できなかった課題の理解につながり，理解度が急激に上昇する時期があることを実感できよう。

　また物理は高等学校理科の他の科目である化学，生物および地学に比較して相対的には精選された課題が多く，また物理は化学あるいは地学等の基礎を担っている。物理編で取り上げられた題材の多くは，『化学編』，『生物編』あるいは『地学編』で扱われた題材との関係も深いので参照して欲しい。それを通して，自然科学が，物理・化学・生物・地学のそれぞれに閉じているのではなく，相互に関連していることが実例を通して理解できる。

　例えば，『図説　学力向上につながる理科の題材（物理編）』の以下の題材は，それぞれ化学編，生物編および地学編に関連する題材が盛られている。この『図説　学力向上につながる理科の題材（物理編）』だけではなく『化学編』，『生物編』および『地学編』もご利用いただき，豊かな学問体系を構築していることを楽しんで欲しい。

『化学編』にも関連題材がある『物理編』で扱われている題材
　題材番号29　真空の2重壁からなる魔法瓶
　題材番号30　温度は運動の激しさ
　題材番号32　何度も使えるカイロ
　題材番号37　コンピューター用小型コンデンサーと誘電率
　題材番号39　磁場と電場で原子・分子の重さを量る
　題材番号40　"超"大容量を可能にするスーパーコンデンサー
　題材番号42　空気圧で支える東京ドーム
　題材番号43　水を高温に保つ圧力鍋
　題材番号48　100％輸入されるヘリウム

題材番号49　放射能で安全を守る
題材番号50　放射線でつくる新素材・新技術

『生物編』にも関連題材がある『物理編』で扱われている題材
　題材番号9　地球の熱を蓄える二酸化炭素の赤外線吸収

『地学編』にも関連題材がある『物理編』で扱われている題材
　題材番号4　"ひも"が生み出す衛星の電力と推進力
　題材番号6　地震も津波も波動現象
　題材番号9　地球の熱を蓄える二酸化炭素の赤外線吸収
　題材番号10　温度を光で測る
　題材番号20　大気圧を測定して高度を知る航空機
　題材番号29　真空の2重壁からなる魔法瓶
　題材番号42　空気圧で支える東京ドーム
　題材番号44　上方・下方置換法は気体の混合速度の差
　題材番号47　質量欠損と原子核の安定化

3 知の活用力：分析力と綜合力
－科学領域におけるホリスティックな視点について－

岩田 修一

1 全体と部分

一般に，全体の特性と部分の特性は異なる。かつてHONDAは世界最強のエンジンを積み必勝を期してＦ１に臨んだが，最初は勝てなかった。エンジンは自動車の最も大事な部品ではあるが，ハンドル，座席，シャーシ，タイヤ，ブレーキ等々，数多い部品の一つであり，そうした部品を注意深く順番に組み立てレーシングカーというシステムを構成する。出来上がった人工物システムにドライバーが乗り，さらに路面，コースとの相性で走りは決まる。最初は全体としての走りを構成する諸要素のバランスの調整，レース中盤では偶発的な故障への適応，最終段階では部品の磨耗と疲労，ドライバーの疲れ等々，すべての課題の克服に成功したものが勝者となる。最強のエンジンという部品だけではＦ１レースには勝てないのである。

Ｆ１をめぐる競争はさらに続く。それはメディア展開，ブランドイメージ，消費者ニーズ，交通システム，ガソリン価格，景気動向，国際関係，環境規制，文化などの直接的ではない多様な要素が絡み合う全面的なビジネスの競争であり，Ｆ１の継続はそうした多様な要素を配慮して決定される。全体と部分とは密接に関係し，見方が変わると逆転し，錯綜する。教科書に示された例題は参考になることはあっても，現場でそのまま役に立つような場面は少ない。過去のデータも知識も不十分で事前に問題解決の手順を明らかにすることは不可能である。複数の解法と解が存在したら評価と順位付けを実施し，問題設定が悪ければ問題設定を変えて適切な解を導出する。さらに手強い問題の場合には，問題解決の糸口を発見するための試行錯誤を繰り返し，現場でのニーズに対応して新しいデータと知識を獲得しながら状況に応じて迅速に行動する。自分の持っているデータ，知識の不完全なことを認識し，現場を直視して分析し，実行可能な対策を綜合して初めて勝つための条件が準備されるのである。

吉川は「美味しい目玉焼きを作る問題」を使って，ホリスティックな視点の重要性を見事に説明したが，「美味しい目玉焼き」は{素材としての生卵，オイル，加熱方法，調味料，お皿，インテリア，愛情}などを上手に綜合した結果である。[タンパク質の粘性，レオロジー，相変化，輸送現象，熱伝導方程式，熱力学]などは一つの分析的な説明方法でしかなく，そんなことを知らなくても「美味しい卵焼き」は作れる。

それでは，それぞれ普遍的と考えられている学術的な成果が現場で活用できないのは何故なのか？知的行為の基礎となる理論は依然として研究段階にあり，既に確立しつつある知を活用する力，さらには知の活用を通して新たな知を創出する力についても事例研究がようやく始まった段階である。知の活用力の本質は，既に確立した知の活用だけにあるのではなく，確立しつつある知を検証し，新たな知を創出するところにあること，即ち，私たちの知はいつも不完全で部分であることを再確認し，この困難な問題に挑戦するための方法について以下に考察してみたい。

2 隗より始めよ

郭隗の昭王への進言した標記の故事は知の活用を考えるにあたって極めて示唆的である。2005年は，世界各地で「世界物理年」の行事が繰り広げられた。100年前の1905年，Albert Einsteinは現代物理学へのジャンプ台となった５つの画期的論文を次々と発表し，この年は物理学にとって「奇跡の年」と考えられているためである。また，2005年は量子力学の数理的な基礎を準備したWilliam Rowan Hamilton生誕200年でもあった。このような事情から，近年，様々な知の発見に関する故事が紹介されたが，人類の歴史に残る大発見も身近な事象の考察から始められていることがよくわかる。

ドイツの友人が世界物理年で使ったいくつかの模型を見せてくれた。その中の一つに電気技師であるEinsteinの父親が作ったガイドレールの上を動くコイルと磁石の模型がある。小学生のEinsteinはそれを動かして遊んでいたが，そうこうするうちに運動する物体間の相対速度についての論考に没頭したという。それが後年の特殊相対性理論への展開のきっかけとなったのだと。そうした説明を友人は，自分自身の感動を通して子供たちに何度も説明し感動的に受け止められたそうで，大規模な近代的な実験装置でなく，子供たちの身近な視点で科学の原点を考えてみると，科学する心が伝わるという好例であろう。

　身の回りの環境に準備された小さなきっかけ，偶然が積み重なって，その後の大発見や大発明につながった例は多い。動きの速い現代社会では結果重視の風潮が支配的であるが，科学技術の興味深い事例は身の回りの事象の注意深い観察と深く粘り強くじっくりと論考する習慣が大切なことを教えてくれる。それは教える側の姿勢を通して教えられる側に伝達される。伝えなければならないことは，結果としての断片的な事実のコレクションや公式ではなく，深く考える習慣なのである。教える側が深くじっくり考えていることが第一の要件なのである。

3　新たな目標の設定

* 　最も優秀な人材を集めた会社が倒産し，そうでもない会社が成功するときがある。それは何故なのだろうか？
* 　事故は繰り返す。それは何故なのだろうか？
* 　「手術」は完全に成功したが患者は命を失った。それは何故だったのだろうか？

　もっともらしい説明はたくさんあるが，上記の疑問への根本的な解決策，即ち知の活用力を与える理論は準備されていないように思える。時々刻々ダイナミックに変化する現物，現場に含意されるセマンティックスは無限に近い。過去のどのような情報モデルも計測値も近似であり，一面的なスナップショットである。個々の事象を如何に精緻に分析して見せても，所詮，限定的なのである。今まで有効だった華麗な科学的手法を組み合わせただけでは正しい答えは得られそうにない。

　人間の知に関する根本的な準備が必要なのである。人体だけでなく人工物の事故，トラブルは，想定した機能，標準状態からの逸脱によって生起する。そうした事象を予測し，管理するためには個々の部品の経年変化と複数の部品のインタラクションが示す複雑なふるまいを理解する必要がある。知の活用力が必要なのである。既存の専門分野ごとに細分化した専門分野を寄せ集めただけでは不十分で，必要に応じて新たな学問体系に進化する生命力のある学問分野の創出が必要なのである。

4　現物，現場合わせを指針にしたやわらかい学問

　タコマ・ナローズ橋の崩落やチャレンジャー事故を例示するまでもないが，専門家集団による誤った教義の採用が専門家集団の本流の外からの適切な指摘を無視し，大きな事故につながった例は少なくない。それぞれの専門家集団には長年の努力に基づく当該分野への愛着と誇り，権益が付随するため，そうした集団の外にいる少数の専門家が声を大にしてNOと言っても容易に認められるものではない。また改革には余計な経費のかかることが多く，専門家集団のトップダウンの決定を覆すような新たな考え方を主張し，現場からの正しい改革に強い影響力を与えることのできる強い人材を養成することは容易ではない。過去の事例は，現物，現場を直視できるやわらかい頭脳を持った人材の教育，養成を通して，学問体系の多面的で継続的な改革が必要なことをよく示している。

　旧来の確立した学問分野や最新のコンテンツをそのまま次世代に伝達することも必要である。しかしながら膨大な先端的成果が創出された結果，そのすべてを伝達することが不可能になった。次世代との共同作業を通して学問として大切なもの，原点となるコンテンツを抽出・加工し，よりよい未来を切り拓いて行くためのやわらかい学問体系の構築への準備が必要な時期である。科学領域におけるホリスティックな視点は，誰かに頼む問題ではなく，現物，現場から出発する自分自身の改革の問題なのである。

4 「知を活用する力」に着目した児童生徒の学習意欲を喚起する題材の開発
― 授業への導入の可能性を中心として ―

下 田 好 行

1 中教審教育課程部会の審議経過と「知識・技能を実生活に活用できる力」

　中央教育審議会教育課程部会が平成18年2月13日に、『審議経過報告』を発表した。この『審議経過報告』のなかで、今後注目すべき事項は、「知識・技能を実生活に活用できる力」にあると筆者は考える。このことは、『審議経過報告』の基本的考え方を述べる部分でも、「知識・技能の確実な定着に当たっては、知識・技能を実際に活用する力の育成を視野に入れることが重要である。知識・技能を生きて働くようにすること、すなわち実生活等で活用することを目指すからこそ、その習得に当たっても、知的好奇心に支えられ実感を伴って理解するなど、生きた形で理解することが重要となる。（中略）こうした方向性は国際的にも模索されており、例えば、PISA調査では、知識・技能を実生活において活用する力を測定することを目指している。」としている。[1] このことは「理数教育の充実・改善」でも述べられている。「理科に対する国民的な理解を高めるためには、子どもの知的好奇心を駆り立てる内容、実生活に密着した内容で組み立てることはできないか、（中略）PISA調査では、数学で学ぶ内容に興味がある生徒が国際平均値より低く、TIMSS調査では、数学や理科の勉強を楽しいと思う生徒の割合が国際平均値より低かった。実生活と関連づけた指導の充実などを図るなどして、算数・数学や理科を学ぶことの意義や有用性を実感する機会を持たせることが重要である。」としている。[2]

　このように、「知識・技能を実生活に活用できる力」は、中教審教育課程部会の審議経過のなかで強調されている事項となっている。こうした枠組みが学習指導要領に反映されるとすれば、今後は「知識・技能を実生活に活用できる力」を獲得できるような題材開発を行うことが必要となってこよう。

　なお、本書では「知識・技能を実生活で活用する力」を今後「知を活用する力」と呼ぶことにした。また、「題材」と「教材」の区別を次のようにした。「題材」は授業のなかで話のネタに使う素材のことを言い、具体的な授業を想定しないものとした。一方「教材」は、具体的な授業を想定して、意図を持って構成された素材を「教材」と呼ぶことにした。

2 「知を活用する力」に着目した児童生徒の学習意欲を喚起する題材の開発

(1) 児童生徒はなぜ学習意欲がわかないのか

　一般に人間は自分にとって必要なものは、人に言われなくても学習する。人間は「今行っている学習が自分にとって意味があるかどうか」ということを潜在的に考えているからである。児童生徒の学習意欲がわかないのは、児童生徒にとって、「その学習が自分にとって必要ないか、または自分にとって関係がない」と感じた場合に起こる。[3] 児童生徒の学習意欲の低下は、こうした児童生徒の内面での「内的必要感」の欠如に原因がある。また、教材と児童生徒の内面との「内的関係性」の薄さにも原因があると考えられる。

(2) 「ホリスティック」な視点にたつ題材開発の必要性

　学習内容と児童生徒の内面との間になぜ「内的必要感・内的関係性」が生じないのか。それは学習内容を編成する場合の手続きにも原因がある。学習内容は現実世界の事象を精選して、児童生徒が現

実世界を生きるうえで必要なエッセンスを体系化したものである。したがって，学習内容と現実世界の事象とは，もともと有機的につながっているものである。ところが，学習内容化や教材化する場合，その有機的な関連が切れてしまうのである。このことを仮に「全体」と「部分」との関係で説明することができる。現実世界の事象はいわば「全体」である。その「全体」を分析し細分化して，学習内容や題材・教材としてしまうと，いつしか「全体」と「部分」の関係が失われていってしまう。また，細分化された「部分」からは，全体構造も見えなくなってしまう。そうなってしまうと，児童生徒には「全体」と「部分」とのつながりが意識できなくなって，今行っている学習が自分にとって，どのような意味があるのかを意識できなくなってしまうのである。つまり，「内的関係性」が失われてしまうのである。

「ホリスティック」という言葉がある。「全体的に」「包括的に」という意味である。「全体」と「部分」との関係をたいせつにするという意味である。例えば医学の分野では，悪い臓器を切除したり，薬で症状を抑えたりするのではなく，絶えず「全体」とのバランス，他の臓器との関連を考えながら，体を根本的な部分から治療していく「ホリスティック」な考え方が見直され始めている。教育のなかで，この考え方が生きているものとして，「ホールランゲージ」という米国の教育運動をあげることができる。「ホールランゲージ」の「ホール」とは，「全体」とか「丸ごと」という意味である。ホリスティックの考え方では，「「全体」は「部分」を寄せ集めた総和以上であるという前提に立っている。」[4] ジョン・P・ミラーはホリスティック教育を次のように定義している。[5]

「ホリスティック教育は，〈かかわり〉に焦点を当てた教育である。すなわち，論理的思考と直感との〈かかわり〉，心と身体との〈かかわり〉，知のさまざまな分野の〈かかわり〉，個人とコミュニティとの〈かかわり〉，そして自我と〈自己〉との〈かかわり〉など。ホリスティック教育においては，学習者はこれらの〈かかわり〉を深く追求し，この〈かかわり〉に目覚めるとともに，その〈かかわり〉をより適切なものに変容していくために必要な力を得る」

また，ジョン・P・ミラーは，D・タナーとL・タナーの言葉を引用しながら現代の学校教育のカリキュラムに対して，次のように批判している。[6]

「学習内容をバラバラにして小さな部分に分割して教える弊害の最たるものは，それが結局，知の全体的な統合的理解を難しくしてしまうということにある。全体を見渡す思想や哲学を持ったり，さまざまな学習内容が生かされ合いながら他のもっと広い分野に応用できたりするためには，断片的な知識の詰め込みは役に立たない。」

このように，題材開発においても，細分化されて「全体」と「部分」との関係が失われた学習内容に対して，もう一度「全体」と「部分」とのつながりをつけ，児童生徒に戻していく作業が必要となってくる。これが教師の「部分」と「全体」をつなぐ題材開発の仕事となるのである。本書では，「部分」と「全体」をつなぐ方法として，「日常生活，産業（製品・技術）・社会（職業）・人間」と関連した題材の開発を行った。

⑶ 「ホリスティック」な視点にたつ題材開発と「知を活用する力」

「知を活用する力」とは，生きる力，人間としての生活処理能力であると考える。こうした能力を引き出すためには，児童生徒を日常現実社会に直面させるような題材を使って学習を構成していく必要がある。児童生徒が今行っている学習が日常現実社会につながっており，それがやがて自分自身や自分を取り巻くコミュニティーにも影響を及ぼしてくることを知れば，児童生徒はその内面の深い部分で，「あ～，そうなのか」と実感的に理解することができる。こうした感性的な理解こそ，生きて働く知識・技能であり，内面の深い部分で人間を動かしていく力となる。「知を活用する力」を高めるためには，学習内容と日常現実社会をつなげるような題材開発が必要になってくるのである。

3 「知の総合化」と「知を活用する力」
(1) 新しい学問分野の誕生と「知の総合化」

現代分子生物学の発展には著しいものがある。青木清は,「1953年のワトソンとクリックによるＤＮＡの二重らせん構造の発見を契機として,遺伝子の化学的本体であるＤＮＡの複製とＤＮＡに刻み込まれた遺伝情報が,ＲＮＡを介して解読されて,タンパク質がつくられる機構などが,従来の物理学や化学の用語で説明できることになった。それは生命現象と物質現象の結びつきであったと言える」と述べている。[7] また,こうした「分子生物学の発展は新しい考え方を生むとともに,従来の学問の体制にもおおきな影響をもたらしたのである。化学を含めた物理系諸科学と,基礎医学系を含めた生物系諸科学とに分かれていた従来の研究体制を１つに統合するものとしての役割を果たすことになったからである。」と述べている。[7] これはいわゆる「知の総合化」である。この「知の総合化」は,新しい科学技術を生みだし,日常現実社会に活かされ,人間の生活や社会・経済に多大なる利益をもたらしていく。まさに「知を活用する力」であると言えよう。

ところが,こうした新しい学問分野の発生に対して,大学における研究体制は依然として「動物学科,植物学科と分かれていて,とうてい新しい研究体制を組むような状況ではなかったのである。」と青木は言う。[7] 新しい科学技術は新しい学問分野の発生によって成り立っている。翻って考えれば,新しい科学技術を作り出すためには,新しい学問分野を作り出していく必要があるのである。つまり,学問分野の統合,「知の総合化」を進める必要があるのである。現在,日本の豊かさは,科学技術の発展によって支えられている。科学技術の発展が新しい製品を生みだし,世界経済のなかで外貨を獲得しているのである。日本経済を成長させるためには,新しい科学技術を世界に先駆けて創造していくことが,資源を持たない日本が生き残る方法の一つかも知れない。ところが,現在の大学を始め研究体制は,青木が言うように依然として「動物学科,植物学科と分かれていて,とうてい新しい研究体制を組むような状況ではなかったのである。」としている。[7] 日本の研究体制における「知の総合化」は進んでいなかったのである。このように,日本の国家戦略としても,「知の統合・総合化」は重要な事項となってくるのである。

教育の分野ではこうした新しい学問分野の発生と「知の総合化」を目指し,教科横断的な「総合的な学習の時間」が創設された。しかし,この「総合的な学習の時間」は児童生徒の体験やイベント的な傾向に流れてしまい,学力の保証という問題で課題を残した。本来ならば教科の再編という方向に行くべきであるが,学校のカリキュラムをどう構成し配列していくかという問題や新しい教科の教員免許状の問題ともあいまって,教科の壁を越えるのはなかなか難しいのが現状である。

(2) 「知の総合化」と「ホリスティック」の概念

近代の科学技術文明の陰には,デカルトの「二元論」の提唱が大きく影響している。中世の社会では,「物」のなかに「生命的なもの（アニマ）」の存在を認め,「物」と「精神」を切り離して考えるという習慣がなかった。デカルトの二元論の影響で「物」と「精神」とは分離して考えられ,この哲学が近代科学技術を発展させていった。その後ニュートンが現れ,「物」の科学としての近代物理学が確立し,これを典型としながらさまざまな科学が誕生し成長していった。この近代科学技術は「物を分析化,細分化すること」によって成り立っていた。その結果,さまざまな専門分野が現れ,学問が最先端になればなるほど自分の専門以外の領域は理解できないという現状が現れてきた。いわば学問の「たこ壺」化である。坂本百大は,二元論の出現は「科学の対象の孤立的な細分化を可能とし,また,同時にそれを加速して今日に至り,先端的な研究領域を陸続と発生させるに至るのである。しかし一方,この流れは学問にとって必要な総合的視覚を失わせる結果をもたらした。」と述べている。[8] 坂本は典型的な例として,生命科学の流れの中に確実に現れているという。坂本は「もともと二元論

は科学から生命的（アニマ）なものを排除するという暗々裡の意図を内蔵していた。しかし，物的科学が早晩扱わざる得ないものは「生命を持った物体」であった。近代科学はいわゆる生化学，あるいは，分子生物学を発展させて，この生命現象を物質現象に還元することに専念した。そして，そのかなりな部分で成功した後に，「精神現象」の物的還元の作業に至って科学は大脳生理へ，あるいは，コンピュータへ，さらにまた，倫理へと戸惑うのである。ここにまた，学際性，総合性への希求が確実に現れるのである」と述べている。[8] ここにも最先端学問という「部分」と人間や日常現実社会という「全体」との乖離という問題を指摘できる。この乖離が新しい科学技術を創造する妨げにもなっているのである。ここに「部分」と「全体」とをつなぐ「ホリスティック（ホーリズム）」の必要性が浮上してくるのである。「部分」と「全体」をつなぐ「ホリスティック」は，いわば「知の総合化」でもある。このような新しい知の創造は，新しい科学技術の発展をもたらし，やがて人類を幸福へと導くのに貢献するであろう。まさに「知の活用力」であると言うことができる。

4　「知を活用する力」に着目した題材開発の方法

今行っている学習の内容が，産業や社会のなかでどのように活かされているか，どのようにつながっているかを児童生徒に理解させていく題材開発を行う。このことによって，児童生徒は今行っている学習の意味を把握し，そのことが児童生徒の学習意欲に刺激を与えていく。産業との関連では，今行っている学習（部分）が身近な製品や技術のなかにどのように活かされているか，どのようにつながっているか（全体）について触れていく。この方法は，学習内容（部分）と日常現実社会（全体）との２項関係につながりをつける，いわば「ホリスティック」な視点に立つ題材開発でもある。このことによって，児童生徒は今行っている学習が，自分にとって無意味なものではなく，日常生活のなかで産業（製品・技術）・職業の場面で活かされ，自分にとって関係するものであることを意識することができる。そして，このことはやがて自分の将来の職業選択や生活にも関係してくるということを理解するようになる。こうなると児童生徒にとって，その学習内容はもはや他人事ではなく，自分に直結した問題として意識されるようになる。また，今行っている学習の内容が，広く社会や人間一般にどのような影響があるかも理解できるようになる。

このように，学習内容（部分）と日常現実社会（全体）につながりをつける「ホリスティック」な題材開発の方法は，視点を変えて見れば，「知」の活用的側面を強調した題材開発の方法であるとも言える。言わば「知を活用する力」の視点に立った題材開発の方法であると言える。この方法は児童生徒の学習意欲を喚起させるのに効果的である。人間の内面の深い部分で，実感をともなった理解へと児童生徒を導くからである。この理解は児童生徒の内面を動かし，やがて「生きて働く力」になっていくであろうと考えられる。

5　授業への導入の可能性

(1)　「知を活用する力」の視点に立った教材と単元のなかでの位置づけ

ここでは題材の開発ではなく，実際の授業を想定した場合の教材開発について述べる。「知を活用する力」の視点に立った教材は，単元のなかでどの部分に位置づけることができるか。次のような方法が考えられる。

① 導入時に，学習内容と日常現実社会でのつながりをつける教材開発を行い，児童生徒の学習意欲を喚起させる。
② 単元の終わりに，発展的学習として行う。今学んでいる学習内容の発展的内容が日常現実社会のなかで活用されているという教材を開発する。

(2) 授業のリアルな環境構成

学習は，自分の内面にあるものを外に向かって表現し，その表現を第三者が受け止め，評価し，その評価（反応）が児童生徒にフィードバックされることによって成立する。このフィードバックがあってこそ，児童生徒は自分が行ってきた学習の意味をつかまえることができる。しかも，このフィードバックが教室外の人の評価（社会的評価）であったりすると，児童生徒の学習意欲はさらに強化される。こうしたことは日常生活においては一般に行われていることである。ところが授業のなかでは，こうした第三者による評価の受け止め，フィードバックがなかなか機能できない構造になっている。どうしても授業は日常生活から離れた特殊な空間になってしまいがちである。したがって，授業をできるだけ日常生活と同じような空間に環境構成する必要がある。つまり，児童生徒が自己を表現し，その表現が第三者の評価を経て，児童生徒にフィードバックされるような授業の環境構成を工夫していくことが重要になってくるのである。筆者はこれを「授業のリアルな環境構成」と呼んでいる。

(2) 小学校6年算数「体積」での教材開発

長野県上田市立川辺小学校の百瀬光一教諭と共同研究を行い，「知を活用する力」に着目した教材・単元開発を試みた（2004年）。実践は小学校6年算数の「体積」である。教材・単元開発を行うにあたり，百瀬は次の2点を工夫した。1つ目は，単元の導入時に「体積」とはどんな意味で，日常生活のどの場面で使われているかを説明した。すなわち，体積はものの大きさや量を表す「かさ」であること，缶ジュースの量・水道の使用量・ガソリンスタンドで使われていることなど，日常生活で使用されている多くの事実を説明したことである。2つ目は，単元の終末に日常生活の問題場面を設定し，実際にプールや池の「かさ」を測定する活動（ひょうたん池の清掃）を組み込んだことである。このひょうたん池の清掃は毎年消防署のポンプカーで排水処理をしてもらっていたが，今回は池の水をポンプで汲み上げ，プールに貯められないかという案がPTAから出された。そこで，児童がひょうたん池の水すべてがプールの空いているスペースへ入れられるかどうかを計算することになった。この実践では，今行っている「体積」の学習が，日常生活のどのような場面で活用されているかをあらかじめ児童が知ることで，その後の授業の学習意欲を継続させるのに効果的であった。また，実際にPTAの要請から，池の水がプールに入りきるかどうかを確かめる活動をすることで，児童が今実際に行っている学習が，日常現実社会にも活かされており，学習する意味があることを児童に実感させるのにも効果的であった。このような授業が筆者が「授業のリアルな環境構成」と呼ぶものである。

註
(1) 中央教育審議会初等中等教育分科会教育課程部会『審議経過報告』平成18年2月13日，pp.15〜20，に詳しい。
(2) 中央教育審議会教育課程部会，同上，pp.33〜35，に詳しい。
(3) 下田好行「「知を活用する力」の視点に立つ教材・単元開発の枠組み−「ホリスティック」な視点で学習意欲を喚起する−」平成17年度科学研究費補助金基盤研究(c)研究成果中間報告書『学習意欲向上のための総合的戦略に関する研究−「知を活用する力」の視点を利用して学習意欲を喚起する−』（課題番号：17530679），平成18年3月，p.6
(4) 桑原隆『ホール・ランゲージ』国土社，1992年，p.116
(5) ジョン・P・ミラー『ホリスティック教育−いのちのつながりを求めて−』吉田敦彦・中川吉晴・手塚郁恵訳，春秋社，1994年，p.8
(6) ジョン・P・ミラー，同上，p.4
(7) 青木清「科学の総合化をめぐって−生命科学を中心に−」『書斎の窓』No.334，有斐閣，1984年5月，pp.10〜15，に詳しい。
(8) 坂本百大「新しい学問分野の発生と学科組織の再編成」『大学世界』74号（第10巻第6号）昭和62年11月，pp.10〜15，に詳しい。

第2編

学力向上・学習意欲喚起につながる物理の題材

⇒関連題材 45・46

題材 1 青い光とダイオード
半導体　発光ダイオード　原子の構造

1　学習指導要領とのつながり
高等学校物理Ⅰ　(1) 電気　ア　生活の中の電気　(ア) 電気と生活
高等学校物理Ⅱ　(3) 物質と原子　イ　原子，電子と物質の性質　(イ) 固体の性質と電子
高等学校理科総合A　(3) 物質と人間生活　イ　物質の利用　(ア) 日常生活と物質
　（中学校理科　第1分野　(3) 電流とその利用）

2　題材と日常現実社会のなかでの活用場面―産業・人とのつながり―
　電気を光に変える方法には，白熱灯，蛍光灯と発光ダイオードが知られている。赤，緑色発光ダイオードに加えて，1990年代後半になって青色発光ダイオードが登場し，照明の方法は21世紀，これらの発光ダイオード（LED）がとって代わるだろうといわれている。
　発光ダイオードは半導体技術のなかから誕生し，その発光のしくみは白熱灯や蛍光灯とはまったく違う。白熱灯や蛍光灯は電子の熱運動によって電気を光に変えているが，発光ダイオードでは電子と正孔の再結合によって光を発している。電気が直接光に変わるこの現象をエレクトロルミネッセンスというが，消費電力の少ない高輝度の発光ダイオードが作り出されれば，照明のみならずエレクトロニクスは大きく変わることが予想される。
　原子，電子と物質の学習は，日常現実社会のなかで電子機器や情報技術に活用されている。

3　題材の解説
1　半導体
　結晶中の電子は，原子に束縛された状態と，特定の原子に束縛されない状態との交じり合った状態である。結晶では多くの原子が近接しているため，エネルギーの準位が近接している状態が重なり合い，エネルギー帯（エネルギーバンド）をつくっている。金属のエネルギー帯は，すべての準位が電子で満たされた充満帯の上に禁止帯をはさんで伝導帯があり，そこに自由電子が存在する（図1）。それに対して不導体では伝導帯に自由電子が存在しない。したがって外部から電圧を加えても電流が流れない（電子の移動が起こらない）。半導体は最外殻電子の充満帯と伝導帯の間に禁止帯は存在するが幅が狭く（ケイ素Siで1.2 eV，ゲルマニウムGeで0.75 eV），電圧を加えると熱運動のために充満帯の電子が容易に伝導帯に飛び込んで導体と不導体の中間の電気伝導率を示す。金属の電気抵抗は自由電子と原子の衝突する割合（熱運動の激しさ）できまり，温度上昇にともない電気伝導率は小さくなる。一方，半導体では電子が原子に衝突する効果よりも，伝導帯へ自由電子が上がっていく効果の方が大きく，一般に温度が上がると電気伝導率は大きくなる。

2　n型半導体とp型半導体
　半導体のケイ素SiやゲルマニウムGeは価電子が4であるが，これに価電子5のリンPやアンチモンSbを不純物として加え，余分な電子をもたせた半導体をn型半導体という。一方，ホウ素BやインジウムInのような価電子3の元素を不純物として加えると，原子結合にあずかる電子が原子1個あたり1つ不足し，正孔ができる。この型の半導体はp型半導体とよばれる。

3 ドリフト電流と拡散電流

電圧を加えると電子や正孔（これらをキャリアという）が移動することをドリフトという。ところで，電子や正孔を移動させるには電圧（電界）を加える方法のほかに電子や正孔の密度差を利用する方法がある。電圧を加えてキャリアを移動させる場合をドリフト電流，密度差でキャリアを移動させる場合を拡散電流という。

4 ダイオード

図2に示すようなp型半導体とn型半導体を接合したものはダイオードとよばれる。ダイオードはドリフト電流と拡散電流を利用して整流作用や発光作用を行うことができる。ダイオードが作用するしくみをpn接合面におけるエネルギー帯の構造から考えてみる。ダイオードは電圧が加えられていない熱平衡状態では，接合面付近にある電子および正孔は拡散によって互いに結合してしまい，接合面をはさんだ領域はキャリアがない空乏層とよばれる状態になっている。一般に，pn接合面には電位差が生じており，境界面をはさんでn側の方がp側よりも電位が高くなっている。電子は負電荷を帯びているので，電位の低い方から高い方へ移動する。したがって，この状態では，n型領域にあるキャリアである自由電子はp型領域へ流れていくことはない。このことを電子のポテンシャル・エネルギーで考えると，図3(a)に表すように，p側の方がn側に比べてポテンシャル・エネルギーが高くなっていることに示されている。これに対して，p型半導体が正極にn型半導体が負極になるように順方向に電圧を加えると，図3(b)に示すように接合面の電位差は減少し，キャリアの移動が可能になり電流が流れる。また，これと逆向きの電圧を加えた場合は，空乏層の領域が広がり，電流は流れない。これがダイオードの整流作用である。

順方向に電圧を加えたとき，pn接合面で電子と正孔の再結合が起こり光を発生する場合がある。このようなダイオードを発光ダイオード（LED）とよぶ。発光ダイオードではpn接合のチップに電極が取り付けられ，透明樹脂でパッケージされている。パッケージ先端は丸みをもたせレンズ作用を兼ねている。pn接合チップの表面と側面一部から光は放出される（図4）。

太陽電池は，LEDで起こっているキャリアの再結合とは逆の過程を利用している。図5に示すように，pn接合領域に入射した光により電子と正孔が生じ，それぞれが半導体内を拡散していき電流が発生する。これは光起電力効果とよばれる。

5 青色発光ダイオード

伝導帯下端にある電子と，価電子帯上端にある正孔の再結合によって光が発生する場合，生じる光の振動数νは，両者のエネルギー準位の差，すなわちバンドギャップ・エネルギーΔEと，$\Delta E = h\nu$（h：プランク定数）の関係で結ばれている。したがって，青色の光を出すLEDは，赤色を出すLEDよりも大きなバンドギャップ・エネルギーを持つことになる。バンドギャップはLEDをつくる材料によってほぼきまる（表1）。赤や緑は1980年代中頃までにつくられていたが，1990年代後半，窒化ガリウム（GaN）を材料とする高輝度青色ダイオードが開発された。

4 学習内容のポイント

1．半導体では価電子帯と伝導帯との間のエネルギーギャップが小さく，価電子帯の電子が熱運動のエネルギーで比較的容易に伝導帯に励起され，電気を伝導する。
2．添加する不純物により半導体の電気的な性質が制御される。電子が過剰となる場合はn型半導体に，電子が不足し正孔を生じる場合はp型の半導体となる。
3．p型とn型を接合した半導体では，整流作用，発光作用，光起電力効果を示す。

5 授業に役立つ図・表

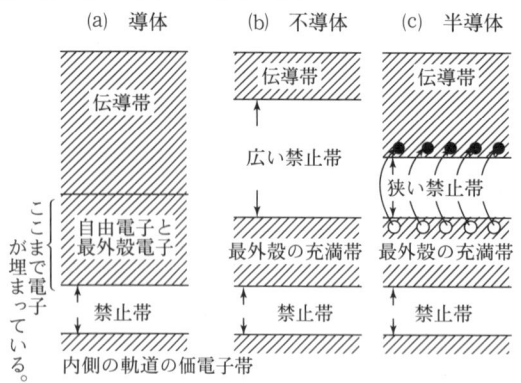

図1 エネルギー帯の様子

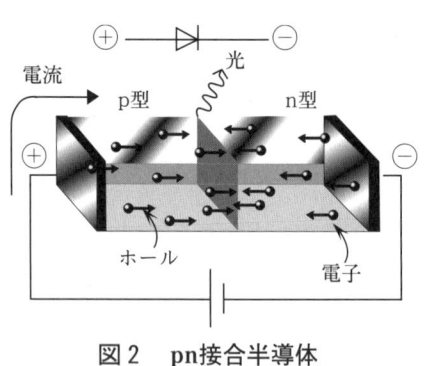

図2 pn接合半導体

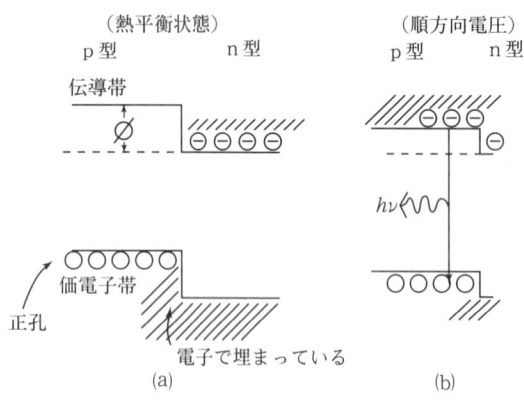

図3 pn接合のエネルギー順位

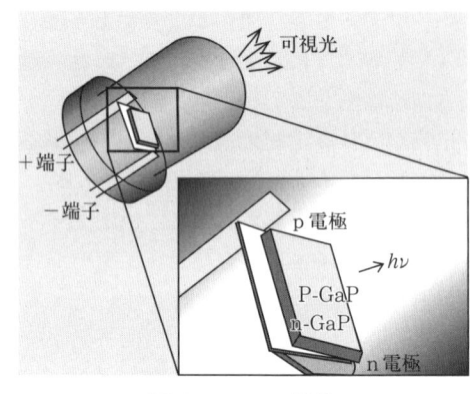

図4 LEDの構造
(http://www.nanoelectronics.jpを参考に作成)

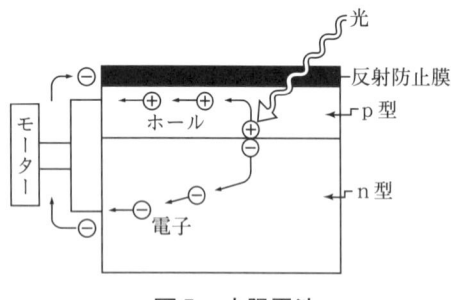

図5 太陽電池

表1 LEDの材料と光の色

色	注入する不純物	ピーク波長 λ[nm]
青	In, Ga, N	450
	Zn, Cd, Se	489
緑	Zn, Te, Se	512
	Ga, P	555
黄色	As, Ga, In, P	570
	In, Ga, N	590
赤	Al, Ga, As	660
	Ga, P(または, ZnO)	700
赤外	Ga, As	980
	In, Ga, As, P	1300

6 テーマに関連したトピック　～半導体レーザー～

　半導体レーザーも発光ダイオードのなかまである。半導体レーザーと発光ダイオードを分けるものは，充分な光の強度をもつように増幅させてレーザー発振ができるかどうかである。

　レーザーでは，原子や分子の基底状態にある電子を，外部から強い光や電圧を加えることでエネルギー準位の高い状態E_2へ励起する。励起された電子がより低いエネルギー準位E_1に移るとき，エネルギー差E_2-E_1に等しいエネルギーを持つ光が放出される。放出された光はいろいろな位相や方向をもっているが，ある条件下では，最初の光が引き金となって次々に位相と方向のそろった単色光（コヒーレント）な光を出すことができる（誘導放射）。誘導放射を起こすために，物質中を，反射鏡を使って光を往復させる。次々に励起された電子はコヒーレントな光を放ち，増幅されたのち透過度の大きい反射鏡から外部へ光を放出する（レーザー発振）。

　半導体レーザーでは誘導放射を起こしやすくするために，図6に示すようなダブルヘテロ接合とよばれる構造を採用している。これは，p型とn型半導体の間に，活性層とよばれる価電子帯と伝導帯間のエネルギーギャップの小さい半導体をはさみ込んだ3層構造をしている。これに，順方向の電圧を加えると，n型半導体からは電子が，p型半導体からは正孔が接合面に移動するが，活性層が挟み込まれているために，活性層の価電子帯と伝導帯に，それぞれの電子と正孔の密度が高くなり再結合を効率よく起こすことができる（図7）。

　半導体レーザーは低出力ながら，小型で消費電力が少なく通信用技術や医療の場でのレーザー治療に使われている。また私たちの身の回りでは，CDやDVD，レーザープリンターなどに利用されている。

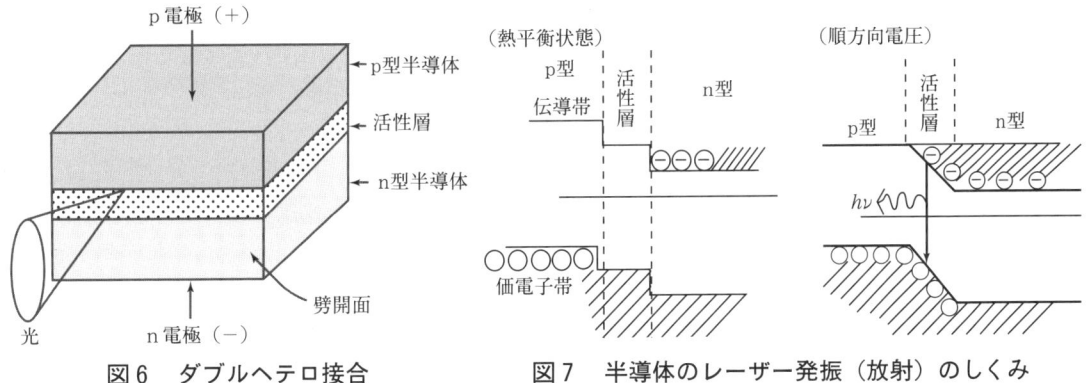

図6　ダブルヘテロ接合　　　　　図7　半導体のレーザー発振（放射）のしくみ

文献ナビ

① 「ナノエレクトロニクス」http://nanoelectronics.jp，2005年8月9日検索
　半導体技術，電子機器技術など，技術革新著しいナノテクノロジーについてやさしく丁寧な解説がされている。

（大島　浩）

⇒関連題材 **4**・**6**

題材 2 電波で位置が分かると何ができる？
全地球測位システム(GPS)

1 学習指導要領とのつながり
高等学校物理Ⅰ 　(1) 電気　ア 生活の中の電気　(ア) 電気と生活
高等学校物理Ⅱ 　(2) 電気と磁気　イ 電磁誘導と電磁波　(イ) 電磁波
高等学校理科総合A 　(4) 科学技術との進歩と人間生活
　（中学校理科　第1分野　(7) 科学技術と人間　イ 科学技術と人間）

2 題材と日常現実社会のなかでの活用場面―産業・人とのつながり―

　自動車に搭載された道路案内のカーナビゲーションシステムや正確な時を刻む電波時計など，人工衛星からの位置情報（測位信号）や標準時刻の信号を利用した機器が普及してきた。
　計測精度の向上は航空機や船舶の自動操舵に応用され，防災では地震や津波の監視システムに使われている。携帯電話をはじめとする電波受信機の小型軽量化によって，GPSと点字ブロック（誘導ブロック）に埋め込まれた電波をやりとりするICチップ（情報タグ）によって，視覚障害者の外出を支援するシステムの開発へと広がっている。
　将来的にこれらのシステムは農業機械や鉱山，建設，災害現場の作業機械に搭載され，ロボットを利用した遠隔操作など無人化に利用する開発が始まっている。生活の中で情報を伝える電気の学習や電磁波の利用は，私たちの日常社会の中で情報を伝え，制御する技術として活用されている。

3 題材の解説
1　全地球測位システムGPS
　GPS（Global Positioning System）は，米国国防総省によって管理運営されている衛星測位システムである。高度約20,000 kmの6つの衛星軌道上にそれぞれ4つずつ，計24個の衛星が配置され，12時間周期で地球を周回し，測位信号と標準時刻信号を出している。
　GPS受信機は，衛星から時刻信号と軌道の位置情報を受信する。この信号電波から現在地と衛星の間の距離を求めている。3個以上の衛星から信号を受信できると，三角測量により受信機の現在位置を求めることができる。GPSでは受信機の時刻と衛星の時刻を正確に合わせる補正のために，4つ目の衛星の信号を利用して位置情報の精度を上げるとともに，現在地の高さ（海抜）も求めることができるようになっている。

2　測位の方法
　GPS衛星は図1に示すように高度約20,000 kmの6つの軌道上に4基ずつ配置され約12時間周期で地球を周回している。GPS衛星には予め地上局から正確な時刻と衛星の位置の情報が送られている。したがって，受信機時計と衛星時計（ルビジウム原子時計）との時刻は正確でなければならない。GPS受信機（いわゆるカーナビ）は，衛星が発射する電波（$\nu=1.57$ GHz）を受信して，衛星と受信機との距離を計算する。図2に示すように3個の衛星からの球面状に拡がる電波を受信すると，その球面波の大円の交点が受信者の現在地となる。これは3点で地震波を観測し，初期微動継続時間とP波の速度の積から円を描き，その交点から震源を求めることと同じである（図2）。この位置情報を

地図上に当てはめている。

3 新しい測位の研究

(1) GPS津波・潮位観測システム（防災への応用　図3）

　海上に浮かべたブイの動きをGPSによって海面の変位として数cmの精度で計測し，陸上の基地でリアルタイムに監視することにより，例えば津波発生時，津波が海岸に到達する前に察知することが可能になる。このシステムを，津波の監視・検知からデータの伝達や避難勧告の発令，防潮堤の開閉制御などに応用することにより，津波災害の軽減を目指している。

(2) GPS移動支援システムの開発（ユビキタス社会への応用　図4）

　GPS測位システムを，携帯電話やアンテナを内蔵した盲人用白杖などの受信端末，あるいはICチップを埋め込んだ点字誘導ブロックなどと組み合わせ，道路の危険箇所の情報や周辺地域の案内情報を発信し，視覚障害者の社会活動を支援する。

(3) 運輸管理や緊急車両でのGPSの利用（位置情報の活用）

　GPSをタクシーの運行やトラックによる貨物輸送システムに導入することにより，輸送効率を高めることができる。また，警察や消防における緊急車両の運用管理にGPSシステムを導入することで，出動車両の位置情報管理が正確かつ迅速化される。

(4) GPSとロボットを組み合わせた，作業の無人化

　人工知能を搭載したロボットの実用化に向けた開発が進展しつつあるが，これとGPSシステムを組み合わせて，例えば，災害時における危険箇所での救助・復旧活動，あるいは広範囲の農作業，鉱山作業などに人間に代わって遠隔操作されたロボットを導入することが可能になる。

4 日本が進める準天頂衛星システム

　準天頂衛星システムは，複数の衛星を用いて，これらの衛星のうち少なくとも1つが日本上空の天頂付近を通過するように，衛星を異なる軌道上に配置したシステムである。これはGPS衛星を補完するシステムとなる。

　静止衛星では，東経130度の東京では仰角斜め48度で測位信号の電波が入射するのに対し，準天頂衛星からは仰角70度以上の，真上からの信号が届く。これによって高い山やビルなどの障害物の影響を少なくすることが可能になり，自動車や航空機，船舶などの移動体への測位時間の短縮，精度の向上が期待されている。準天頂衛星システムは測位だけでなく，通信や放送の機能も兼ね備えている。また，高精度な時刻情報を得るため，衛星には通信総合研究所が開発した高精度水素メーザー原子時計が搭載されている。

4　学習内容のポイント

1．GPSは高度約20,000kmの軌道上をまわる24基の衛星を利用する位置測位システムである。
2．GPS衛星は軌道情報と時刻情報を含む電波を出している。3基以上の衛星から得られるこれらの情報，および現在時刻とから受信機の現在位置が正確に求められる。
3．GPSによる測位システムは，津波の観測，視覚障害者への支援，交通輸送システムの効率化，各種遠隔制御システム，地震予知などに利用されている。

5 授業に役立つ図・表

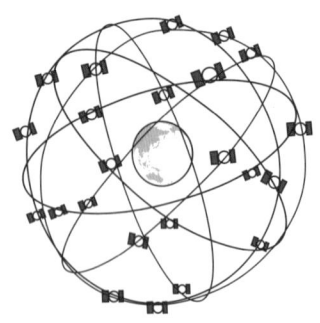

図1　地球を周回するGPS衛星の配置

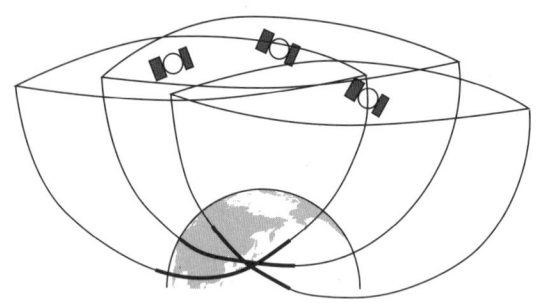

図2　GPSでの測位の方法

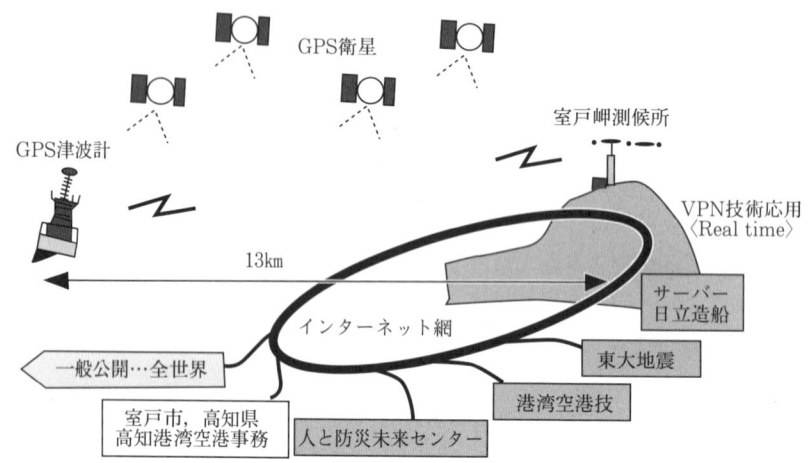

図3　GPSでの津波・潮位観測システム

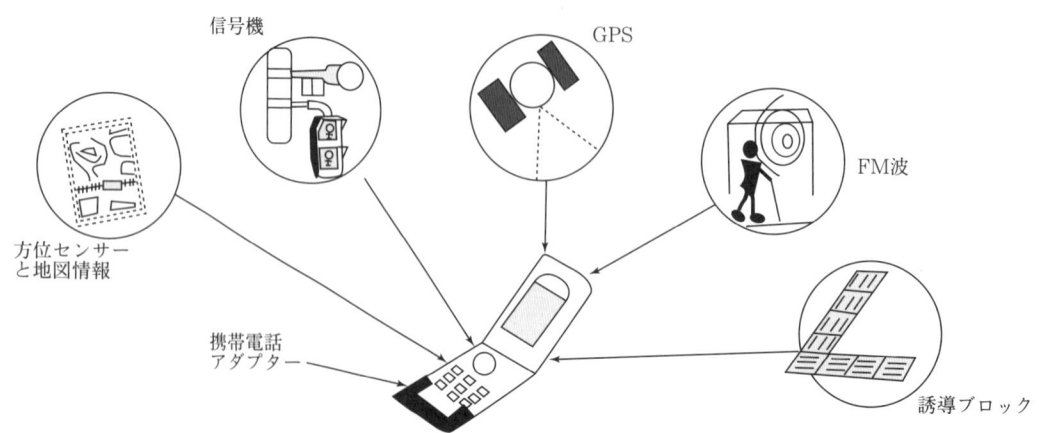

図4　GPS利用の移動支援システム

6 テーマに関連したトピック　～GPSと地震予知～

　地震の予知は大変難しいといわれる。「いつ，どこで」が予測できなければならない。日本列島には，阪神淡路大震災や新潟県中越地震の例を引くまでもなく活断層と呼ばれる地殻のずれが多数ある。したがって，「いつ，どこで」大地震が発生しても不思議ではない。

　ところで，GPSによる精密な観測ができるようになってから，地殻変動がリアルタイムで測定できるようになってきた。通常地球のプレートの動きに同期して，地殻変動（水平方向の移動）は年間数cm程度である。ところが，国土地理院が2005年の釧路沖地震（M7.1）とその余震（M6.9）をGPSデータで解析したところ，大地震が発生する以前に釧路沖地区100 km²の地殻が大きくずれていたことが分かった。これを「前兆すべり（プレスリップ）」という。大きな地震が発生する以前にも，地震のエネルギーは岩盤をゆっくりと滑らせ大地震の引き金となっているのだ。「前兆すべり」のほかに，大地震の引き金にはならないが大地震の後であっても，まったくの無感でゆっくり岩盤が滑る「ぬるぬるすべり（スロースリップ）」と呼ばれる地殻のずれも確認されている。

　2003年，愛媛県と大分県の間の豊後水道では，60 km²の領域で年間20 cmものずれが観測されている。1999年のカナダのカスケード（バンクーバー湾）観測では，50 km×300 kmの領域が数週間で1～2 cmも動いていることが報告されている。

　GPSによる位置情報の集積と解析が地震予知の方法となっている。

【カーナビで地球の大きさを測る】エラトステネスの方法

　紀元前230年頃，古代ギリシアの数学者エラトステネスはエジプトのシエネとアレキサンドリアを歩測して，地球の全周を約45,000 kmと算出した。彼はアレキサンドリアの図書館長を務め，所蔵されていたパピルス文書からその着想を得たといわれている。シエネとアレキサンドリアはナイル川沿いにほぼ南北に位置している。シエネは北回帰線上に位置しているため，夏至の日の太陽の南中高度が90°となり，掘りぬきの井戸の底まで日が射し込む。一方アレキサンドリアでは，夏至の日の太陽の射し込む角度が天頂より7.2°ずれていた。シエネとアレキサンドリア間の距離は5,000スタジア（1スタジア≒180 mより，900 km）となることから，地球の全周 $L = 360°/7.2° \times 900$ km $= 45,000$ kmと求めることができた。（現在の値としては赤道半径を6,400 kmとすると，全周は約40,000 kmとなる。）

　カーナビにはGPSからの信号で，現在地の北緯，東経を分，秒まで表示する機能が備えられている。南北にのびる直線道路を選び，北緯の分，秒の変化分と走行距離計の値を組み合わせると，エラトステネスの方法で地球の全周を求めることができる。

文献ナビ

① 「準天頂衛星システムを用いた新しい測位システムの研究」http://www.nasda.go.jp/lib/nasuda-news，宇宙開発事業団ホームページライブラリー，2005年8月4日検索
　準天頂衛星システムの開発と新しい測位の応用研究が紹介されている。

② 「障害者等ITバリアフリー推進のための研究」http://www.nedo.go.jp，独立行政法人新エネルギー・産業技術総合開発機構ホームページ，2005年8月4日検索
　GPS測位システムや点字ブロックに埋め込んだICチップ（情報タグ）で，視覚障害者の外出移動の支援システムの開発を紹介している。

（大島　浩）

題材 3 / **切符で自動改札を通れるわけ**
磁石とその応用

⇒関連題材 5・35

1　学習指導要領とのつながり
小学校理科　第3学年　B　物質とエネルギー
（高等学校物理Ⅱ　(2) 電気と磁気　ア　電界と磁界　(イ) 電流による磁界）
（中学校理科　第1分野　(3) 電流とその利用　イ　電流の利用）

2　題材と日常現実社会のなかでの活用場面―産業・人とのつながり―
　紀元前7世紀頃から，磁石（磁鉄鉱）が鉄を引き寄せることが知られていた。この吸引性は，現在でも入れ歯の固定からバッグの口の留めまで，幅広く利用されている。一方，紀元3世紀頃から磁石が北を指すことが知られるようになり，それ以来，方位を知るためにも磁石は欠かせないものとなっている。また，磁石の近くの電流には力が働くことを利用して，モーターやスピーカーが作られ，磁石の近くでコイルが動けば電流が流れることを利用して，発電機やマイクが作られている。さらに，磁石の磁極は，エネルギーを与えなくとも同じ状態を保つ反面，強い磁界を加えれば，消したり向きを変えたりすることができる。この特性は，切符，ハードディスク，ビデオテープなどでデータを保存することに活かされている。したがって，磁石についての学習は，文房具のマグネットでメモを貼付けることから切符にデータを記録することまでさまざまなことに活用されている。

3　題材の解説
1　磁極
　磁石にクリップなどをつけてみると，磁石にはクリップをたくさん引きつける磁気の強い部分とほとんど引きつけない磁気の弱い部分があることがわかる。この磁気の強い部分を磁極という。1つの磁石には必ず複数の磁極がある。ある磁石の1つの磁極に別の磁石の磁極を近づけると，近づける磁極によって，引きつけ合う場合と反発し合う場合がある。つまり，磁極には2種類あることになる。このうち，磁石を自由に回転できるようにしたとき，北側に来る磁極をN極，南側に来る極をS極とよぶ。N極とS極は引き合い，同極同士は反発する。
　磁石をN極とS極の間で切断したら，N極だけ，あるいはS極だけの磁石ができるであろうか。実は，図1に示したように，切断面に異なる磁極が現れるため単極の磁石はできない。逆に，2つの磁石のN極とS極をくっつけると，この部分の磁極は消えてしまう。

2　磁化
　磁石を切っても必ずN極とS極ができるということは，図2(a)のように，磁石は小さな磁石が集まっていると考えれば説明がつく。小さな磁石自体は切れないものとすれば，磁石のどこを切っても切断面に磁極が現れるからである。
　実は，鉄など磁石に良くつくものも小さな磁石の集まりなのである。ただし，普通の状態の鉄は図2(b)のように小さな磁石の向きがバラバラなので，全体としては磁石になっていない。ところが，別の磁石が近づくと，(a)のように小磁石の向きが揃って，磁極が現れる。すると近づいた磁石にくっつくだけでなく，別の鉄を引きつけるようにもなるのである。このように，磁石でなかったものが磁石

になることを磁化という。
　永久磁石というのは，こうして磁化された状態が容易には消えないものである。
3　磁気記録
　磁化された状態が残るということは，記録に使えるということである。磁化を利用した記録を磁気記録という。磁気記録の特徴は何度でも書き直すことが出来ることである。最初に磁気記録が実用化されたのは，テープレコーダーである。この原理は図3に示したようになっている。磁化しやすい物体を塗ったテープを磁気ヘッドに接しながら動かす。磁気ヘッドは一種の電磁石で，音声信号を流すと，信号に応じて磁界を生じる。磁界の変化は，テープ上の磁極の配列となって記録される。つまり，テープに録音されるわけである。逆に，録音されたテープを磁気ヘッドに沿って動かすと，磁極配列に応じて電流が生じ，元の信号を再生することができる。

　このような磁気記録は，ビデオテープ，パソコンのハードディスクなど，さまざまなところで利用されている。鉄道の切符もその一つで，これは比較的簡単に記録のようすを見ることができる。図4(a)のような切符の裏に，鉄粉（使い捨てカイロの中身でもよい）をふりかけてから軽く払い落とすと，(b)のように，鉄粉が3本の帯状に残る。このままでは少し見にくいので，セロハンテープを切符の上から押さえつけて鉄粉をつけ，そのテープを白い紙に貼り直すと，(c)のように磁気記録のようすが見て取れる。

　このように磁気を使って有効日，発駅などが記録されているので，自動改札機はこの情報を読み取って扉を開けてくれるのである。

4　学習内容のポイント

1．磁極
　(1)　磁石には必ずN極とS極がある。
　(2)　N極→（引き合う）←S極
　　　 N極←（反発する）→N極
　　　 S極←（反発する）→S極
2．磁化
　(1)　鉄はもともと小さい磁石をたくさんもっている。
　(2)　普通は小さい磁石の向きがバラバラなので，全体としては磁極が現れない。
　(3)　鉄に磁石を近づけると，小さい磁石の向きがそろって磁極が現れる。
3．磁気記録
　(1)　カセットテープや切符などは，磁石を利用して情報を記録している。
　(2)　磁石を利用した記録は，消したり書き直したりできる。

5 授業に役立つ図・表

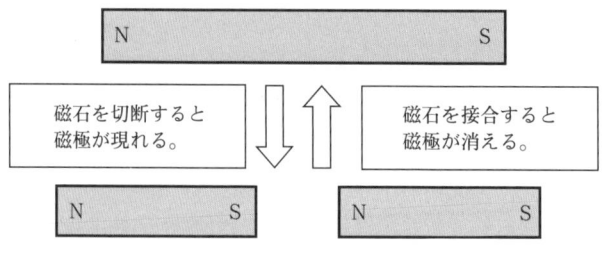

図1　磁石の磁極

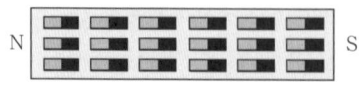
(a)　小磁石の向きがそろっているとき

(b)　小磁石の向きがばらばらのとき

図2　磁石は小さな磁石の集合

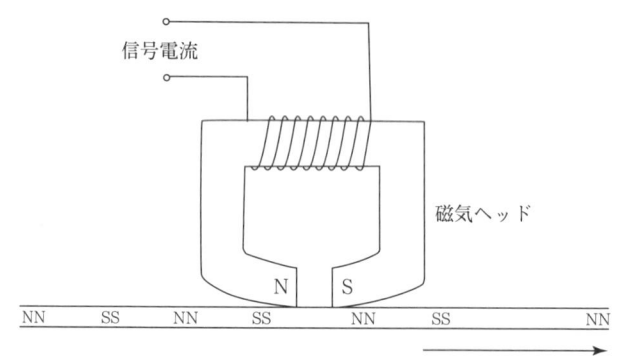

図3　磁気記録の原理

(a)　表

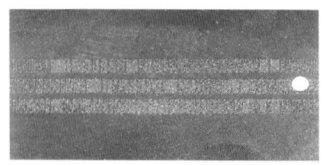
(b)　裏に鉄粉をつけたもの

(c)　裏の鉄粉をテープにとったもの

図4　切符の磁気記録

6 テーマに関連したドリル

【問題1】
　方位磁石が南北方向を向くのは，地球が大きな磁石になっているためである。地球の北極はN極だろうか，S極だろうか。

【問題2】
　ある薄い円柱状の磁石を鉄板に近づけたときの吸引力は，底面部分が強く，側面はどこも同じ程度で弱かった。この種類の磁石を2つ重ねたところ良くついたが，片側を180°回転すると反発するようになった。この磁石の磁極はどのようになっているのだろうか。

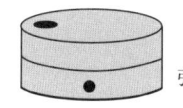 引き合う　　　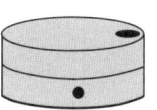 反発する

【問題1の解答】
　S極である。磁石のN極が北を指すということは，地球の北側の磁極と磁石のN極が引き合うということである。したがって，北極はS極ということになる。なお，北極と地球のS極の位置は完全には一致していない。そのため，方位磁石の指す向きも，正確な北ではない。

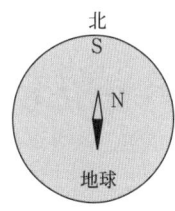

【問題2の解答】
　鉄板に良くつく底面部分が磁極になっていると考えられる。回転して反発するようになるには，例えば，右図のようになっていればよい。文房具店で販売されている丸いマグネットには，外見は同じようでも，底面部分が単一の磁極のもの，2つあるいはそれ以上に分かれているものがある。

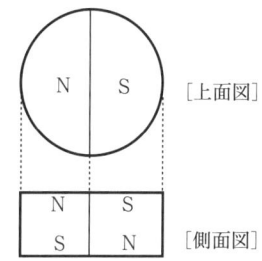

文献ナビ

① 「自動改札機の研究」http://yoiko.vis.ne.jp/atc/body_atc_.html，2005年7月9日検索
② 「じしゃく忍法帳」http://www.tdk.co.jp/techmag/ninja/index.htm，TDK，2005年7月9日検索
③ 「Magnet Library」http://www.magnet4u.com/jpn/new_lib/lib_1.htm，Magnet4U.com，2005年7月9日検索
④ 中村弘（1991）『磁石のナゾを解く』講談社
　　磁石の歴史，さまざまな応用からオーロラの話まで書かれている。

（松原郁哉）

⇒関連題材 2・21・39

題材 4 "ひも"が生み出す衛星の電力と推進力
地磁気と導電性ケーブルを利用する宇宙技術

1 学習指導要領とのつながり

高等学校物理Ⅰ　(1) 電気　ア 生活の中の電気　(イ) モーターと発電機
高等学校物理Ⅱ　(1) 力と運動　イ 円運動と万有引力　(イ) 万有引力による運動
高等学校物理Ⅱ　(2) 電気と磁気　ア 電界と磁界　(イ) 電流による磁界
高等学校物理Ⅱ　(2) 電気と磁気　イ 電磁誘導と電磁波　(ア) 電磁誘導
高等学校理科総合A　(2) 資源・エネルギーと人間生活　イ いろいろなエネルギー　(イ) エネルギーの変換と保存
中学校理科　第1分野　(3) 電流とその利用　イ 電流の利用

2 題材と日常現実社会のなかでの活用場面―産業・人とのつながり―

　電流と磁界との間には深いつながりがあり、モーターや発電機など、電流と磁界との相互作用を利用した製品は私たちの身の回りにたくさんある。ここでは電流と磁界に関する応用技術の1つで、将来の宇宙技術に生かされる可能性がある題材について解説する。それは、細長い導体ケーブルと地磁気を利用して、宇宙航行技術、あるいは宇宙での発電などに応用しようという試みである。それは、"テザー（tether）"と呼ばれる柔軟な細長いケーブルで2つの衛星を接続したシステムをつくり、ケーブルが地磁気による磁束を横切ることを利用して発電を行ったり、ケーブルに電流を流し衛星の推進力を得たりする技術である。実用化のための実験的なテザー衛星の打ち上げは数十年前から行われており、テザーの長さが20kmに達する衛星も作られている。これらの未来技術の開発や理解に「電流とそのはたらき」、「電流が磁界から受ける力」、「円運動と万有引力」などの学習が繋がっている。

3 題材の解説

　ひもで結ばれた2つの物体、すなわち"重心が柔軟に結合してる系"の力学的な振る舞いは一般的には、かなり複雑になる。このことは、例えば、「運動会の2人3脚走」や「自動車をロープで牽引する」などの例を思い浮かべて見るとよく分かる。それでは、このようなひもで結ばれた2つの物体が、惑星の周りを周回する軌道上にあるような場合、その運動はどのようなものになるであろうか。このような系は「テザー衛星」と呼ばれる（図1）。テザーとは、物体をつなぎ止めるひものことで、元々、牛や馬などをつなぐ"つなぎ縄"を指す言葉である。

　簡単のため、衛星は地球を回る円軌道上を運動しているとして、宇宙空間におけるテザーの機能、仕組みを説明する。地球をまわる周回軌道上にある物体には、外向きの遠心力と、地球の中心へ向く重力の2つの力が働く。これらの力の大きさが互いに等しく釣り合うとき、衛星は安定な軌道をとる。

　次に、高度が異なる2つの衛星が、テザーで結ばれ周回運動する場合を考える。この2基の衛星はテザーで結ばれているので、全体で1つの系として振る舞う。すなわち、2つの衛星の重心の位置で、全体の質量に対する重力と遠心力とが釣り合う。ところで、遠心力は軌道半径に比例して増大するのに対して、重力は半径の2乗に反比例して減少する。したがって、外側の衛星では遠心力が重力に勝り、外向きの力が働くが、内側の衛星では逆に重力が遠心力よりも大きいので内向きの力が働く（図2）。

もし2つの衛星の速度が最初同じであったとすると，内側の衛星の角速度（速度を軌道半径で割った量）は外側よりも大きく，内側の衛星は外側の衛星を引きずりながら進んでいく。その結果，外側の衛星の速度，及び遠心力は増し，より外側の軌道へ移り，逆に内側の衛星は速度を落とし，軌道高度を下げる。このような変化は，2つの衛星の角速度が一致するまで続く。最終的に，テザーに沿った直線が地球の中心を向き，テザーの両端を2つの衛星が互いに引っ張り合う状態で平衡に達する。

　以上，テザー衛星の力学的な性質について説明したが，次に，テザーが導電性を持つ場合について解説する。このようなテザーはエレクトロ・ダイナミック・テザーと呼ばれ，これによって従来の宇宙船とは全く違った方法で軌道高度を変えたり，宇宙船の電力を供給したりすることができる可能性がある。

　まず，電力供給，すなわち導電性テザーによる発電について説明する。導体が磁界中を移動すると，導体内の電荷には移動方向と磁界に垂直な向きの力，ローレンツ力が働く。例えば，図3に示すように，赤道面を含む面内の円軌道上をテザー衛星が，地磁気による北向きの磁界を受けながら西から東へ向かって運動している場合，内側の衛星から外側の衛星に向かって起電力が生じる。

　この起電力から定常的な電流を取り出すためには，回路を閉じる必要がある。このとき重要な役割を果たすのが，大気圏の上層部に広がる電離層である。この領域は，太陽からの紫外線などによって，原子から電子が引きはがされ，電子と陽イオンの集合であるプラズマ状態になっている。テザーの陽極側（図3の外側の衛星）は，電子を引きつけ，テザーの他端は陰極となって電子を放出する。プラズマである電離層には導電性があり，この回路を閉じる役割を果たす。その結果テザーに沿って流れる定常的な電流が生まれ，それを衛星で使うことが可能となる。発電能力はテザーの長さ，電離層の電荷密度，電気抵抗，地磁気の大きさ，衛星の速度（軌道高度）などで決まる。例えば，低高度軌道を飛行する衛星が長さ20 kmのテザーを使用した場合，約40 kWの電力が得られると見積もられている。この発電能力は有人飛行における研究設備などに必要な電力をまかなうのに十分な大きさである。

　ところで，このテザーによって生み出される電気エネルギーは，何に由来するのであろうか。このことを考えていくと，テザーのもう1つの機能，すなわち，衛星軌道の上昇下降を制御する仕組みが見えてくる。手回し発電機で発電する場合，ハンドルに力を加え続ける必要があるように，テザー衛星の場合，発電によって生じる電気エネルギーは，軌道運動に由来する衛星の運動エネルギーから供給される。つまり，発電によって衛星の速度は減じ高度は下がっていく。逆に，衛星の原子力電池や太陽電池，蓄電池などを用いて，先の誘導電流と反対の向きにテザーに電流を流すと，高度は増していくのである。このことは，フレミングの左手の法則に従って，磁界中の電流に働く力が，ちょうど衛星を軌道方向に沿って加速するように作用することからも理解できる（図4）。

　このような働きをもつテザーの応用としては，ほかに，図5に示すような，地球の周りをただよっている大量の宇宙ごみ（デブリと呼ばれ，役目を終えた衛星やロケットの上段部分などからなる）の除去，木星やそのまわりの衛星の探査ミッションなどへの応用が考えられている。

4　学習内容のポイント

1. 地球を周回する人工衛星には重力と遠心力が働き，両者はつり合っている。
2. 万有引力と遠心力の大きさは，地球からの距離によって違った変化をする。
3. テザー衛星は，ひもが放射状にぴんと張った状態が安定な飛行姿勢である。
4. 磁界内を運動する導体には，ローレンツ力により起電力が生じる。これによって，発電，および衛星高度の変更が可能となる。
5. テザーに電流を流すと磁界との相互作用で，衛星の軌道高度を変える力が生まれる。

5 授業に役立つ図・表

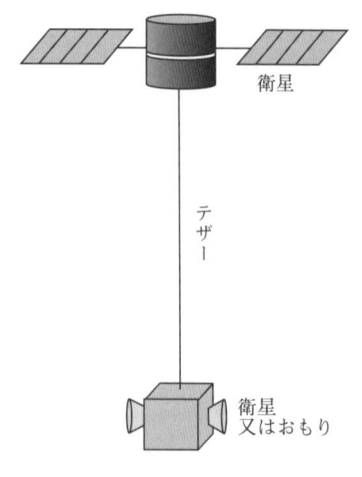

図1 テザー衛星

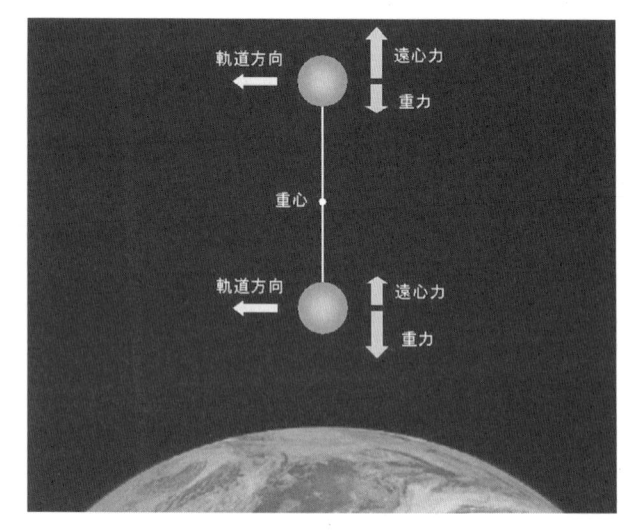

図2 テザー衛星に働く力

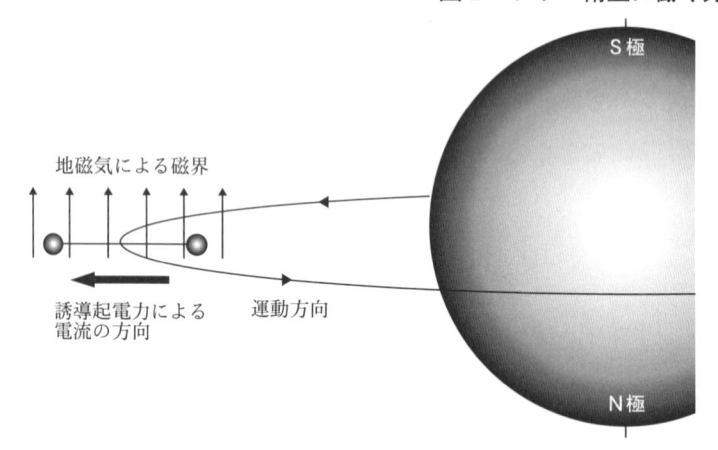

図3 地磁気による磁界内を運動するテザー衛星に生じる誘導電流

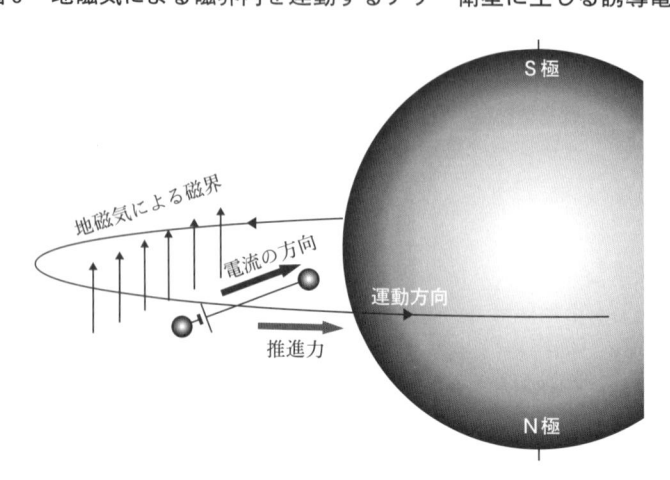

図4 電流によって生じるテザー衛星の推進力

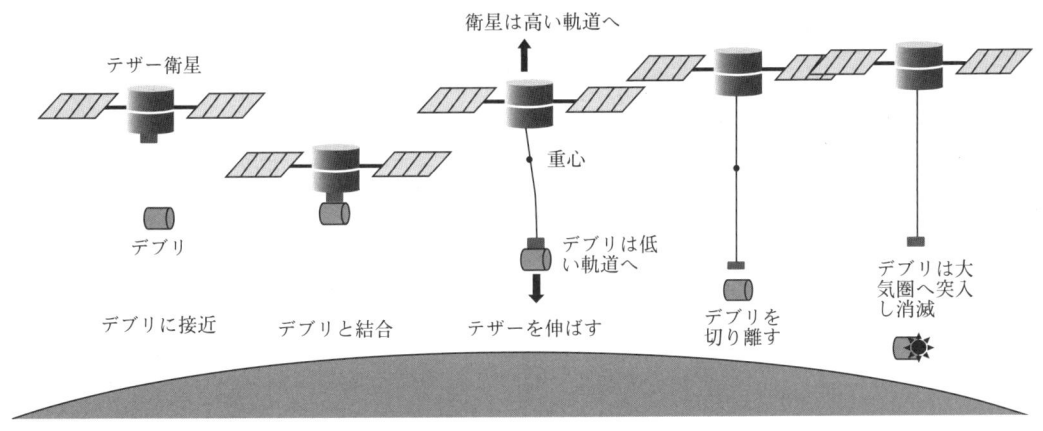

図5　テザー衛星システムによる宇宙ごみの撤去方法の例

6　テーマに関連したドリル

【問題1】
　ジャンボジェット機が東京上空を水平に800 km/hの速さで飛行している。このとき，ジェット機の主翼先端間に生じる誘導起電力の大きさを求めよ。ただし，東京付近の地磁気の垂直成分（鉛直分力）は約$3.8×10^{-5}$ Tとし，また，ジャンボジェット機B-747の主翼先端間の距離は約64 mとする。

【問題2】
　導電性のテザーを使い，宇宙ごみ（デブリ）を除去する方法にはどのようなものが考えられるか。

【問題1の解答】
　翼の先端間に生じる起電力Vは
$$V = (3.8×10^{-5} \text{ T})×(64 \text{ m})×(800×10^3 \text{ m})/(3600 \text{ s}) = 0.54 \text{ V}$$
となる。

【問題2の解答】
　導電性のテザーを用いる場合は，まず，テザーを備えた衛星をデブリにテザーを介して結合させる。このとき，衛星は外側の軌道から近づき，デブリが地球に近い側の軌道をとるようにする。その後，テザーを展開し伸ばす。テザーには起電力が生じ，この結合系は磁界からの抵抗力を受け，徐々に軌道高度を下げていく。デブリ側が大気圏上層部に達したら，テザーを切り離す。

文献ナビ

① R. L. フォワード，R. P. ホイト（1999）「「ひも」を使って月旅行」日経サイエンス第29巻5月号，pp.43—46
② E. ロレンツィーニ，J. サンマルティン（2004）「宇宙のすぐれものエネルギーを生むテザー衛星」日経サイエンス第34巻11月号，pp.46—55
③ 「エレクトロダイナミックテザー」http://www.ista.jaxa.jp/een/index2.html，宇宙航空研究開発機構，2005年6月30日検索

（山本郁夫）

⇒関連題材 3・35・49

題材 5

電子の"五感"センサー

回路における電圧

1 学習指導要領とのつながり
高等学校物理Ⅰ 　(1) 電気　ア 生活の中の電気　イ 電気に関する探求活動
　（中学校理科　第1分野　(3) 電流とその利用　ア 電流）
　（中学校理科　第1分野　(7) 科学技術と人間　イ 科学技術と人間）

2 題材と日常現実社会のなかでの活用場面―産業・人とのつながり―

　われわれは一日中センサーに囲まれて生活をしていると言っても過言ではない。たとえば、湯を適温に保つ電気ポットには温度センサーが用いられ、暗くなると自動的につく街灯には光センサーが使われている。また、テレビのリモコンでチャンネルを変えるときに、リモコンからの赤外線をキャッチするのもセンサーの役目である。これらの機器にはセンサーを含む回路が組み込まれていて、温度や光などによる物理・化学的な「刺激」を多くの場合電圧の電気信号に変換する。回路における電流や電圧について学習する内容は、ここにあげたようなセンサーを使った電子機器類の中などにも活かされている。

3 題材の解説

　センサーは人間の五感に代わって物理・化学的な「刺激」を電気信号に変換する。センサーは大きく分けて物理センサーと化学センサーに分けられる（表1）。

　光センサー、温度センサー、圧力センサーなどは物理センサーとよばれ、物理量を電気信号に変換する。周囲の明るさに応じて自動的に点いたり消えたりする街灯をコントロールするのは光センサー、エアコンの温度をコントロールするのは温度センサー、圧力センサーは接触を感知したり、音波を感知したりできる。機器を自動化できることのほかにも、人間が直接測れないような条件でも物理量を測定できる利点がある。このような例は、放射線の検知、溶鉱炉の中のような高温の測定、建築物のひずみの測定など無数にあり、産業・社会の中で多様に用いられている。

　一方、においセンサーや味センサーは化学センサーとよばれ、分子の吸着や電気化学的現象を電気信号に変換する。においや味の同定には特定の物質のみに応答するいくつかのセンサーを組み合わせて用いることが多い。酸化物半導体を用いてコーヒーのブレンドや焙煎の違いを識別するセンサーや、魚の鮮度を識別するセンサーも開発されている。また、白川英樹博士のノーベル賞（2000年）で一躍有名になった導電性ポリマーもセンサーとして用いることが可能である。導電性ポリマーにはメタノール、エタノール、エチルアセテートなどの分子が吸着すると電気抵抗が変化する性質があるからである。

　センサーを活用するためには物理・化学的な「刺激」を電圧に変換する電気回路が必須である。受ける物理量に応じて電気抵抗が変化するタイプのセンサーの場合を例に、その回路のしくみを次に解説する。たとえば、金属は温度が上昇するとその抵抗値が増える性質がある。金属内の陽イオンの熱運動が活発になって自由電子の通行を妨げるからだ。これは一種の温度センサーであるともいえる。また半導体の多くはその逆の性質をもち、温度が上昇すると抵抗値が減少する。たとえばこの性質が

顕著なサーミスタ（図1）という半導体は温度センサーとしてよく利用されている。サーミスタはThermally Sensitive Resistor（熱に敏感な抵抗）を略してThermistorと名づけられた。Ni, Co, Mnなどの酸化物を混合して高温で焼結して作られる。デジタル温度計などに利用されている。一方，光によって抵抗値が変わる半導体もある。光センサーとして利用されるCdSセル（図2）は明るいときほど抵抗が小さくなる。いずれも温度や明るさなどの条件によって抵抗値が変化する可変抵抗なのだと見なすことができる。

これらの可変抵抗のようにふるまうセンサーrと，抵抗値が一定の固定抵抗Rを直列につないだ回路を考える（図3）。ここで一定の電圧Vをかけると，これら2つの抵抗は全体の電圧を分割する。センサーの抵抗値をr，固定抵抗の抵抗値をRとしたときに，センサーと固定抵抗にかかる電圧をそれぞれV_r, V_Rとすれば

$$V_r : V_R = r : R \quad かつ \quad V_r + V_R = V \tag{1}$$

の関係がある。よって，センサーの両端の電圧V_rは

$$V_r = \frac{r}{r+R}V \tag{2}$$

になる。したがって，センサーの抵抗値が増すと，それにつれてV_rの値も変化する（表2）。ここで，前にあげたような温度や光によって抵抗値が変化するようなセンサーを利用すれば，暖かさや明るさといった物理的な「刺激」を電圧に変換することができる。この電圧をもとに電気回路を経て，温度や光量といった物理量を条件にスイッチを入れたり切ったりする動作を機器はおこなう。

たとえば，サーミスタを用いたならば，温度が低いときほどV_rが大きくなる。これは冷たいときにだけスイッチが入るような回路に発展できる。また，CdSセルを用いたならば，暗いときほどrの値は大きくなってV_rが大きくなる。この性質を用いて，CdSセルにあてた光が遮られたことを検知することができ，防犯装置や煙探知機などへの応用につながる。

現在センサーはより高速応答・高精度なものが開発され続けている。またそれを処理する電気回路も複雑なものがICやLSIに組み込まれ小型化されている。これらはデジタルカメラ，自動改札機，医療機器といった身近なものから，地球の資源や環境の調査を行うために人工衛星や飛行機に搭載されるリモートセンシングの技術など多岐にわたって発展し，我々の生活を支えている。

4 学習内容のポイント

1. 我々の生活を囲む様々なセンサーと五感
    - （例）・触覚＝圧力センサー，温度センサー
        - ・視覚＝光センサー　　　　・聴覚＝音波センサー
        - ・嗅覚＝気体成分センサー　・味覚＝液体成分センサー
2. センサーのはたらき
    - ・入力　物理量（光，音波，力など）＝物理センサー
        　　　化学物質＝化学センサー
    - ・出力　電気エネルギー（電圧の発生），電気抵抗の変化
3. センサーを用いた回路
    - ・出力電圧を増幅して用いる。
    - ・電気抵抗が変化するタイプのセンサーは，固定抵抗と直列につないだものに電圧をかけ，電圧の分割を利用して，出力電圧を得る。

5 授業に役立つ図・表

表1 様々なセンサー

	名称	相当する"五感"
物理センサー （物理量を検出）	光センサー	視覚
	音センサー	聴覚
	圧力センサー	触覚
化学センサー （化学物質を検出）	気体成分センサー	嗅覚
	液体成分センサー	味覚

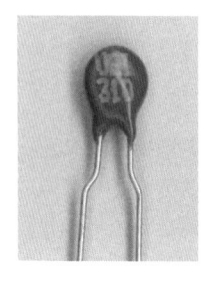

図1 サーミスタ

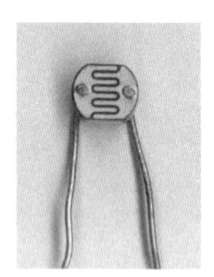

図2 Cdsセル

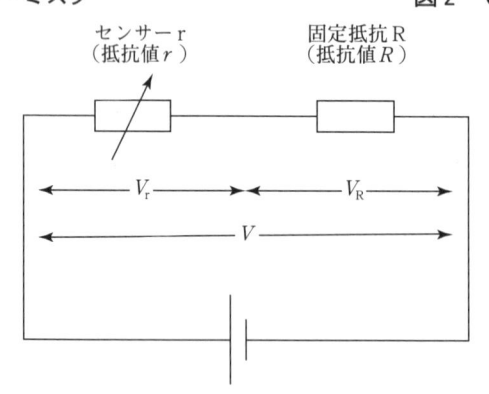

図3 センサーで電圧を得る回路

表2 図3の回路に用いるセンサーと電圧の変化

用いるセンサー	物理的な刺激の変化	抵抗値rの変化	電圧の変化	
			V_r	V_R
CdS	明るくなる	減少	減少	増加
	暗くなる	増加	増加	減少
サーミスタ	温度が上がる	減少	減少	増加
	温度が下がる	増加	増加	減少

6 テーマに関連したドリル

【問題1】
次の分野ではどのようなことにどんなセンサーが用いられているか。調べたり考えたりして，その例をあげよ。

　　　　家庭　　　　交通　　　　医療

【問題1の解答】
家庭
　電子レンジ…ボタン一つで簡単に加熱・調理するために，温度センサーや湿度センサーが用いられている。
　ガス警報機…メタンやプロパンなどの可燃性ガスを検出するガスセンサーが用いられている。
　防犯ライト…人の接近を赤外線センサーで検知している。
交通
　自動改札機…切符の裏側の磁気情報を磁気センサーで読み取っている。
　自動券売機…接触センサーによって画面への接触を検知するタイプの機種が増えてきた。
　道路での交通量の監視…上から路面に超音波をあてその反射波を超音波センサーで検出する。反射して戻ってくるまでの時間から，路面からの反射か，車からの反射か識別し，交通量を算出する。そのデーターは交通情報の提供に活用される。
医療
　X線ＣＴスキャン…X線センサーを多数並べた「X線センサーアレイ」とX線管との間に頭を置き，脳を透過したX線の情報をコンピュータ処理することにより，脳内出血などの手術が的確に行われるようになってきた。
　超音波エコー………人体に超音波を当て内部で反射して戻ってくるまでの時間を測るときに超音波センサーが用いられる。胎児の診断や，腎臓や胆のうの結石を見つけることに使われている。

文献ナビ

① 山崎弘郎（2002）『トコトンやさしいセンサの本』日刊工業新聞社
　身近なところで使われているセンサーについて，その技術の全体像がやさしく解説されている。
② 都甲潔・宮城幸一郎（2002）『なるほどナットク!センサがわかる本』オーム社
　物理センサーと化学センサーの双方について，原理や材料，応用について解説されている。さらにバイオセンサーについても最新の情報を含めて紹介されている。

（小澤　啓）

題材
6 **地震も津波も波動現象**
いろいろな波，波の反射・屈折

⇒関連題材 2・16

1　学習指導要領とのつながり
高等学校物理Ⅰ　(2) 波　ア　いろいろな波
（中学校理科　第2分野　(7) 自然と人間　イ　自然と人間）

2　題材と日常現実社会のなかでの活用場面—産業・人とのつながり—
　地震や津波は時として大きな災害をもたらすが，物理的にみると波動現象の一つである。物理学で学習する波の様々な性質を，地震や津波現象の中に見出すことができる。例えば，横波と縦波の違いを学習するが，地震波の場合にはP波とS波としてそれぞれが識別できる。また，地震波の伝わり方を反射屈折の法則にしたがって調べることにより，地球内部の構造が明らかになってきた。さらに，遠くから地球表面を伝わってきた地震波の様子を調べると，地表が本当に波打っている様子を見せることもできる。
　一方，津波が通常の波浪と極めて異なる特徴を持つ波であることを理解するには，波長，周期などの波の性質を表す基本的な用語の理解が不可欠である。津波の性質を正しく理解することは防災上も極めて重要である。
　波の学習は地震・津波をはじめとする様々な地球物理学的現象の解明や防災に活用されている。

3　題材の解説
　地震とは，地下の岩盤が破壊したときに発生したゆれが，波として周囲に伝わっていく現象である。地球は固い岩盤であって伸び縮みしないと考えられがちであるが，実際には弾性体として振る舞い，振動を波として伝える。波である以上，地震波も光や音と同様に反射・屈折をしながら地球内部を伝播していく。地球は光を通さず中を見ることができないが，地震波を使うことで内部の様子を知ることができる。

1　地震波の屈折
　震源が地表付近にある場合，地下の地震波速度がどこでも一定なら，地震波は図1(a)の(1)〜(4)のように震源から様々な方向に直線的に伝わっていく。このうち，地表にいる我々がゆれとして感じるのは(1)のように地表に沿って伝わる波だけである。図1(b)のように横軸に震央からの距離をとり，縦軸に地震発生時刻からの時間（走時という）をとった図を走時曲線という。(1)のように地表にそって伝わる波は，走時曲線上では直線で表され，その傾きの逆数が地震波速度を表す。
　しかし，地下のある深さに境界面があり，それより下の地震波速度が境界面より上の速度より速いと，境界面に達した地震波は図1(a)の(2')〜(4')ように屈折する。(2)や(3)のような経路をとった波は屈折しても再び地表に戻ってくることはないが，(4)のようにある角度で境界面に入射した波は(4')のように境界面にそって屈折し，この波のみが再び屈折し，破線で示したように地表に向かって戻ってくる。この波の走時は図1(b)で▲で示したような直線となる。
　ユーゴスラビアの地震学者モホロビチッチは1900年に実際にこのような現象を見出し，地表付近は地殻とマントルという2層に分かれていることを発見した。

2　P波とS波

　波とは媒質（あるいは場）の振動が空間的に伝わっていく現象である。媒質の振動方向と波の進行方向が一致しているものを縦波といい，媒質の振動方向と波の進行方向が直交しているものを横波という。空気のような気体や水のような液体の場合には，横にずらすような力（せん断応力という）が働かないので横波は伝わらず，媒質の伸び縮みに対応する縦波だけが伝わる。これに対し，固体中では縦波と横波が両方存在する。地球を構成する岩石の場合には，縦波の速さは横波の速さの約1.7倍になる。図3と4は，バネのおもちゃを使って，縦波と横波の違いを説明する実験をしている様子を示している。

　よく知られているように地震波にはP波とS波がある。図2はある地震の記録を距離順に並べたものであるが，先に到達する比較的振幅の小さな波と，遅れて到達する振幅の大きな波があることが分かる。前者がP波（Primary波）であり，後者がS波（Secondary波）である。速度や振動方向の違いから，P波が縦波でありS波が横波であることが分かっている。

3　津波

(1) 津波の特徴

　2004年12月に発生したスマトラ沖地震では津波により20万人以上の人命が失われ，津波災害の恐ろしさを改めて我々に教えてくれた。日本でも過去に何度も津波による大きな被害を受けている。

　大地震が発生すると地震断層が地球表面にまで及ぶことがある。津波とは地震を起こした断層が海底に現れ，それによって広範囲にわたって海水が持ち上げられたり引き下げられたりして大規模な海水の運動が起こり，その海水の変動が波として伝わっていく現象である。例えば，M8クラスの地震では100 km以上の長さの断層が生じ，断層上のずれの大きさは20 mに達する。そのような大きな断層は動き始めてから動き終わるまで数十秒かかる。このようなゆっくりとした広範囲の海底の変動が大規模な津波を引き起こすのである。この発生メカニズムのため，津波は普通の波とは大変異なる性質を持つことになる。通常海岸に打ち寄せる波浪の周期はせいぜい数秒である。これに対して津波の場合には周期は数十分から1時間と非常に長く，波長も海上では数百kmに達する。つまり，波というよりは広い海面が一度に上昇し下降するような現象なのである。

(2) 津波の速さ

　水面を伝わる波の場合，波長に比べて水深が浅いときは，波の速さは水深によって決まる。水槽で波の屈折の実験を行うときに，水槽に板状の物体を沈め水深を変えることで速さを変えることができるのはこの原理による。津波もこのような例である。津波の伝播速度は $v = \sqrt{gh}$ という簡単な式で表される。ここでhは海の深さ，gは重力加速度である。例えば，大洋の平均的な深さである水深4000 mの場合には約700 km/時というジェット旅客機並みの速さで津波は伝わる。一方海岸付近になると，水深が浅くなるのに伴って津波の伝播速度も急激に遅くなる。伝播速度が遅くなるとエネルギーが狭い範囲に集中するため振幅が大きくなる。津波の場合も外洋ではそれほどではない振幅が海岸に至って急激に大きくなり，大きな被害をもたらすのである。

4　学習内容のポイント

　地震や津波は地球上を伝わる波

1．地震
  (1) 地震波の反射・屈折により地下構造が推定できる（地殻とマントル）。
  (2) P波とS波は地球内部を伝わる縦波と横波である。

2．津波とはどんな波？
  (1) 津波の周期と波長は普通の波浪と大きく異なる。
  (2) 津波の速さは海の深さによって決まり，深い海ではジェット機並みの速さで伝わる。

5 授業に役立つ図・表

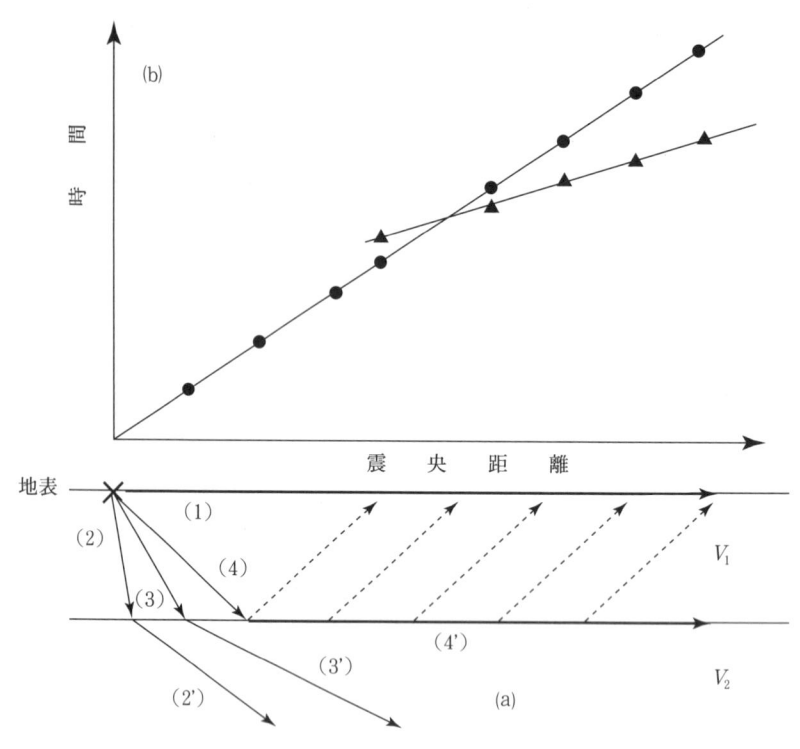

図1 (a) 地表付近の地震波の伝わり方
     (b) 走時曲線

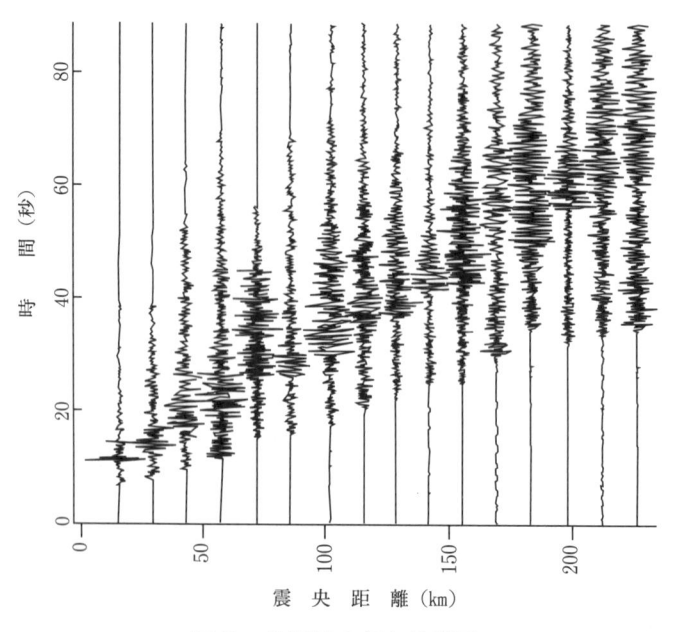

図2 地震波の伝わる様子

図3　縦波

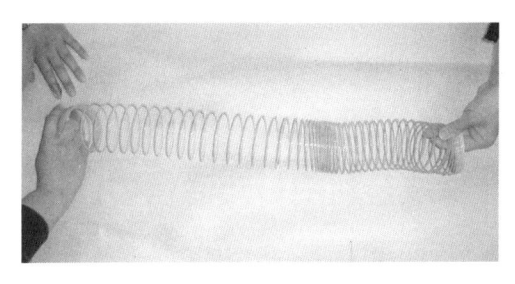

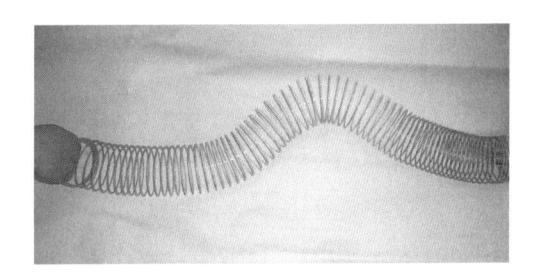

図4　横波

6 テーマに関連したドリル

【問題1】
図1のように地下が2層に分かれており，第1層の地震波速度がν_1，第2層の地震波速度がν_2であるとする。図1(4')のように地震波が境界面に沿って屈折し，遠方まで伝わる場合の入射角をθ_cとするとき，$\sin\theta_c$をν_1，ν_2を用いて表せ。

【問題2】
津波の速さが700 km／時，周期が30分であるとき，その津波の波長は何kmになるか。

【問題1の解答】
スネルの法則により入射角θと屈折角φの間には，

$$\frac{\sin\theta}{\nu_1} = \frac{\sin\varphi}{\nu_2}$$

という関係が成り立っている。図1(4')のように屈折するのは屈折角φが90°の場合に対応するので，上式より

$$\sin\theta_c = \frac{\nu_1}{\nu_2}$$

が求められる。

入射角がθ_cより大きくなると，屈折波が存在しなくなり，波は全反射する。このθ_cを臨界入射角と呼ぶ。

【問題2の解答】
波の速さをν，波長をλ，周期をTとすると，それらの間には，$\nu = \lambda/T$の関係が成り立つ。$T = 30$分$= 0.5$時間であるので，

$$\lambda = \nu T = 700\,[\text{km/時}] \times 0.5\,[\text{時}] = 350\,[\text{km}]$$

よって，波長は350 kmとなる。

文献ナビ

① 「地震に関するデータ」http:// www.hinet.bosai.go.jp，Hi-net，防災科学技術研究所
　　当サイトから日本中の微小地震観測点の波形データをダウンロードできる。
　　Hi-netからダウンロードしたデータを利用するアプリケーションは　宇都宮大学理科教育学研究室のホームページ http://rikyoa.sci.utsunomiya-u.ac.jp/hi-netよりダウンロードできる。

（伊東明彦）

題材
7 携帯電話で話ができる仕組み
電波を利用した通信の仕組み

⇨関連題材 2・11

1　学習指導要領とのつながり
高等学校理科総合A　⑷　科学技術の進歩と人間生活
高等学校物理Ⅰ　⑴　電気　ア　生活の中の電気　㋒　交流と電波
高等学校物理Ⅱ　⑵　電気と磁気　イ　電磁誘導と電磁波　㋑　電磁波
（中学校理科　第1分野　⑴　身近な物理現象　ア　光と音）

2　題材と日常現実社会のなかでの活用場面—産業・人とのつながり—
　携帯電話は電波を利用して遠く離れた人と話ができるシステムである。電波は，光などと同じ電磁波の一種で電気信号に変換した声などの情報を乗せて遠くまで光と同じ速さで運ぶことができる。電波は，携帯電話以外にも，ラジオ，テレビ，宇宙通信，航空機や船舶などいろいろな通信に広く利用されている。

3　題材の解説
　最近ではほとんどの人が携帯電話やPHS（簡易型携帯電話）を持っている。手のひらに納まるくらいの受話器でコードも繋がっていないのにどうして通話できるのだろうか？　携帯電話は電波を通して通話できる一種のトランシーバ（送受信装置）である。電波は，光と同じ電磁波の一種で，電気信号に変換した声などの情報を乗せて遠くまで光と同じ速さで運ぶことができる。トランシーバは装置を持った特定の人との通話に限定されるが，携帯電話は加入電話の通信網を通じて全国どこでも，外国にも通話できる。図1はAさんとBさんが携帯電話で通話しているときの仕組みを示している。携帯電話を持った人がダイアルすると，その地区のアンテナで受信され，基地局から通常の電話回線を通じて（電話局を経由して）相手の電話に繋がるのである。もちろん相手の電話は，別の地区のアンテナを経由した別の携帯電話であってもよい。図2は携帯電話器の送受信システムの原理を示している。Aさんの発した声（音の情報）はマイクを通して電気信号（交流信号）に変えられる。人間の発声音は周波数（1秒間にある波の数）にすると20 kHz以下であるが，これを携帯電話の通信が可能となるように，800 MHz帯（770〜960 MHz）か1.5 GHz帯（1425〜1525 MHz）に変調する（図2下部参照）。変調とは，音の信号（低周波）を遠くに運ぶために高周波信号に重ね合わせることをいう。変調した信号は図1と2に示すように増幅した後アンテナを通して，基地局を経由してBさんの携帯電話のアンテナに送られる。今度はBさんの携帯電話の図2の上半分の領域で受信が行われると考える。受信の信号が微弱であるのでこれを増幅したのち復調器を用いて復調する（800 MHz帯などの高周波信号を取り除き，元の声の信号である20 kHz以下の周波数成分のみを残す）。復調された信号はスピーカを通して電気信号を音の信号に変える。つまりAさんの発した声が聞こえてくるのである。携帯電話が持ち運び可能なようにするために，装置は各部品の進歩により小型化され，充電可能なLiイオン電池などの開発がなされた。このように，人の話した声がマイクで電気信号に変えられ，変調されてアンテナを通して遠隔地に送られ，受信機を通して復調され，スピーカを通して元の音声を出すという仕組みは，ラジオの仕組みと基本的には同じである。違うのは，ラジオの場合は

AM放送，短波放送，FM放送で，それぞれ0.3～3 MHz, 3～30 MHz, 30～300 MHzの周波数帯を用いるのに対して，携帯電話では800 MHz帯と1.5 GHz帯と高い周波数帯を用いている。表1に電波の周波数領域による分類と用途を示す。

図1に示すような携帯電話のシステムを構築するには，どこからかけても確実に回線が繋がる必要があり，サービスエリア内に巨大なアンテナを設置する必要がある。そのシステムに小ゾーン方式と大ゾーン方式とがある（図3参照）が，一般には小ゾーン方式が使われている。ここでゾーンとは電波が確実に届く範囲のことであり，発射電波の送信電力を小さくすればゾーンも小さくなる。この場合，同じ周波数を別のゾーンで利用することもできるので，多数のチャンネル（周波数）を確保することができる。自動車電話や携帯電話で利用されているのは，800 MHz帯，1.5 GHz帯の周波数範囲であるので電波の減衰が大きく，遠方に届きにくいので小ゾーン方式が有利である。自動車で移動しながら携帯電話を利用することもできるが，その場合にある小ゾーンと隣の小ゾーンとで送受信できる領域がある程度重なっていて，小ゾーンの切り替えが自動的にできるようになっている。

4 学習内容のポイント

1. 携帯電話では，電話線の代わりに電波を通して声を届けている（電波は光と同じ速さで伝わるので各種通信に用いられる。）。
2. 電波の利用は用途によって用いられる周波数が異なる（表1）。携帯電話では800 MHz帯と1.5 GHz帯と比較的高い周波数帯を用いている。
3. 携帯電話を持った人がダイアルすると，その地区の基地局で受信され，基地局から電線，光ファイバーなどの通常の電話回線を通じて相手の電話に繋がる。相手の電話は，別の基地局のアンテナを経由した別の携帯電話であってもよい（図1）。
4. 携帯電話器の送受信システム（図2）。携帯電話で人の話した声がマイクで電気信号に変えられ，変調されてアンテナを経由して電波や電話線を通して遠隔地に送られ，相手の電話の受信機を通して復調され，スピーカーを通して元の音声を出す。
5. 携帯電話の電波の届く範囲を網羅するサービスエリア網のシステムには，小ゾーン方式と大ゾーン方式とがある（図3）。

5 授業に役立つ図・表

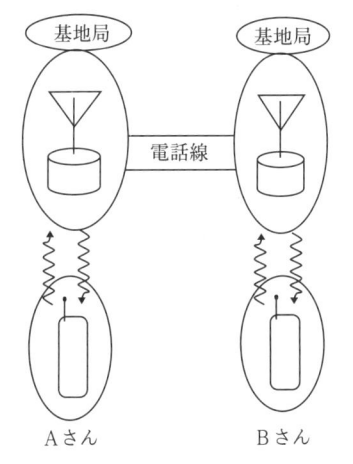

図1 AさんとBさんが携帯電話で通話しているときの仕組み

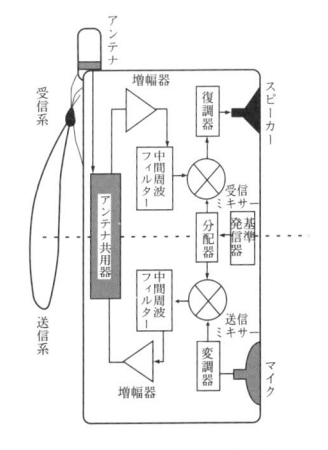

図2 携帯電話器の送受信システム

(a) 大ゾーン方式　　　　　　(b) 小ゾーン方式

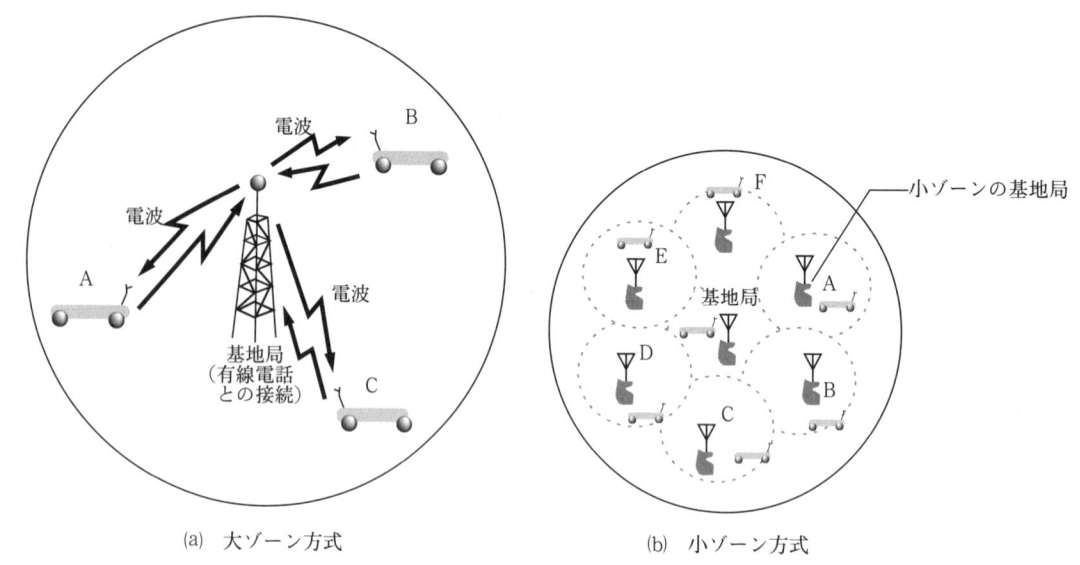

図3　携帯電話システムの大ゾーン方式(a)と小ゾーン方式(b)

表1　電波の周波数または波長領域による分類と用途

名前	記号	周波数領域	波長領域	用途
サブミリ波		0.3〜3 THz	0.1〜1 mm	距離計
ミリ波	EHF	30〜300 GHz	1〜10 mm	宇宙通信，無線航行
マイクロ波	SHF	3〜30 GHz	1〜10 cm	宇宙通信，レーダー
極超短波	UHF	0.3〜3 GHz	10〜100 cm	宇宙通信，テレビ，携帯電話
超短波	VHF	30〜300 MHz	1〜10 m	テレビ，FM放送，無線
短波	HF	3〜30 MHz	10〜100 m	短波放送，無線
中波	MF	0.3〜3 MHz	1〜10 km	ラジオ放送，交通情報
長波	LF	30〜300 kHz	10〜100 km	船舶，航空機航行用
超長波	VLF	3〜30 kHz	100〜1000 km	船舶向け通信

記号の説明：F (Frequency), H (high), M (Medium), L (low), E (Extreme), S (Super), U (Ultra), V (Very)

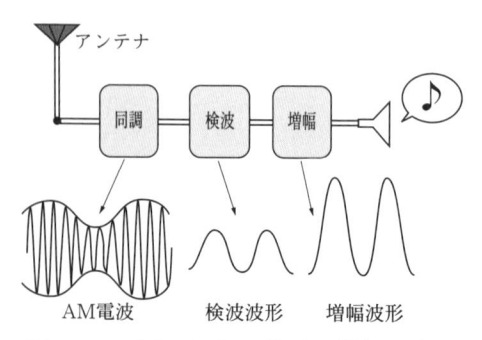

図4　ラジオの同調，検波，増幅の波形

6 テーマに関連したドリル

【問題1】
　台風の時に，有線電話だけでなく携帯電話まで不通になる場合があるのはなぜか。

【問題2】
　ラジオの音声を聞く仕組みはどうなっているのか。

【問題1の解答】
　これは携帯電話の無線部分は携帯電話から基地局のアンテナまでだけで，それから先は通常の電話回線を使っているからである。台風で橋が流されて光ファイバーケーブルや電線が損傷を受けて電話が不通になる。また，停電により各地区にある基地局のアンテナに電力が送れなくなり携帯電話が通じなくなる。携帯電話ならどこでも通じるというのは，途中経路の施設が全て正常に機能して始めて成り立つことなのである。

【問題2の解答】
　人間が聞く音声は20 Hzから20 kHzの振動数の範囲である。その振動数範囲の振動が鼓膜を震わして音として知覚できる。放送局でアナウンサーの音声は，マイクを通して音波の信号と同様な形を持った電気信号に変えられる。その電気信号を遠くの人に伝えるために，変調して搬送波に乗せて放送局から送り出す。放送局から送られてきた電波をラジオで受信するために，チャンネルを選ぶ操作を同調と呼ぶ。搬送波の周波数は，中波，短波，FMによって異なるが，数百kHz～数十MHzに及ぶ。搬送波から音声信号を選び出す作業を検波（復調）という。具体的には，搬送波の高周波成分を平滑回路で削り取って元の音声信号と同様な信号に戻す。この信号は微弱なのでこれを増幅によって大きな信号に変える。この信号がスピーカーを通してラジオの音声として聞き取れる。図4に搬送波に乗った（同調）信号，検波信号，増幅信号の模式図を示す。

文献ナビ

① 稲場秀明（1999）『携帯電話でなぜ話せるのか　科学の眼で見る日常の疑問』丸善
　　いろいろな日常の疑問に関して科学の眼で答える。ここでは，携帯電話の仕組みと構造を解説
② 谷腰欣司（1998）『電波のしくみ』日本実業出版社
　　電波を利用した機器の仕組みを図解を含めて解説
③ http://kodansha.cplaza.ne.jp/hot/science/2000_07_26/topic2/001.html，2005年9月6日検索
　　携帯電話の仕組みを解説

（稲場秀明）

題材 8 弦楽器が管楽器に合わせる音合わせ
弦の振動と空気柱の振動

⇒関連題材 11・12・14

1 学習指導要領とのつながり
高等学校物理Ⅰ　(2) 波　イ 音と光　(ア) 音の伝わり方
中学校理科　第1分野　(1) 身近な物理現象　ア 光と音

2 題材と日常現実社会のなかでの活用場面—産業・人とのつながり—
　耳で聞く音はその進行方向の空気が圧縮されて密度の大きい場所（密と呼ぶ）と膨張されて密度の小さい場所（疎と呼ぶ）がその進行方向に伝播するので，音は空気の疎密波（あるいは縦波）と呼ばれる。笛のような管の上端に唇を当てて吹くと，管の中の空気（気柱と呼ぶ）が振動し，開管端が腹になり閉管端が節となる定常波ができる。また音の速度vは15 ℃では約340 m/sであり，温度が1 ℃上昇すると速度vは約0.6 m/s増加するので，管楽器の振動数（周波数）は室温と共に高くなる。一方弦の振動数は，弦の長さ，弦の線密度および弦を引く張力により決まる。すなわち弦楽器は張力を変えることによりその振動数を容易に変えることができるが，多くの管楽器はその長さを変えることができないので振動数は気温に依存する。オーケストラの音合わせは管楽器（オーボエ）を基準に行うのは，オーボエが良く通る音で長くのばせる他に，多くの管楽器の振動数が気温まかせのためである。音の学習は，楽器の音合わせに活用されている。

3 題材の解説
1 音の速さ
　音あるいは光などの波の特性はその振動が伝わる速さv (m/s)，その振動が元に戻る空間的な長さである波長λ (m) および1秒間当たりの振動の数である振動数（周波数）f (Hz≡1/s) で表される。それらの間には次式の関係が成立する。

$$f = v/\lambda \tag{1}$$

また温度t (℃) の空気中の音速v (m/s) は次式で与えられ，15 ℃では約340 m/sである。

$$v = 331.5 + 0.60\, t \tag{2}$$

　光と同様に媒体を伝わる速さが異なれば，音も屈折する。晴れた昼間は上空より地上の方が温度が高いので，音の速さも地上の方が大きい。したがって，昼間の音は発信源から上空方向に湾曲して伝わるので，地表には戻らない（図1a）。一方晴れた夜は，放射冷却により地表に近いほど気温が低くなり，音の速さは上空ほど速くなる。したがって音は地上方向に湾曲して伝わるので，屈折して地表に戻る。地上に戻った音は地上で反射して遠くまで届く（図1b）。したがって，夜の音は昼間の音より，遠くまで届く。

　気体中の音はその気体の分子量が小さくなると音速は大きくなる。例えば，同温度におけるヘリウムHe中での音速は空気中の約2.7倍となる。したがって，ヘリウムHe中に私たちが音を発すると空気

中における振動数の約2.7倍になり，非常に奇妙な音（蛙が鳴くような音）として聞こえる。

2　管楽器と弦楽器による音の波長と振動数

管に閉じこめられた空気は，開管端が腹になり閉管端が節となる波長の共鳴音を与える（図2）。したがって，両端が開いている管（開管）および片側が閉じている管（閉管）の気柱の波長λは，それぞれ次式で与えられる。

$$\lambda = \frac{2L}{n} \quad \text{（両開管端）} \tag{3}$$

$$\lambda = \frac{4L}{2n-1} \quad \text{（片開管端）} \tag{4}$$

ここにLおよびnはそれぞれ気柱の長さおよび整数である。$n=1$の音を基本音とよび，$n=2$以上の音を倍音と呼ぶ。

一般に管楽器はその長さを変えることができないのでその波長は一定である。しかし，音の速度vが式(2)のように温度と共に増加するので，管楽器の振動数（周波数）は室温と共に高くなる。例えば，長さ32 cmのソプラノリコーダーの孔を全部封じると，最も波長の長い音（基本音：$n=1$）は両端が腹となる気柱の振動を与える。この波長は約64 cmであり，音速を340 m/sとすれば，その振動数は約530 Hzとなる。しかし，速度vは温度が1℃上昇すると約0.6 m/s増加するので，このソプラノリコーダーの振動数は温度上昇とともに，約1 Hz/℃で高くなる（表1）。

一方弦楽器は弦の両端が節となる波長λを与える（図3）ので，弦の長さをLとすれば，波長λは次式で与えられる。

$$\lambda = \frac{2L}{n} \tag{5}$$

また，弦の振動の速さvは次式のように，弦を引っ張る力T（張力と呼ぶ）と弦の単位長さ当たりの質量ρ（線密度と呼ぶ）の比に依存する。

$$v = \sqrt{\frac{T}{\rho}} \tag{6}$$

すなわち通常の弦楽器は弦の張力を変えて音の振動数を調整することができる。バイオリンでは弦の線密度の異なる4つの弦を配して，張力を変えて互いに1.5倍の振動数の音程に調整する（表2）。すなわち，弦楽器はその弦の張力を調整して振動数を調整して，オーボエに合わせることができる。

4　学習内容のポイント

1. 音は空気の疎密波であり，その速度は温度と共に増加する。
2. 管楽器の波長は管の長さで決まり，多くの管楽器はその長さを変えられないので，その振動数は温度上昇と共に増加する。
3. 弦楽器の波長は弦の長さで決まるが，その速さは弦の張力と弦の線密度の比で決まるので，その振動数は本質的には温度にはよらない。
4. オーケストラの音合わせにおいて管楽器（オーボエ）に弦楽器が合わせるのは，弦楽器はその弦の張力を変えることによってその振動数を変化させることができるからである。

5 授業に役立つ図・表

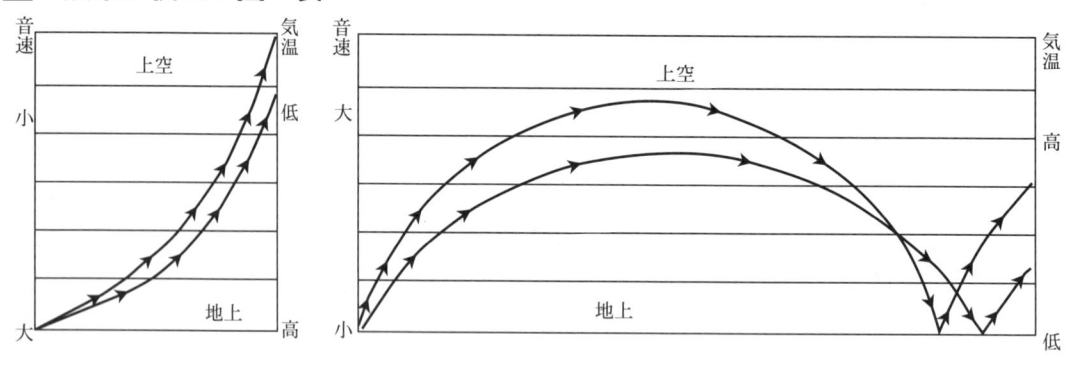

図1 音の屈折

a（昼間：地上の音速が大きい）
b（夜間：上空の音速が大きい）

a 両開管端の固有振動（定常波）
b 片開管端の固有振動（定常波）

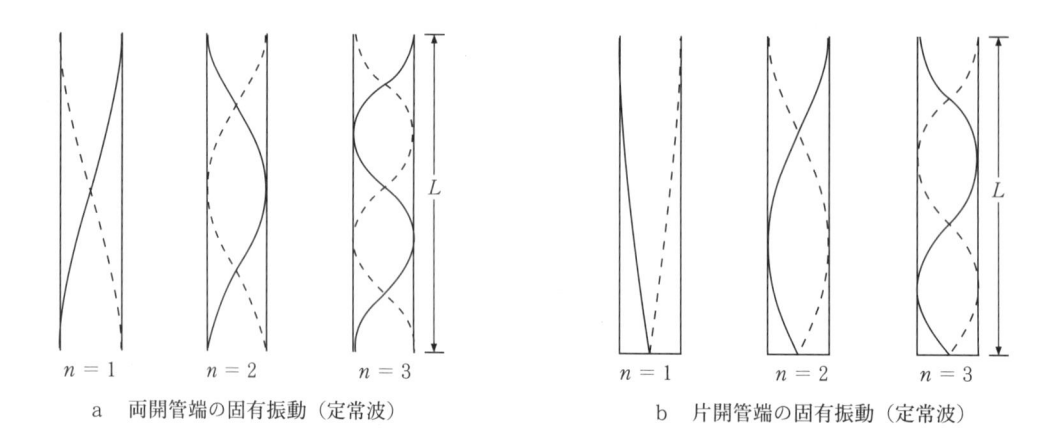

図2 気柱の固有振動（定常波）

表1 ソプラノリコーダー*の基本振動数の温度変化

温度	音速	基本振動数
10 ℃	338 m/s	527 Hz
20 ℃	344 m/s	538 Hz
30 ℃	350 m/s	546 Hz

* 長さ32 cmの両開管端の気柱の振動

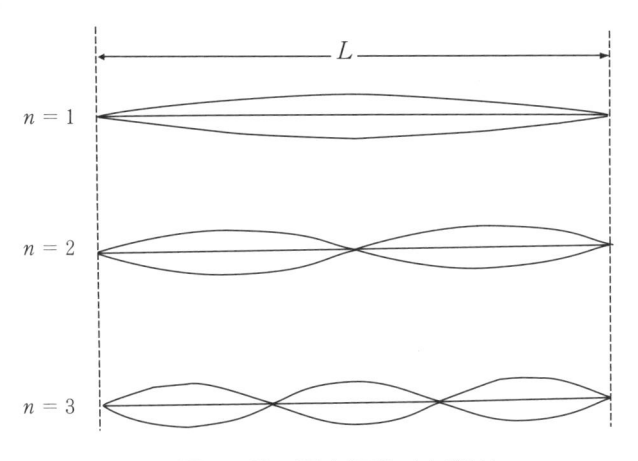

図3 弦の固有振動（定常波）

表2 バイオリン*の4弦の代表的な線密度，張力と基本振動数

弦番号	弦の線密度	弦の張力	基本振動数
第1（E）	4.2×10^{-4} kg/m	77 N	660 Hz
第2（A）	7.0×10^{-4} kg/m	57 N	440 Hz
第3（D）	1.3×10^{-3} kg/m	47 N	293 Hz
第4（G）	2.7×10^{-3} kg/m	44 N	196 Hz

* 長さ32.5 cmの弦の振動

6 テーマに関連したトピック ～ド・レ・ミと和音～

　ピアノの鍵盤では，「ド」から「シ」までの7つの白鍵と5つの黒鍵があり，合わせて12の音を出すことができる。隣り合った「ド」の基本音の周波数は2倍異なる。これを1オクターブと呼び，8度の音程という。この2倍の振動数をどのように分割して，「ド」，「レ」，「ミ」と割り振るかが，音律である。形式的には，1939年のロンドンでの国際会議で2倍の振動数の比を全く同一にすることが決められた（平均律と呼ぶ）。すなわち，「レ」の振動数と「ド」の振動数の比は，$2^{1/6}=1.122$である。したがって，「ミ」および「ソ」の振動数は「ド」の振動数のそれぞれ，1.260倍および1.498倍である。

　平均律の他に，もう一つの音律を純正律と呼び，整数の比で定めた。例えば，「ミ」および「ソ」の振動数は「ド」の振動数のそれぞれ，5／4倍および3／2倍である。純正律の「ド」，「ミ」および「ソ」が同時に鳴ると良い響（完全協和音と呼ぶ）となる。「ド」，「ミ」，「ソ」の振動数の比が，4：5：6になっているので，それらの倍音のいくつかが同じ周波数になるからである。平均律では，「ド」，「ミ」，「ソ」の振動数の比が，4.00：5.04：5.99となり，整数から少しずれているので完全な協和音ではないが，その差がわずかであるので良い響き（和音と呼ぶ）がする。

文献ナビ

① 「バイオリン製作関係レポート」http://www.sasakivn.com/werkstatt/report/report.htm，2005年8月2日検索
　　バイオリン製作者の技術レポートであり，木材の科学，バイオリンの弦の変遷，各種材質の弦の張力データ等のバイオリン製作の全ての過程の解説

（鈴木　勲）

⇒関連題材 **10**・**11**・**29**

題材 9　地球の熱を蓄える二酸化炭素の赤外線吸収
二酸化炭素による温室効果

1　学習指導要領とのつながり

高等学校理科総合A　(2) 資源・エネルギーと人間生活　ア 資源の開発と利用　(ア) エネルギー資源の利用
高等学校物理Ⅰ　(2) 波　イ 音と光　(イ) 音の干渉と共鳴
中学校理科　第1分野　(7) 科学技術と人間　ア エネルギー資源

2　題材と日常現実社会のなかでの活用場面—産業・人とのつながり—

　日向の温度と日陰の温度が異なることから，光も熱を運ぶことが分かる。太陽のような温度が高い空間（あるいは物体）からは強い光が放射される。晴れの日と曇りの日では地球上で受ける太陽からの熱が格段に異なるのは，雲が太陽からの光を吸収するためである。太陽からの光（可視光）とは波長が異なるが，地球からも波長の長い光（赤外線と呼ぶ）が放射される（図1）。私たちは化石燃料を大量に消費する過程で大量の二酸化炭素CO_2を空気中に放出しているが，二酸化炭素CO_2は赤外線をよく吸収する。地球上の多くの地点で空気中の二酸化炭素CO_2の濃度が増加し，このまま増加すると"地球が暖まる"ことになる。海水の温度上昇により海面が上昇したり気象が大きく変わったり，地球上の生き物の活動にも大きく影響を与えることが予想されている。熱の移動の学習は，地球温暖化という大きな環境問題につながっている。

3　題材の解説

1　温度Tの物体（空間）から放射される光の波長λ（黒体放射）

　大気中の二酸化炭素CO_2濃度は産業革命と共に増加し，現在の濃度は約0.038 ％（380 ppm）である（図2）。最近の150年間で地球の平均気温は0.6 ℃上昇したが，このままCO_2が増加すると，21世紀末には地球の平均気温は2.7 ℃上昇すると予想されている。地球大気の二酸化炭素CO_2，水蒸気H_2OあるいはメタンCH_4等は太陽から放射される光の主要部（可視光）は素通りするが，地球から放射される赤外線（赤より波長の長い光）の一部を吸収する。
　物体（空間）はその温度Tに特有な幅広い波長（あるいは振動数）の光を放射し，その放射エネルギーは物体の温度Tの4乗（T^4）に比例する（黒体放射と呼ぶ）。またその放射の波長分布の内で最も強い波長（極大波長λ_m）は温度Tに反比例する（$\lambda_m T = 2.9 \times 10^{-3}$ m・K）。したがって，温度Tの高い空間（物体）からは波長の短い強い光が放射され，温度が低い空間（物体）からは波長の長い弱い光が放射される。最近は放射による温度測定の感度が高くなり，体表面の温度分布からの病気診断，人工衛星からの地表面の温度分布測定から地球上の植生分布，あるいは海洋の温度分布（図3）等も測定できるようになった。
　熱の移動の内で，熱伝導および対流は真空中では起こらないが，放射は光による移動であるので真空中でも有効に熱が移動する。太陽の温度（$T=5800$ K）はその黒体放射の波長分布から測定された温度であり，その極大波長$\lambda_m=500$ nmの幅広い波長範囲の光が放射される（図4）。地球上で受ける太陽からの放射エネルギーは 約1 kJ/(㎡・s)であり，そのエネルギー分布は可視光部52 ％，赤外

線部42％および紫外線部6％である。太陽に限らず，恒星の温度も恒星からの光の波長分布から推定することができる。オリオン座のベテルギウスおよびリゲルはそれぞれ赤色および青白色であり，それぞれ3000Kおよび12000Kと推定された。またおおいぬ座のシリウスは白色であり10000Kと推定されている。

2　二酸化炭素CO_2による赤外線の吸収

　化石燃料の燃焼で発生する二酸化炭素CO_2は，その構成原子である炭素Cと酸素Oが振動し，その振動数に相当する波長に等しい光を吸収する。これは，振り子の共振あるいは気柱の共鳴と同じであり，赤外線を含む光あるいは音等の波に特有の性質である。二酸化炭素CO_2の主な吸収波長は約4.3μm付近（空気中の二酸化炭素CO_2の濃度は，この波長の吸収量から測定する）と約15μm付近にある（図5）。地球を$T=300$Kの物体とみなせば，$\lambda_m=10$μm付近に極大を持つ幅広い分布を持つ光（赤外線）を放射しているとみなすことができる（図5）。したがって，二酸化炭素CO_2は太陽からの光である$\lambda_m=500$nmに極大を持つ可視光を含む波長の短い光を吸収しないが，地球から放射される波長の長い光を良く吸収することになる。二酸化炭素CO_2は吸収したエネルギー（光）を放出することにより地球の冷却を妨げるので二酸化炭素CO_2は温室効果ガスと呼ばれる。メタンCH_4もその構成原子である炭素Cと水素Hが振動し，主に約3μmと約8μm付近の光を吸収する（図5）。地球から放射される光（極大波長$\lambda_m=10$μ）はメタンCH_4の吸収波長に近いので，同じ量の気体ではメタンCH_4の方が二酸化炭素CO_2より温室効果が大きい。水蒸気H_2Oも主として約3μmと約6μm付近の光を吸収し，二酸化炭素CO_2に比較して格段に強力な温室効果ガスであるが，水の存在は避けられない。冬の晴れた夜には水蒸気濃度が小さいので，地球表面から放射される光（赤外線）により熱が奪われる（放射冷却と呼ぶ）のは，水蒸気の濃度（蒸気圧）が小さいためである。約20億年前には，太陽からのエネルギーは現在の約70％であったのに，現在の地球の気温とほとんど差がなかったと推定される。これは当時の地球大気には二酸化炭素CO_2，アンモニアNH_3およびメタンCH_4等の温室効果ガスが多かったと解釈されている。

　この様な光の吸収は赤外線に固有ではなく可視光線・紫外線にも見られる。太陽からは，可視光線だけではなく紫外線も放射されている。紫外線の中でも波長の短い紫外線（遠紫外線と呼ぶ）は，私たちのDNAを傷つけて癌を発生させると言われ，人間がそのような環境で生き残っているのは，遠紫外線（220nm―300nm）をオゾンO_3が吸収するためである。ただし，最近20年間に，オゾンO_3の濃度が低い場所が見つかり，その領域をオゾンホールと呼ぶ。オゾンO_3層破壊の原因は冷媒あるいは洗浄用に使われてきたフロンCFCであったので，最近は製造・販売が禁止されている。またフロンCFCは温室効果ガスとしても大きな寄与をしている（図6）。

4　学習内容のポイント

1．太陽（温度$T=5800$K）からは強い光が放射され，その光の中で最も強度の大きい光の波長λは約500nm付近であり，目に見える光（可視光）である。

2．地球（温度$T=300$K）からも弱い光が放射され，その光の中で最も強度の大きい光の波長λは約10μm付近であり，赤色の光より波長の長い光（赤外線と呼ぶ）である。

3．地球大気に約0.038％（380ppm）存在する二酸化炭素CO_2はその炭素Cと酸素Oの振動に伴って約4.3μm付近と約15μm付近の赤外線を吸収する。

4．地球大気の二酸化炭素CO_2は，地球が昼間受ける太陽からの光（可視光）には透明であるが，夜間に地球から放射する光（赤外線）の一部を吸収するので，昼間に地球にそそがれたエネルギーを蓄える効果がある。

5 授業に役立つ図・表

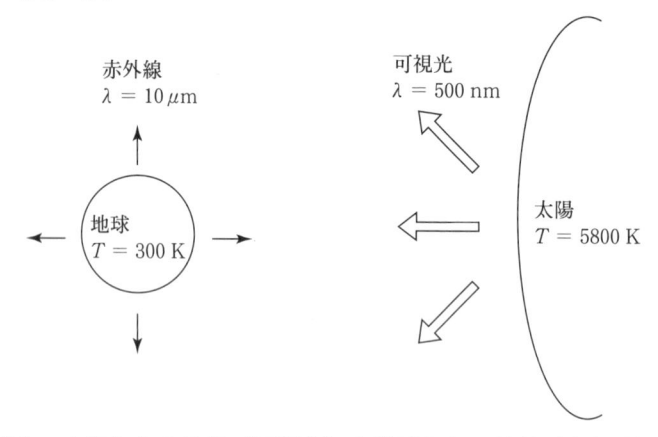

図1 太陽からの放射（可視光）と地球からの放射（赤外線）

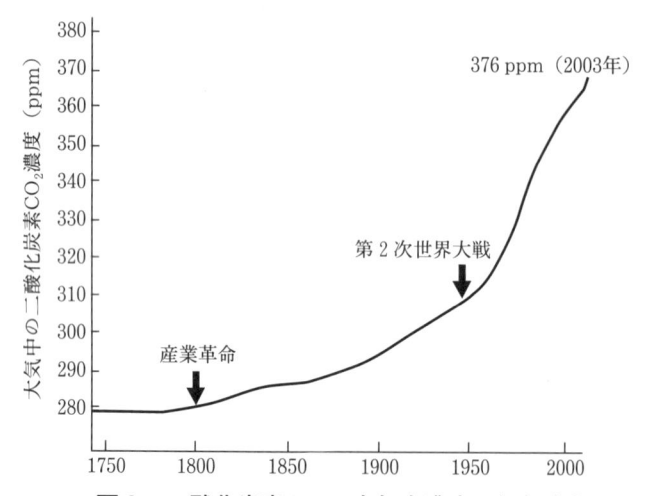

図2 二酸化炭素CO_2の大気中濃度の経年変化

(http://www.virtualglobe.org/jp/info/env/01/gw03a.html)

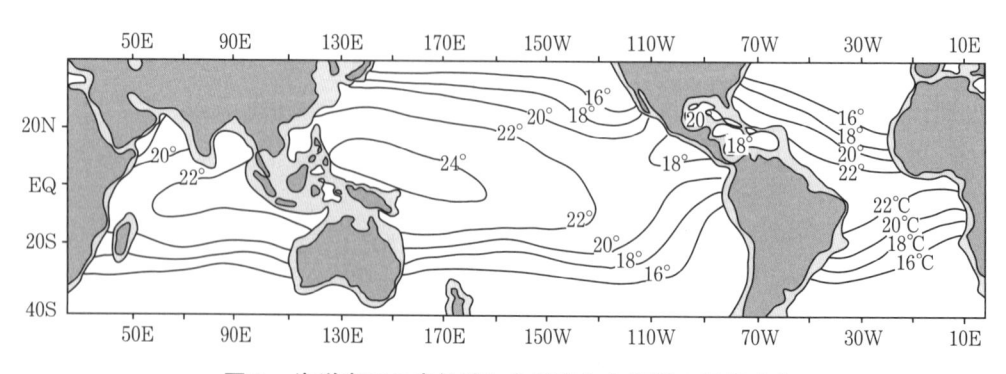

図3 海洋表面の赤外線から測定した海洋の温度分布

(http://www.ioes.saga-u.ac.jp/OLD/VWF/general-review_i.html)

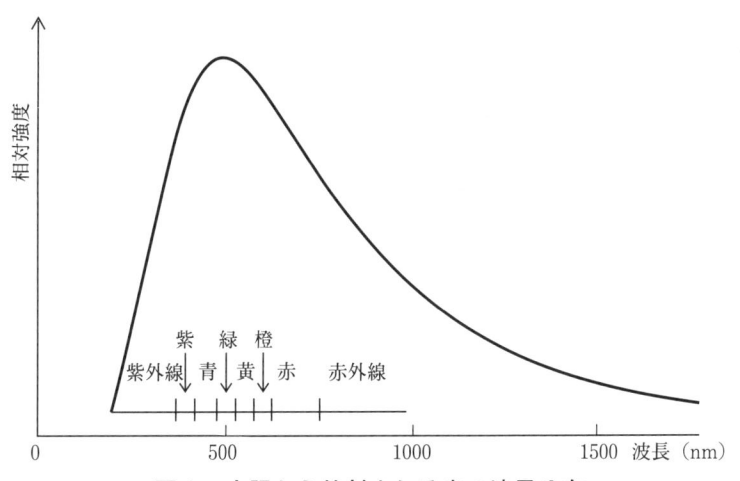

図4　太陽から放射される光の波長分布

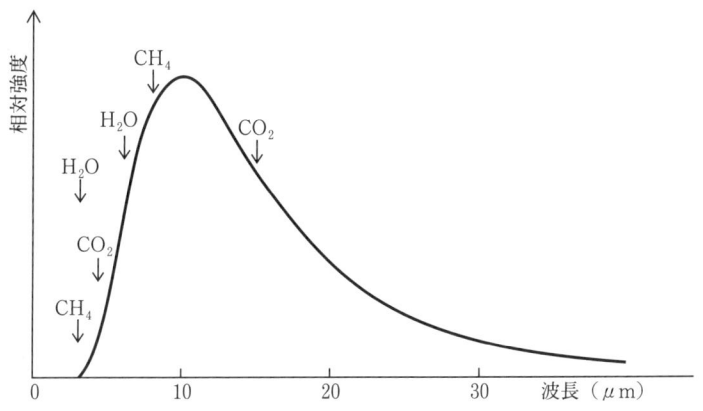

図5　地球からの赤外線の放射と二酸化炭素CO_2，メタンCH_4および水蒸気H_2Oによる吸収

6　テーマに関連したトピック　～他の温室効果ガス～

　地球温暖化ガスの内で最も大きな寄与をしているのは二酸化炭素CO_2である（図6）。低濃度のメタンCH_4が空気中に放出されていたために，メタンCH_4の温室効果の寄与は二番目に大きい。生ゴミの自然発酵メタンCH_4の回収は経済的ではないが，それを強制的に発酵させることにより，その熱の利用と共に回収したメタンCH_4での発電利用が行われつつある（バイオマス発電）。フロンCFCおよび一酸化窒素N_2Oの寄与も意外に大きい。

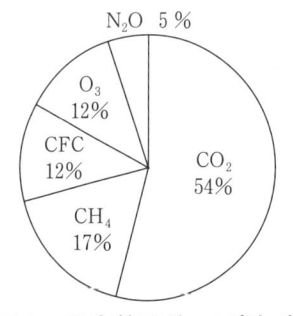

図6　温室効果ガスの寄与率

文献ナビ

① 「地球温暖化研究の最前線」http://www8.cao.go.jp/cstp/project/envpt/pub/GW_report/02_01_15.pdf，2005年6月20日検索
　　地球温暖化の観測，地球温暖化の予測，地球温暖化のリスクおよび地球温暖化の抑制政策の評価等がどこまで明らかになったかの解説

（鈴木　勲）

⇒関連題材 9・13・30

題材 10 / 温度を光で測る

熱放射

1 学習指導要領とのつながり

高等学校理科総合A　⑵ 資源・エネルギーと人間生活　イ　いろいろなエネルギー　(イ) エネルギーの変換と保存
高等学校物理Ⅱ　⑷ 原子と原子核　ア　原子の構造　(ア) 粒子性と波動性
（中学校理科　第1分野　⑺ 科学技術と人間　ア　エネルギー資源）

2 題材と日常現実社会のなかでの活用場面―産業・人とのつながり―

　太陽表面の温度は約6000℃である。ありとあらゆるものが蒸発してしまうような高温で、しかも太陽は1億5千万kmも地球から離れているので、通常の温度計では測定できない。このような条件下でも、物体が発する「光の色（波長）」を調べることにより温度を測定することができる。太陽のような高温でない、室温付近から氷点下の物体の温度も、その熱エネルギーに応じて発せられる光により測定することができる。熱と光の間のエネルギー変換の学習は、食品の保管温度管理や人間の体温測定など、いろいろな場面に活用されている。

3 題材の解説

1　温度

　物体の温度について考えてみよう。熱い、冷たいなど感覚的に温度を表現することもできるし、温度計で数値を測定することもできる。この温度というのは物体を構成している粒子（原子・分子）の熱運動の程度を表している。粒子にエネルギーが与えられるとそれらの運動が激しくなるが、運動の方向がそろっている場合には重心が移動し外部の運動を引き起こすので仕事となり、個々の粒子が乱雑な運動をしている場合に熱運動となる。つまり、熱というのは物体を構成する粒子の運動の1つの形態を表していると考えることができる。固体の場合は液体や気体とは異なり構成粒子は自由に動くことはできないが、平衡点を中心として粒子どうしの結合長程度の範囲で振動することができる。熱運動はこの振動の大きさや方向がランダムに配置されていることに相当する。
　指などが「熱い」物体表面と接触すると、物体表面の粒子の熱運動のエネルギーが指の表面を構成する分子へ、粒子どうしの衝突を介して移動する。その結果、指の表面付近を構成している分子の熱運動が激しくなり「熱い」と感じるのである。冷たい物体の場合には、指が物体に熱エネルギーを奪われ熱運動が不活発になり冷たく感じるのである。水銀などの液体を用いた温度計で温度を測る場合は、物体からガラスなどの外壁を経由して液体に伝わった熱エネルギーにより、液体中の粒子の運動が活発／不活発になるのに応じてその体積が増加／減少することを利用している。

2　熱運動と赤外線

　温度に応じた激しさで粒子は熱運動しているのであるが、このとき、上述したように、固体を構成している粒子間の振動や、更に分子内の振動や回転を引き起こしている。これらの運動エネルギーは、バネの振動を考えた場合、変位の大きさを変えることによってどんな値でもとり得るように見える。しかし、原子・分子の領域になると、こういった振動や回転のエネルギーは連続した値をとることが

できず，物質によって定まった飛び飛びの値しかとることができなくなる。このことは，弦の固有振動のエネルギーに例えることができる。弦の長さをLとすると，定在波の波長は$2L$のn（自然数）分の1に限定され，その間の中途半端な波長のものは存在できない。波のエネルギーは波長に依存するので，波長が飛び飛びの値ということは，エネルギーも連続した値はとれないということになる。

簡単のために，熱運動のうち振動の寄与のみを考える。物質を構成する原子・分子は温度に応じたエネルギーの振動をしているが，光などのエネルギーを振動に変換し，一段高いエネルギーを持つ振動に変わることができる。これを励起といい，入射した光は吸収され振動のエネルギーとなる。このとき，入射した光のエネルギーが始めの状態と励起状態とのエネルギー差に近いほど効率良く吸収されることが判っている。原子・分子の振動のエネルギーは0.01～1 eV程度と小さく，光の波長に直すと100～1 μm程度になり，これは赤外線に相当する。従って，赤外線は原子・分子の振動，すなわち熱運動を効率良く励起できるので，ものを効率良く暖めることができる。これが，赤外線が熱線とも呼ばれる所以である。

3　赤外線の放射

赤外線の放射はどのようにして起きるのであろうか。これは，単に吸収と反対のことが起きているに過ぎない。温度が高くなると熱エネルギーにより原子・分子の振動が励起される。励起された振動はエネルギーの低い方が安定なので，余分なエネルギーを放出して元のエネルギーの状態に戻ろうとする。このとき，最初と最後のエネルギー差を赤外線として放出することができるのである。出てくる赤外線のエネルギー（波長）は熱運動を反映し，温度が高いほど励起される割合が高くなるので放出される赤外線の総量（強度）が多くなり，また，励起されるエネルギーも高くなるので放射赤外線の極大波長は高エネルギー（短波長）側に移動する（図1）。この関係式を見いだしたのはプランクで，原子・分子の持つエネルギーが連続した値ではなく飛び飛びの値しかとれないということがここで初めて見いだされ，量子論の扉を開いたのである。温度が高くなり4000 ℃程度になると極大波長は可視光の領域に入るので，太陽が放射しているのは主に可視光である。

4　物体による放射率の違い

物体は温度に応じた赤外線を放射するが，すべての物体が同じ温度の時に同じ波長分布で同じ強度の赤外線を放出するわけではない。物体に入射した光は，反射，透過，吸収，何れかの道をたどる。このうち，反射／透過した光は物体に何の熱的な効果も残さない。従って，反射率が高い物体や無色透明な物体に光が吸収される割合は低い。熱的に励起された物体が赤外線を放射する割合（放射率）は，入射してきた赤外線を吸収する割合に等しい。これはキルヒホッフにより見いだされた法則で，熱平衡にある物体間の熱のやりとりを考えると，同じ温度である物体に吸収されるエネルギーと同じ物体から放出されるエネルギーとが等しくないとその物体の温度が変わってしまい，熱平衡が成立しなくなることから明らかである。可視光の場合，白い物体は光をよく反射し，黒い物体は光をよく吸収する。赤外線領域でも同様に，赤外線をよく吸収するものを黒い物体といい，入射してきた全赤外線を吸収するものを黒体という。黒体の赤外線吸収率は定義から1となり，放射率もキルヒホッフの法則から1になる。黒体以外の物体の放射率は定義から1以下であるが，実験的に求めることができ，放射温度計ではその補正を取り入れることにより物体の温度測定を正確に行っている。主な物体の放射率を表1に示す。可視光の透過率，反射率の低い有機物の放射率が高い一方，無色透明な水などが高い放射率を持つのは興味深い。

4　学習内容のポイント

1．温度が高いことは熱運動が激しいことに相当する。
2．熱，光といった異なる形態のエネルギーでも互いに変換することができる。
3．熱運動（振動・回転）と同程度のエネルギーの赤外線が熱放射を支配する。

5 授業に役立つ図・表

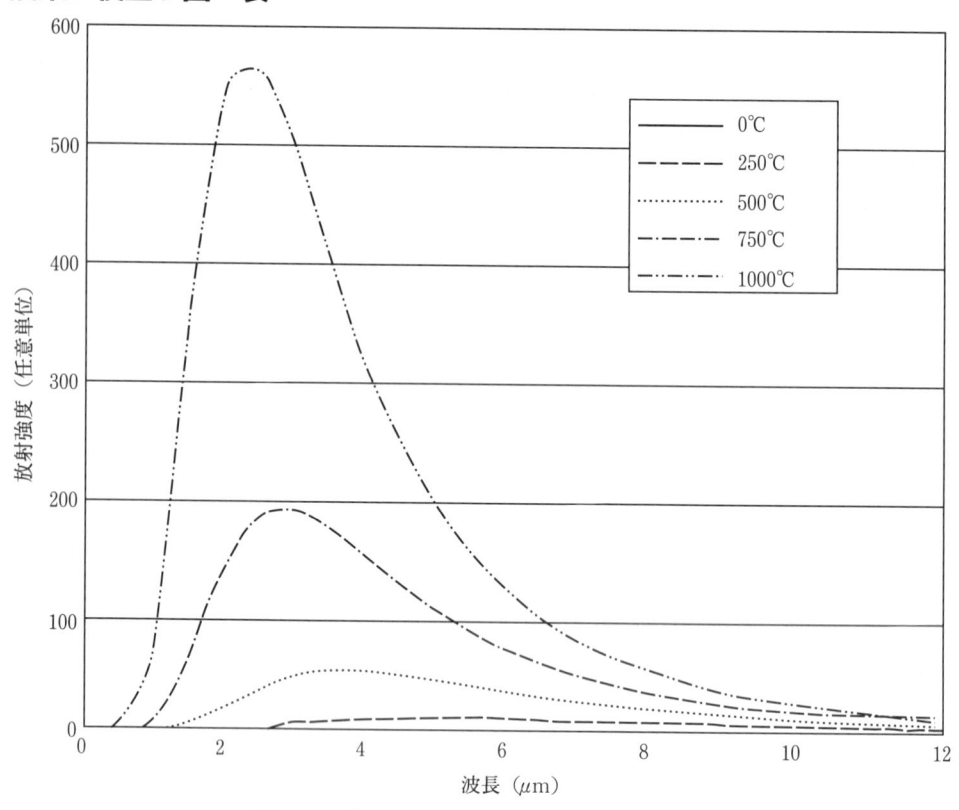

図1 放射赤外線の波長分布の温度依存性

表1 主な物体のおおよその放射率

金属（酸化物）	放射率	有 機 物	放射率	そ の 他	放射率
鉄	0.85	プラスチック	0.95	ガラス	0.85
ニッケル	0.85	ゴム	0.95	土	0.95
アルミニウム	0.30	木材	0.98	コンクリート	0.65
銅	0.80	紙	0.92	カーボン	0.98
真鍮	0.60	皮膚	0.97	水, 海水	0.98

6 テーマに関連したトピック　～放射温度計の仕組み～

　実際の温度計測は，全ての波長の赤外線強度を測定するのではなく，その中の一部の強度を測定することにより行う。このとき，図1に示すように，温度によって全体の強度が変わるだけでなく，極大波長の位置もずれるので，精度良く計測するためには温度領域により異なる波長範囲の強度を測定する必要がある。例えば，室温以下から500 ℃辺りまでは，波長10 μm付近の赤外線強度は温度が上がるにつれて大きくなっていくが，1 μm付近の強度は無視できる程度しかない（図2）。従って，このような低い温度領域では，10 μm付近の強度変化を用いると精度良く温度計測ができる。しかし，500 ℃を超えると1 μmの相対的な強度が大きくなり始め，900 ℃付近で10 μmの強度と逆転する。そして，1000 ℃以上では10 μm付近の強度変化は1 μm付近のものに比べると無視できる程度に小さくなってしまうので（図3），1 μm付近の強度を用いた方が温度計測の精度が高くなる。このように，温度によって放出される赤外線の波長分布が大きく変動するので，市販の放射温度計は大きく分けて，低温域（－50 ℃～1000 ℃）を計測するものと高温域（600 ℃～3000 ℃）を計測するものの二つのタイプがある。図1に示すように，低温になると放射赤外線強度の絶対値が下がってくるので，市販品では－50 ℃程度までしか計測できない。また，高温側は技術的な限界よりも，3000 ℃になるとたいていの物質は融けたり蒸発したりしてしまうので，需要の面から上限はほぼ3000 ℃に設定されているのである。

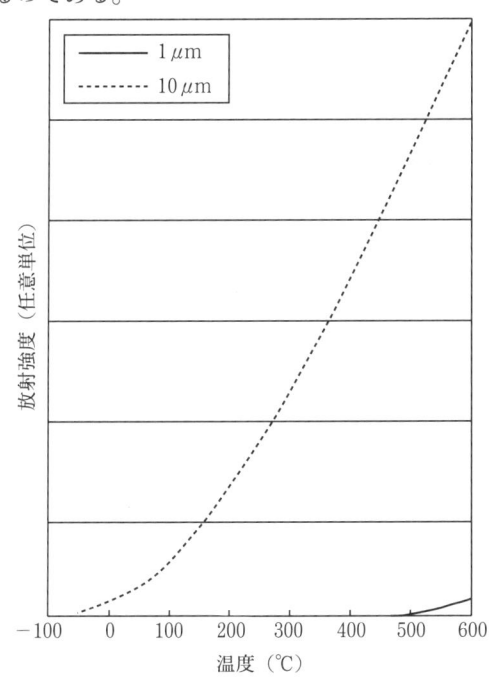

図2　波長による放射率の温度依存性（低温）　　図3　波長による放射率の温度依存性（高温）

文献ナビ

① http://www.sksato.co.jp/temp/temp01.html，2005年12月23日検索
　　各種温度測定法，放射温度計の原理，温度に関する用語の解説，放射温度計の実用例が記載されている。
② 和田正信（1982）『放射の物理』，共立出版
　　赤外線，黒体放射，プランクの量子仮説について記載されている。

（南　伸昌）

⇒関連題材 9・16・25

題材 11
アンテナの長さは電波の波長によって変わる
共振と共鳴

1　学習指導要領とのつながり
高等学校物理Ⅰ　⑵　波　イ　音と光　㈣　音の干渉と共鳴
高等学校物理Ⅱ　⑵　電気と磁気　イ　電磁誘導と電磁波　㈣　電磁波
（中学校理科　第1分野　⑶　電流とその利用　ア　電流）

2　題材と日常現実社会のなかでの活用場面—産業・人とのつながり—
　ラジオやテレビの音声・映像は放送局から電磁波で送られてくる。日本のテレビの送信は周波数が90 MHz—222 MHzの超短波と470 MHz—770 MHzの極超短波と呼ばれる電磁波（電波）が使われ，その中から聞きたい放送を受信する。テレビを受信するにはアンテナが必要であるが，電波の波長に相応しい長さのアンテナとともにその周波数の電流だけが回路を流れやすくする電気回路が必要である。振り子はその糸の長さに固有な振動数の外力に対して大きく振れ，これを共振と呼ぶ。気柱も開口端付近で気柱の長さに固有な定常波と一致する音に応じて，大きな音を出し，これを共鳴・共振と呼ぶ。また，弦を振動させるとその長さに固有な振動数の音を出す。共振・共鳴の学習はテレビの受信アンテナ，管楽器および弦楽器に活用されている。

3　題材の解説
1　振り子の共振
　図1のように，一本の棒に長さの異なる糸を結び，その先端に小さな錘をつけた振り子を用意する。棒を振動させると，ある振動数fあるいは周期Tの時に，振り子の一つ（たとえば，図1 d）の振り子が大きく揺れ，他の振り子はほとんど振れない。このように，ある特定の振動数fあるいは周期Tで振動させると，特定の振り子のみが大きく振れることを共振すると呼ぶ。棒をゆっくり振動させると，先の振り子はほとんど振れず，糸の長さLの大きな振り子（たとえば，図1 a）が共振する。振り子には次式のような糸の長さLに固有な周期Tがあり，外から加えた振動の周期Tと周期のあった振り子のみが大きく振れる。

$$T = 2\pi\sqrt{\frac{L}{g}} \tag{1}$$

ここに，gは重力加速度であり，およその値は$g=9.8$ m/s^{2}である。
　この共振を利用すれば，共振する振動数fあるいは周期Tを求めることによって，振り子を全く見ることなくその糸の長さLを知ることができる。また，式⑴からえられる振動数fあるいは周期Tに共振する糸の長さLを決めれば，その振動数fあるいは周期Tにのみ大きく振れる振り子を作ることができる。

2　空気の振動と共振
　音叉は楽器の音を調整するためにある特定の振動数の音を出す器具であり，その一般的な振動数fは$f=440$ Hzである。2つの同じ振動数の箱形音叉を用意し，それらを向かい合わせて配置し，その一方を振動させる（図2(a)）。その後にその音叉の振動を指で止めると他の音叉が鳴っていることが

分かる。これを共鳴と呼び，振り子の共振と同じ現象である。すなわち，音源の音叉と同じ定常波（振動数）の音叉は共鳴・共振する。図2(b)のように音叉を気柱共鳴装置のガラス管の開口端で振動させると，ある水位の場合に音叉の音が大きくなる。音叉の振動数f（あるいは波長λ）と気柱の定常波の振動数f（あるいは波長λ）が一致したからであり，共鳴あるいは共振と呼ぶ。気柱は開口端を腹とする定常波を作るからであり，気柱の長さLが次式で与えられる。

$$L = \frac{2n-1}{4}\lambda = \frac{(2n-1)v}{4f} \tag{2}$$

ここに，vは音速であり，$v=340$ m/s（15 ℃）ある。すなわち，気柱の長さLを調整することにより，その音叉の振動に共鳴・共振させることができる。これが，管楽器の長さLと振動数fの関係である。

3 弦の振動とアンテナ

弦は図3のように，末端が節となる定常波をつくるので，弦を振動させた場合にはこのような振動を伴う音が大きくなる（共振する）。その波長λと弦の間隔Lの関係は次式で与えられる。

$$\lambda = \frac{2L}{n} \tag{3}$$

これが弦楽器の弦の長さLとその波長λの関係であり，その振動数は弦を引っ張る力（張力）にも依存する。ギターでは押さえるフレットの位置で弦間隔Lを変えて音程を作ることになる。

標準的なアンテナは図4のように，空中に浮いている非接地型アンテナである。両端が切れていて両端の電流が零（節）となる。したがって，式(3)と同様にアンテナの長さLが$\lambda/2$（$n=1$）の場合に共振するので，このようなアンテナを半波長アンテナと呼ぶ。テレビ電波を効率よく受信するには，その波長λあるいは周波数（振動数）fに相応しい長さLのアンテナを必要とし，その長さLは式(3)より次式で与えられる。

$$L = \frac{\lambda}{2} = \frac{c}{2f} \tag{4}$$

ここに，cは電波の速さ（光速）であり，$c = 3.0 \times 10^8$ m/sである。日本のテレビの送信周波数（振動数）fは，90 MHz—770 MHzであるが，家庭用のアンテナでは長さの異なる3本（1－3 ch：90－108 MHz，4－12 ch：170－222 MHz，13－62 ch：470 MHz—770 MHz）ですませている。アンテナはテレビ受信の入り口であり，より重要な選局（チャンネル選び）はコンデンサーとコイルからなる共振電気回路による。すなわち，コイルのインダクタンスやコンデンサーの静電容量を変化させて，電気回路の共振周波数を変えることにより，ある特定のチャンネルの放送の電波を増幅できる。

4 学習内容のポイント

1. 振り子は，その長さで決まる固有の周期あるいは振動数を持ち，外から与えた振動の周期あるいは振動数が同じ場合には，振り子は大きく振れ，これを共振と呼ぶ。
2. 気柱は開口端を腹とする定常波を作り，開口端付近でその波長と等しい音を出すと大きな音が出る。これを共鳴と呼ぶ。
3. 弦もアンテナも，末端が節となる音あるいは電波に共振する。したがってテレビアンテナもその波長に合った周波数に相応しい長さのアンテナが必要である。

5 授業に役立つ図・表

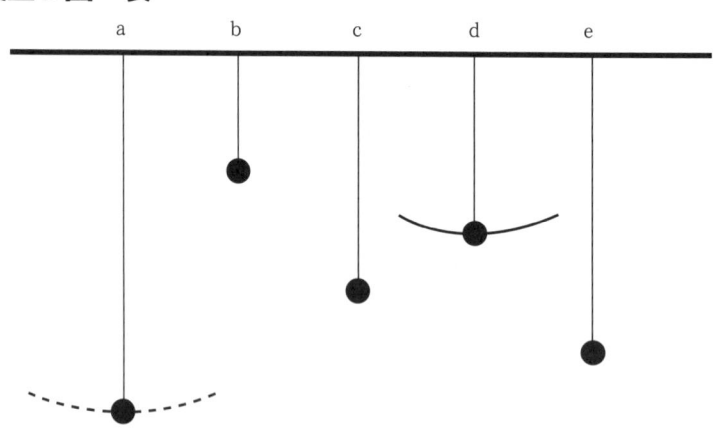

図1　振り子の共振（棒の振動周期と等しい振り子が共振する）

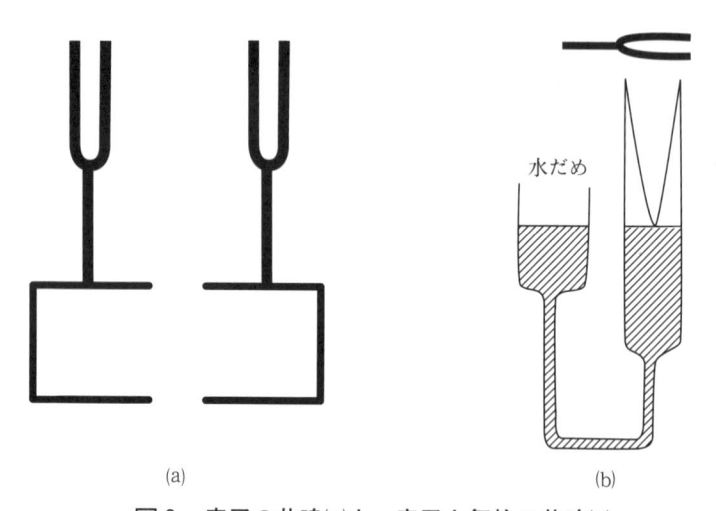

図2　音叉の共鳴(a)と，音叉と気柱の共鳴(b)

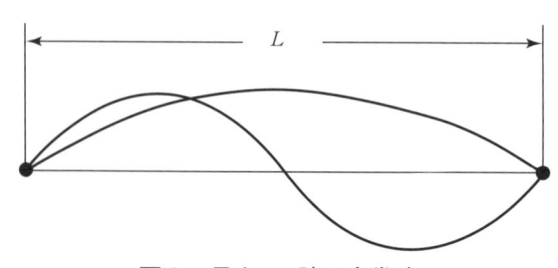

図3　長さLの弦の定常波

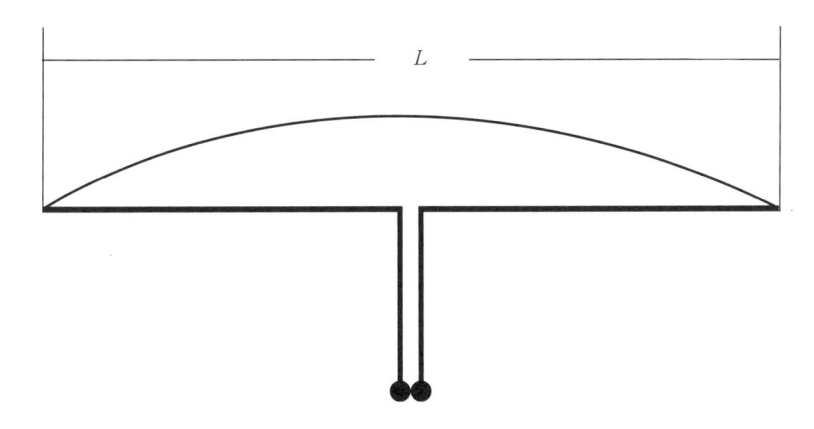

図4 長さLの標準的な非接地型アンテナ

6 テーマに関連したドリル

【問題1】
　テレビの電波を図4のような非接地型アンテナで受信する。式(4)から次の周波数に相応しいアンテナの長さLを計算しなさい。
(1) $f = 90\,\text{MHz} = 90 \times 10^6\,\text{Hz} = 90 \times 10^6\,\text{s}^{-1}$
(2) $f = 770\,\text{MHz} = 770 \times 10^6\,\text{Hz} = 770 \times 10^6\,\text{s}^{-1}$

【問題1の解答】
(1) 式(4)より，$f = 90\,\text{MHz}$に対するアンテナの長さLは次式で計算される。
$$L = \frac{\lambda}{2} = \frac{c}{2f} = \frac{3 \times 10^8\,\text{m s}^{-1}}{2 \times 90 \times 10^6\,\text{s}^{-1}} = 1.67\,\text{m} \tag{5}$$

(2) 式(4)より，$f = 770\,\text{MHz}$に対するアンテナの長さLは次式で計算される。
$$L = \frac{\lambda}{2} = \frac{c}{2f} = \frac{3 \times 10^8\,\text{m s}^{-1}}{2 \times 770 \times 10^6\,\text{s}^{-1}} = 0.19\,\text{m} \tag{6}$$

文献ナビ

① 「テレビの受信方法」http://www.nhk.or.jp/res/top_index5.htm，2005年8月2日検索
　日本放送協会のホームページであり，受信アンテナの種類として受信チャンネルにあった帯域（波長）のアンテナを使用することを奨めるとともにアンテナの写真を掲載している。

② 「KDDI山口衛星通信所」http://www.globetown.net/~kana1991/kddi/kddi.html，2005年11月2日検索
　極超短波より短い波長の電波の受信はパラボラアンテナで行われている。パラボラアンテナとそれについてのQ&Aが掲載されている。

（鈴木　勲）

⇒関連題材 8・14

題材 12 **うなりで速度を測る**
ドップラー効果を用いた速度測定

1 学習指導要領とのつながり

高等学校物理Ⅰ　(2) 波　イ 音と光　(イ) 音の干渉と共鳴
（中学校理科　第1分野　(1) 身近な物理現象　ア 光と音）

2 題材と日常現実社会のなかでの活用場面—産業・人とのつながり—

　救急車がサイレンを鳴らしながら通過するとき，通過の前後でサイレンの音の高さが変化して聞こえる。音源が近づくとき振動数（音程）は高く，遠ざかるときは低くなる。これはオーストリアの物理学者ドップラーにより発見された現象で，ドップラー効果として知られている。この現象は音だけでなく，超音波，電磁波，光など，あらゆる波動について起こる現象である。ドップラー効果を利用すると，運動する音源（あるいは光源）からやってくる波動の振動数を調べることによって物体の速度を知ることができる。このため，ドップラー効果を利用したさまざまな速度測定装置が考案されている。例えば，スピード違反の取り締まりや野球の球速測定で使われるスピードガンがある。この他にも，ドップラー効果を応用した速度測定装置としては，超音波流速計，胎児の心音や心拍数の計測，血流計測などの医療診断装置，気象観測用レーダーなどさまざまなものがある。これらの速度計測装置の原理には，「音の回折と干渉」や「ドップラー効果」の学習が活かされている。

3 題材の解説

　ドップラー効果が起こるのは，音源（あるいは光源）の運動，あるいは観測者の運動によって，観測者の位置を単位時間あたりに通過する波の数が変わることによる。すなわち，観測される振動数には，波源および観測者の速度に関する情報が含まれていることになる。例えば，図1(a)のように速度 v で近づいてくる振動数 f_0 の音源を静止している人が観測する場合，その音の振動数は

$$f = f_0 \frac{c}{c-v} \qquad (c：音速)$$

となる。また，図1(b)のように静止している音源に速度 u で近づく人が観測する振動数は

$$f = f_0 \frac{c+u}{c}$$

で与えられる。ドップラー効果を利用する速度計では，運動する物体に超音波などを当て，物体から跳ね返ってくる波を観測している（図2）。この反射波と送出波との振動数のずれは

$$\Delta f = \frac{2v}{c-v} f_0 \qquad (v：物体の速度)$$

と表される（**6**【問題1】参照）。この振動数のずれはドップラーシフトと呼ばれる。ドップラーシフトは物体が近づいてくるときは正，遠ざかるときは負の量となる。普通，物体の速度は，音速や光速に比べて非常に遅いので，送出波の振動数に対するドップラーシフトの比 $\Delta f/f_0$ は一般に非常に小さい量となることが多い。そこで，ドップラー式速度計では，反射波の振動数を直接測る代わりに，送出波と反射波とを重ね合わせ，この２つの波の干渉で生じる"うなり"の周波数によりドップラー

シフトを求め，上の関係式から物体の速度（厳密には，速度の観測者方向への成分）を得ている。この方法により，微少な振動数の差（つまり遅い物体の速度）までかなり精度よく測ることができる。すなわち，ドップラー効果は波動であるがゆえに起こる現象であるが，ドップラーシフトの検出においても波動の干渉性という波動の持つ特質を巧みに利用しているのである。

ドップラー効果を使った速度計測装置には，野球の球速測定で使われるスピードガンのような小型のものから，気象観測用のレーダー施設に設置されているような大型のものまで様々なものがある。

スピードガンでは電磁波（マイクロ波）を使い，野球のボールや自動車といった被測定物体の速度を計測する（図3）。また，液体の流速を測るための超音波流速計というものがあるが，これも，ドップラー効果を利用した速度測定装置である。この装置の測定対象は，図4のような工業用のパイプ中を流れる液体の速度から，眼球内の血管中を流れる血液など非常に多岐に渡っている。透明な（あるいは一様な）流体の場合，音波を反射するのは流体中にわずかに存在するごみや気泡である。

さらに広範囲の空間の速度を測るものとして，ドップラー気象レーダーというものが開発されている（図5）。一般の気象レーダーでは，送信機から放射された電磁波（マイクロ波）に対する雲や雨滴からの反射波の強度，および，送信した電波が反射され戻ってくるまでの時間を測定することで，降雨強度や雲の分布といった気象状況を把握している。それに対して，ドップラー気象レーダーでは，電波のドップラー効果を利用して雨や雲の移動速度を測定し，雨滴や雲の速度といった動的な気象状況を捉えることを可能にしている。この型のレーダーは，特に，航空機の離発着事故の原因の1つとなっているダウンバーストと呼ばれる小規模で急激な下降風をとらえるのに有効であると考えられており，ドップラー気象レーダーは米国のほとんどの空港や日本の主だった空港に配備されている。また，ドップラー気象レーダーは雷雲のような激しい対流を伴う雲の検出にも適しているので，雷雲探知レーダーとして各電力会社で運用されている。

電波の代わりにレーザーを用いた新型のレーダーであるライダーというものがある。これは，最近のレーザーや情報処理技術の進歩に伴い実用化されたもので，レーザー光の特性を生かし，大気や海洋における遠隔測定方法として広く地球環境観測に用いられている。このライダーにおいても，ドップラー効果を利用したドップラーライダーが開発されている。光は電波に比べて波長が短いことから，大気中に浮遊するエアロゾルや大気汚染物質などで散乱される。ドップラーライダーはこれら大気中の浮遊粒子物質の動的な観測に威力を発揮する。

現代の宇宙論の重要な柱の1つである膨張宇宙論の基礎になっているのが，ハッブルにより発見された遠方銀河の後退運動であるが，この運動の存在を導いた観測事実が，光のドップラー効果による赤方偏移であることはよく知られている。元々，ドップラー効果は1842年に2重星の色の研究という天体現象に関連して偶然発見されたのであるが，現代の宇宙論の発展においても重要な役割をになっている。

4 学習内容のポイント

1. ドップラー効果により，観測される波の振動数は，音源（または光源）の速度，観測者の速度に依存する。
2. 送出波と反射波との振動数の差ドップラーシフトは，2つの波の干渉で生じる"うなり"を測ることで求められる。
3. ドップラー効果を利用した速度測定装置には，各種産業用から医療計測用など種類が多い。
4. ドップラー効果は気象レーダーなどにも応用され，気象観測や地球環境観測に利用されている。
5. 光のドップラー効果による赤方偏移の観測から遠方銀河の後退運動が発見され，この観測事実より膨張宇宙論が唱えられた。

5 授業に役立つ図・表

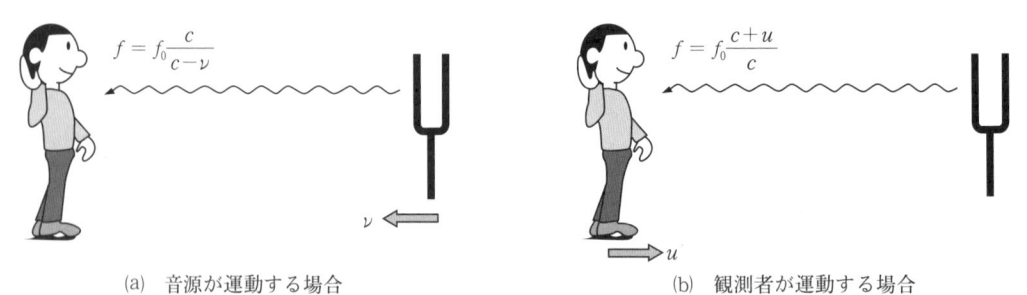

(a) 音源が運動する場合　　$f = f_0 \dfrac{c}{c-v}$

(b) 観測者が運動する場合　　$f = f_0 \dfrac{c+u}{c}$

図1　ドップラー効果による振動数の変化

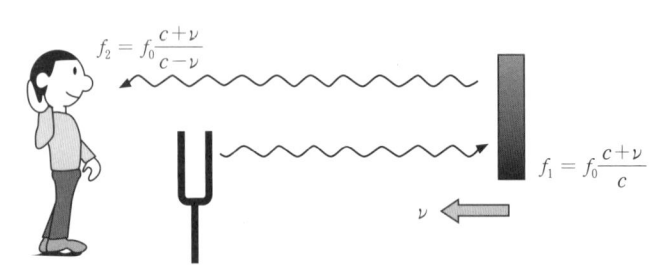

$f_2 = f_0 \dfrac{c+v}{c-v}$　　$f_1 = f_0 \dfrac{c+v}{c}$

図2　反射音のドップラー効果

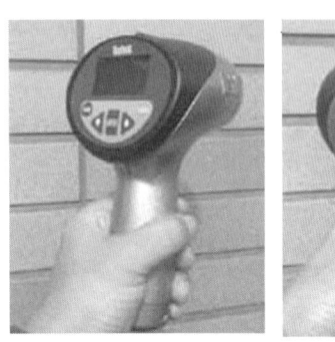

図3　スピードガン（Bushnell社レーダーガン）
(有)スナガインパルス提供

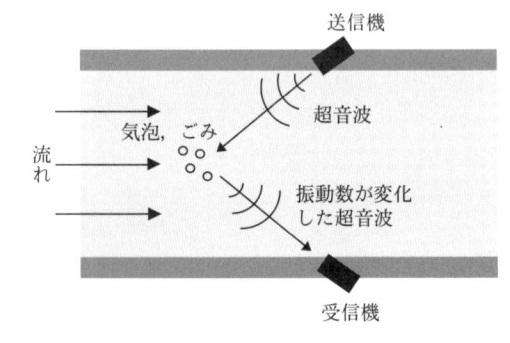

図4　ドップラー式超音波流速計

(a) ドップラーレーダーのアンテナ

(b) 可搬型ドップラーレーダー

図5　ドップラー気象レーダー（気象庁　気象研究所）(a)(b)とも気象庁気象研究所（http://www.mri-jma.go.jp）提供

6 テーマに関連したドリル

【問題1】
　速度νで近づいてくる物体に音波を当てた場合，物体に反射され戻ってくる音波と送出音波との振動数の差を求めよ。ただし，送出される音波の振動数をf_0，音速をcとする。

【問題2】
　物体に超音波を当て，その反射波のドップラーシフトから速度を測る速度計がある。この装置で速度45 m/s（時速約160 km/h）の野球のボールの速度を計測する場合，送出波の振動数に対するドップラーシフトの比はどれくらいになるか。音速を340 m/sとして求めよ。

【問題3】
　低軌道を高速で飛行する人工衛星と地上局との間で電波を使った交信を行うとき，ドップラー効果による周波数の変化が問題となる。送信周波数が一定の電波を出す人工衛星が，ある地上局の上を通過するとき，地上局で受信する電波の周波数はどのような変化を示すか。

【問題1の解答】
　図2に見るように，運動物体を観測者の立場においてみると，運動する観測者が静止している音源に速度νで近づく場合に相当するので，物体が受ける振動数は

$$f_1 = f_0 \frac{c+\nu}{c}$$

となる。物体は振動数f_1の音源となって音波を観測者に送り返す。この反射音を観測するときの振動数は，運動する音源が静止している観測者に接近する場合であるから

$$f_2 = f_1 \frac{c}{c-\nu} = f_0 \frac{c+\nu}{c} \frac{c}{c-\nu} = f_0 \frac{c+\nu}{c-\nu}$$

となる。したがって，送出波と反射波の振動数の差は，以下のようになる。

$$\Delta f = f_2 - f_0 = f_0 \left(\frac{c+\nu}{c-\nu} - 1 \right) = \frac{2\nu}{c-\nu} f_0$$

【問題2の解答】
　$\Delta f / f_0 = 2 \times (45 \text{ m/s}) / (340 - 45 \text{ m/s}) = 0.31$

【問題3の解答】
　観測者方向への速度成分が問題となる。したがって，地上局が受信する電波の周波数は，衛星の通過前は，衛星の送信周波数より少し高めで，接近とともに，徐々に周波数が下がり真上を通過するときに送信周波数に一致し，通過後は送信周波数より少し低めになる。

文献ナビ

① 谷腰欽司（1995）「ドプラー効果はいろいろな計測に大活躍」『図解でわかるセンサーのはなし』pp.170—171，日本実業出版社
② トランジスタ技術編集部編（1988）『メカトロ・センサ活用ハンドブック』pp.124—137，CQ出版社
③ 足立栄男・佐藤祐子（2000）「ドップラー気象レーダ」東芝レビュー55巻第5号，pp.27—30
④ 杉本伸夫・竹内延夫「レーザーレーダーによる大気観測」応用物理，第63巻，第5号，pp.444—454（1994）

（山本郁夫）

⇨ 関連題材 9・11・25

題材 13　果物の甘さを計る「糖度測定装置」
光の吸収と原子の振動

1　学習指導要領とのつながり
高等学校物理Ⅰ　(2) 波　イ 音と光　(イ) 音の干渉と共鳴
高等学校物理Ⅱ　(1) 力と運動　イ 円運動と万有引力　(ア) 円運動と単振動
高等学校物理Ⅱ　(2) 電気と磁気　イ 電磁誘導と電磁波　(イ) 電磁波
（中学校理科　第1分野　(1) 身近な物理現象　ア 光と音）

2　題材と日常現実社会のなかでの活用場面―産業・人とのつながり―
　光（電磁波）はその波長（あるいは振動数）によって性質が異なるので、異なった名称で呼ばれる（表1）。最も身近な電磁波は目で見える可視光であり、その中で紫が最も波長が短く、赤が最も波長が長い。紫より波長が短い光は紫外線と呼びエネルギーが高いので分子間の化学結合を切ることができ、DNAを傷つけるので皮膚がんを引き起こす懸念もある。一方、赤外線は分子中の原子の振動数領域に相当するので、原子の振動を激しくすることができ、物質の温度上昇に寄与する。
　果物の甘さを調べる方法としては、これまではサンプルを抽出してそれを切って試食したり、果汁を測定装置に入れて測定する方法があった。しかし果物を切らずに（破壊することなく）、そのままの状態で測定することができる装置が開発された。すなわち果物に赤外線をあてると、成分の種類や量に応じて特定の波長の吸収量が変わってくる。この吸収率によって甘さを測定している。この方法を使うと、果物をベルトコンベアに載せたまま1つ1つの果物の糖度を測定することができる。
　波動および単振動の学習は、「糖度測定装置」を通して、果物の甘さの測定に活用されている。

3　題材の解説
1　電磁波の吸収と共鳴・共振
　滑らかな板の上のバネに結ばれた質点はバネの定数kとその質量mの比による固有の振動数$\nu_0 = (1/2\pi)(k/m)^{1/2}$で振動する。図1(2)のように、固有の振動数$\nu_0$と板の振動数が一致するとその質点は大きく振動するが、図1(1)あるいは図1(3)のように固有振動数が大きくても小さくても質点はほとんど振動しない。外部から与えられた振動で振動が大きくなることを共振と呼び、同様な現象は振り子の共振あるいは空気柱の共鳴に見られる。管楽器は気柱の共鳴を利用して大きな音を出す。両端が開いた管（開管）での最も基本的は音は両端の間の距離を半波長とする音である。
　これと同様のことが、物質を構成する分子においても起こる。分子は定点に静止しているのではなく、原子自体の熱振動と原子間の結合力により振動している。この振動数と電磁波の振動数が一致すれば吸収が生じる。通常の分子（有機化合物）中のO－H、C－H、N－H等の振動の振動数νおよび波長λはそれぞれ$\nu = 1.2\times10^{14}\,\text{s}^{-1} - 0.19\times10^{14}\,\text{s}^{-1}$および$\lambda = 2500\,\text{nm} - 16000\,\text{nm}$であり、赤外線領域である。
　地球温暖化の元凶といわれる二酸化炭素（CO_2）は分子中の炭素原子（C）と酸素原子（O）の振動に相当する波長$\lambda = 4300\,\text{nm}(4.3\,\mu\text{m})$と$\lambda = 15000\,\text{nm}(15\,\mu\text{m})$付近の赤外線を吸収する。また、空気中の二酸化炭素（CO_2）の濃度は波長$\lambda = 4300\,\text{nm}(4.3\,\mu\text{m})$付近の吸収から測定する。

2　糖度の測定

　甘味は，果物のおいしさを構成する重要な要素の1つである。果物のおいしさを客観的に評価する方法として，糖度の測定が行われている。これまで果物の甘さを調べるには，果物の果汁を搾って糖度を測定していた。これを屈折糖度計（試料液の濃度によって，光の屈折率に差があることを利用して，糖度を測定する装置）で判定するため，果実を傷つけてしまうという問題があった。またサンプルを抜き取って行うので誤差があった。

　桃に紫外線，可視光，赤外線を照射するとほとんどの光は吸収されるが，700〜2500 nmの波長を持つ近赤外線（波長が短い赤外線）は吸収されるとともに反射される。果物（試料）の中を通って吸収されずに外へ出てきた光を拡散反射光と呼び，この光の波長と吸収量の関係を調べることにより甘さを非破壊的に調べることができる。このように近赤外線は物質中を通過しやすいために，物を壊さずにその中身を調べることができる。

　吸収される波長（振動数）は先に記した原子振動の振動数の整数倍の振動（倍音）あるいはいくつかの振動の和（結合音）に相当する。この近赤外線の吸収は赤外線に比較して弱いが検知器の感度向上により果物の糖度測定が可能となった。果物の糖度測定の概念図は図2に示したように，果物に700〜2500 nmの波長を持つ近赤外線を当てると，特定の波長を吸収した近赤外線が反射される。それをレンズで集光し，回折格子等の分光器で波長ごとに分け，検出器でその糖度を調べる。その波長と吸収量の関係は成分に特有の複雑な波形を示し，その内で波長が900 nm〜950 nm領域の吸収量は果物の糖分量と良い相関がある。桃，りんごあるいは日本梨等の皮の薄い果物では拡散反射光を測定する（反射法）ことが可能であるが，温州みかん等の皮の厚い果物では前者は適用できないので透過光式で行う。測定対象は開発当初の桃から，りんご，梨，みかん，トマトに広がっている。しかしどんなものでも測定できるわけではない。ブドウのような形状のものは，計測するポイントを定めにくく，外からの光も入りやすくなるため，測定が困難である。この近赤外分光分析法は前処理をほとんど必要とせず，1分前後の前処理で複数の組成や各種機能を測定することができるようになった。最近では，穀類中のタンパク質，脂質および水分，酪製品中の水分および脂質などの分析にも利用されている。

　現在ではこの技術を応用して，赤外線を人間にあてて血液中の糖の濃度（血糖値）を測ることが研究されている。これにより，血液を採取せずに血糖値を測定することができるようになる。

4　学習内容のポイント

1．光（電磁波）はその波長（あるいは振動数）によって性質が異なるので，異なった名称で呼ばれる。
2．赤外線は分子中の原子の振動数領域に相当するので，その分子に固有の振動の赤外線を照射するとその赤外線が吸収されて，分子中の原子運動が激しくなる。
3．果物に近赤外線（波長が700〜2500 nm）を当てると，ある特定の複数の波長の赤外線を吸収する。
4．その波長が900 nm〜950 nmの近赤外線の吸収量は果物の糖の量と密接な関係があるので，果物の糖量をそれを破壊することなく測定できる。

5 授業に役立つ図・表

表1　電磁波の分類

名称		波　長（m）	振動数（Hz）
電波	超長波（VLF）	$1\times10^5 \sim 1\times10^4$	$3\times10^3 \sim 3\times10^4$
	長波（LF）	$1\times10^4 \sim 1\times10^3$	$3\times10^4 \sim 3\times10^5$
	中波（MF）	$1\times10^3 \sim 1\times10^2$	$3\times10^5 \sim 3\times10^6$
	短波（HF）	$1\times10^2 \sim 1\times10$	$3\times10^6 \sim 3\times10^7$
	極短波（VHF）	$1\times10 \sim 1$	$3\times10^7 \sim 3\times10^8$
	マイクロ波	$1 \sim 1\times10^{-4}$	$3\times10^8 \sim 3\times10^{12}$
赤外線		$1\times10^{-4} \sim 7.7\times10^{-7}$	$3\times10^{12} \sim 3.9\times10^{14}$
可視光線		$7.7\times10^{-7} \sim 3.8\times10^{-7}$	$3.9\times10^{14} \sim 7.8\times10^{14}$
紫外線		$3.8\times10^{-7} \sim 1\times10^{-10}$	$7.8\times10^{14} \sim 3\times10^{18}$
X線		$1\times10^{-9} \sim 1\times10^{-12}$	$3\times10^{19} \sim 3\times10^{20}$
γ線		1×10^{-11}以下	3×10^{19}以上

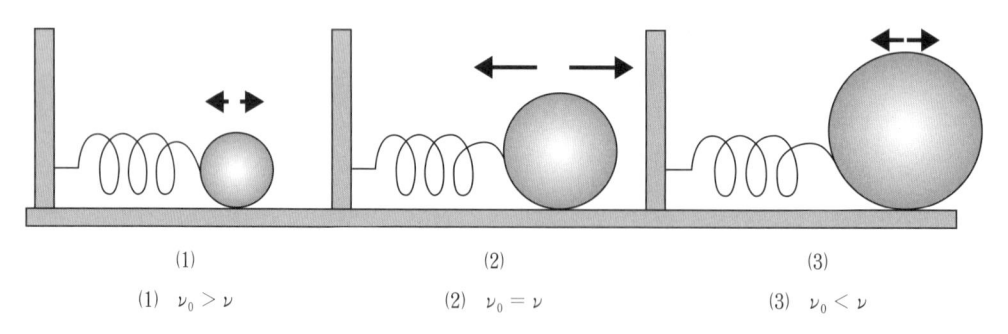

(1)　$\nu_0 > \nu$　　　(2)　$\nu_0 = \nu$　　　(3)　$\nu_0 < \nu$

図1　滑らかな板の上のバネの定数 k に結ばれた質量 m の質点の固有振動数 ν_0 と板の振動数 ν の関係

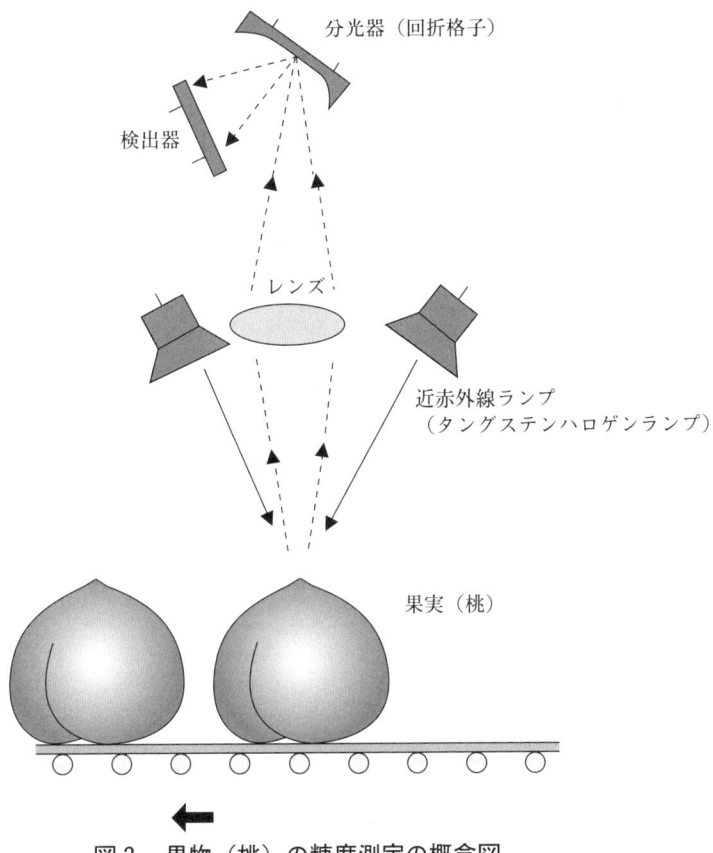

図2 果物（桃）の糖度測定の概念図

6 テーマに関連したドリル

【問題】

電磁波（光）の振動数νと波長λの関係は，$\nu\lambda = c(= 3.0\times 10^8 \text{ m/s})$で与えられる。次の波長の電磁波（赤外線）の振動数$\nu$を計算しなさい。

(1) $\lambda = 2500$ nm

(2) $\lambda = 16000$ nm

【問題の解答】

(1) $\nu = c/\lambda = 3\times 10^8 \text{ ms}^{-1}/(2500\times 10^{-9} \text{ m}) = 1.2\times 10^{14} \text{ s}^{-1}$

(2) $\nu = c/\lambda = 3\times 10^8 \text{ ms}^{-1}/(16000\times 10^{-9} \text{ m}) = 1.9\times 10^{13} \text{ s}^{-1}$

文献ナビ

① 「光センサーによる糖度測定」http://www.fsic.co.jp/fruits/kw/26UP.htm，2005年1月26日検索

糖度の測定について，原理から応用（血糖値検査）まで掲載してある。

② 「卓上型の非破壊糖度センサーを開発　三井金属」http:www.japanmetal.com/backnumber/h2000/h20000414.html，産業新聞社　非鉄ニュース，2005年1月26検索

糖度の測定について，解説してある。

（藤井健司）

⇒関連題材 8・12

題材 14 音で音を消す
波の重ね合わせの原理とその応用

1 学習指導要領とのつながり
高等学校物理Ⅰ （2）波　イ　音と光　(ｲ)　音の干渉と共鳴
高等学校物理Ⅰ （2）波　イ　音と光　(ｴ)　光の回折と干渉
（中学校理科　第1分野　（1）身近な物理現象　ア　光と音）

2 題材と日常現実社会のなかでの活用場面─産業・人とのつながり─

波の特徴の1つは重ね合わせの原理が成り立つことである。このため、2つの波が重なったとき、条件によって波は大きくなったり小さくなったりし、いわゆる干渉を示す。特に干渉によって小さくなるという現象は波特有のもので、さまざまなことに利用されている。つまり波の重ね合わせの原理の学習は、音を出して騒音を小さくしたり、船が走るときの波を船首につけたコブで起こした波で打ち消したり、レンズでの反射光を表面につけた膜からの反射光で弱めたりするなど、波によって波を消すことに活かされている。

3 題材の解説

1 重ね合わせの原理

池に2つの石を少し離して投げ入れたとき、それぞれの落下点から波が生じてぶつかり合うが、互いに通り越してしまえば何事もなかったように広がっていく。また、フルートとピアノを同時に演奏しても、音波同士がぶつかり合っているはずなのに、フルートはフルートの音、ピアノはピアノの音として聞こえ、音が変化して聞こえるようなことはない。このように波がぶつかったとき、重なりの効果はあるが、波どうしが互いに影響をおよぼし合うことはない。これは波の重要な特徴で、独立性とよばれる。波は独立性をもつため、ある点に2つの波が同時に来たとき、その点の変位はそれぞれの波による変位を単に足し合わせたものになる。これを重ね合わせの原理という。例えば、図1(a)のように2つのパルスA、Bが互いに近づいていくとき、両方のパルスが重なった点での変位yは、図(b)に示したように、Aの作る変位をy_A、Bの作る変位をy_Bとすると、

$$y = y_A + y_B$$

と表される。

2 波の干渉

波長が同じ2つの波が重なったとき、位相が同じ（山と山、谷と谷が重なっている）なら、重ね合わせの原理により、合成された波の振幅は大きくなる（図2(a)）。しかし位相がずれている（山と谷が重なっている）と、振幅は小さくなる（図2(b)）。特に2つの波の振幅が等しいときは、合成波の振幅は0となり、消えてしまう。このように2つの波が重なって強め合ったり打ち消し合ったりする現象を干渉とよぶ。

3 干渉の応用

干渉を利用して波を消すものには例えば次のようなものがある。

(1) ノイズキャンセリングヘッドホン

　周囲の騒音をカットするのに耳栓が使われる。しかし耳栓は高い音は遮断できるが低い音はほとんど素通りしてしまう。これに対してノイズキャンセリングヘッドホンとよばれる装置は，干渉を利用して低い音を消すことができる。ノイズキャンセリングヘッドホンは外見はほとんど通常のヘッドホンとかわらないが（図3），マイクとアンプなどが組み込まれている。マイクで周囲の騒音を電気信号に直し，大きさや位相を調整してヘッドホンから音を出して，元の騒音を打ち消すようになっている（図4）。周波数が大きくなるとわずかなことで打ち消し合いの条件から外れてしまうので（ドリル参照），高音を消すことは難しいが，40～2000 Hzの音を小さくすることができる。400 Hzの音に対しては約10 dBの効果がある。

(2) 球状船首

　船が走ると波が起こる。波を起こすにはもちろんエネルギーを使うので，それだけ燃料が無駄になるわけである。そこで船にはなるべく波を立てないようにいろいろ工夫されている。船首につけられた球状の突起（図5）もそのひとつで，20世紀初頭に米国のテーラー（D.W.Taylor）によって発明されたものである。

　このような突起があるとかえって波が生じるように思えるかもしれない。確かに突起によって波が起きるのだが，この波は突起のないときにできる波と打ち消し合う（図6）。つまり結果として，突起があった方が波が小さくなることになる。

(3) 反射防止膜

　メガネやカメラのレンズは，反射が少ない方がよい。反射した分，透過する光が弱くなってしまうからである。しかし，ガラスなどでの反射そのものをなくすことは本質的にできない。そこでガラスの表面にフッ化マグネシウムなどの膜をコーティングすることがよく行われる。膜があると，膜の表面と膜とガラスの境界とで反射するようになる。光も波であるので，膜の厚さを調整すれば，2つの反射光を打ち消し合うようにできる（図7）。このような膜は反射防止膜あるいは無反射膜とよばれる。

4 学習内容のポイント

1．重ね合わせの原理
　(1) 波の独立性…波どうしはぶつかっても互いに影響をおよぼさない。
　(2) 重ね合わせの原理…ある点に2つの波が来ると，その点の変位はそれぞれの波の作る変位を足し合わせたものになる。

2．干渉
　2つの波が重なったときの振幅
　(1) 山と山，谷と谷が重なったとき…大きくなる
　(2) 山と谷が重なったとき…小さくなる

3．干渉（打ち消し合い）の利用
　(1) ノイズキャンセラー…音で音を消す
　(2) 球状船首…波で波を消す
　(3) 反射防止膜…光で光を消す

5 授業に役立つ図・表

図1　重ね合わせの原理

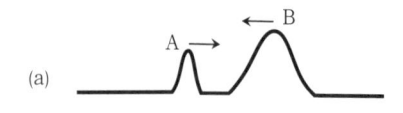

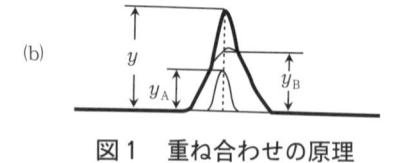

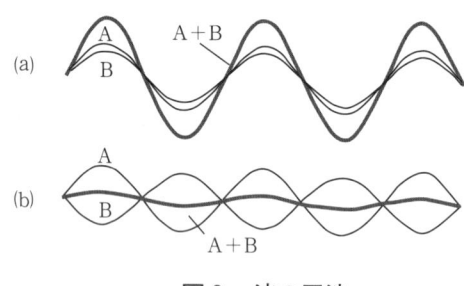

図2　波の干渉

図3　ノイズキャンセリングヘッドホン
（SONY㈱提供）

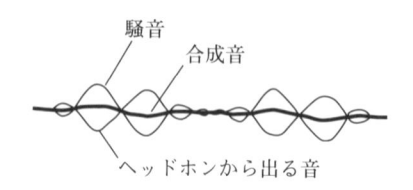

図4　ノイズキャンセルの原理

図5　球状船首
（鳥羽商船高等専門学校提供）

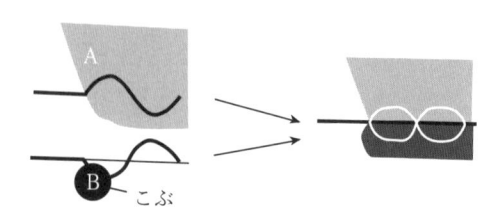

図6　球状船首の働き

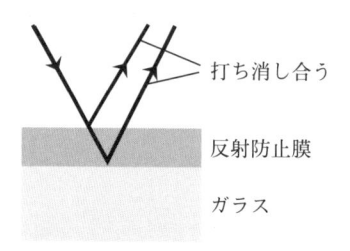

図7　反射防止膜

6 テーマに関連したドリル

【問題 1】

下図のように，Sにある音源から出ている200 Hzの騒音を，Aの人になるべく小さく聞こえるように，スピーカーCから出る音を調整した。このまま音源をゆっくり遠ざけると，どれだけ移動したところでスピーカーから出る音と強め合うようになるか。ただし，音速を340 m/sとする。

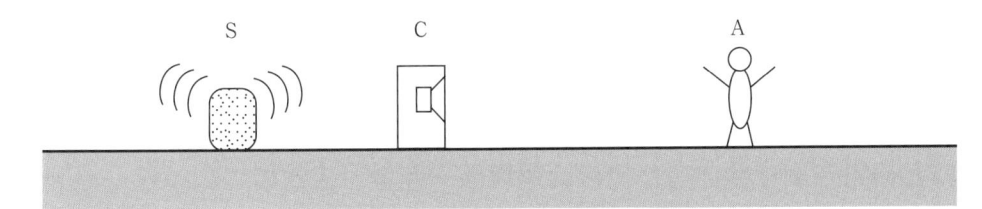

【問題 1 の解答】

最初は音源から出る音とスピーカーから出る音が打ち消し合っていたので，半波長移動したところで強め合うようになる。音速をc，周波数をfとすると，波長λは，

$$\lambda = \frac{c}{f}$$

であたえられるので，求める距離は，

$$\frac{\lambda}{2} = \frac{c}{2f} = \frac{340 \text{ m/s}}{2 \times 200 \text{ s}^{-1}} = 0.85 \text{ m}$$

となる。音が高くなって周波数が大きくなると波長が短くなり，移動距離が小さくても強め合うようになる。つまり高い音の方が，わずかなずれで打ち消し合いの条件がくずれてしまうので，干渉によって消すのはむずかしくなる。

文献ナビ

① 愛知・岐阜物理サークル（1988）「波で波を消す」『いきいき物理わくわく実験』, pp.140—141, 新生出版（絶版，改訂版が日本評論社から出ている）
② 「消音ヘッドホン」http://niigata-jp.net/tokyo/hannbai/noisec/noisec.html，(株)北都，2005年7月9日検索
③ 「船の豆知識」http://www.h.do-up.com/home/jhizumi/index.html，荒海洋平，2005年7月9日検索

（松原郁哉）

⇒関連題材 16・17

題材 15 遠くのものはなぜ小さく見える
レンズの光学系

1　学習指導要領とのつながり
中学校理科　第1分野　(1) 身近な物理現象　ア　光と音
（高等学校物理 I　(2) 波　イ　音と光　(ウ) 光の伝わり方）

2　題材と日常現実社会のなかでの活用場面―産業・人とのつながり―
　遠くのものは小さく見える。子どもでも知っていることではあるが，改めて「なぜ？」と聞かれると返事に窮する人は多い。一般的には視角の大小で説明されるが，「見える」とはどういうことかという視点を欠くと「遠くにあるから小さく見える」という話にもなりかねないし，騙し絵などでは「小さく見えるから遠くにある」という人間の感覚を巧みに利用している。人が「見る」仕組みを1枚レンズの光学系で単純化すると実際に目に映る像の大小と遠近とが対応していること，すなわち，遠くにいくと像が小さくなることが判る。また，虫眼鏡で見える"虚像"も，実際に網膜上に投影された像であることが，2枚レンズの光学系を考えることにより容易に理解できる。「見える」ということを網膜上の結像と結びつけることにより，顕微鏡や望遠鏡における光路のみならず，虹などの一般的な光学現象の理解にもつながっている。

3　題材の解説
1　目による物体の形状認識
　我々は目で物体を見ているが，これは太陽や電灯などから出た光が物体に当たって反射，散乱したものを目で捉えているからである。では，なぜ形が判るのかというと，異なる点から発せられた光が目において異なる点から来たと認識されるからである。目の構造を単純化すると，レンズ（角膜及び水晶体）とスクリーン（網膜）とから成り（図1），レンズを通して網膜上に映った像の位置情報が脳に送られ形として認識される。物体から発した光がどのように網膜上に像を結ぶのか，1枚レンズの光学系を用いて考えよう。
　実像を考えるので，物体は前方の焦点よりも前に置く。物体上の1点Aから発した光は四方八方に向かうが，そのうち，①レンズの中心に入ってきた光と，②光軸に平行に入ってくる光を考えると，図2に太線で示すように後方の焦点の後ろで交差する。これが像点で，Aから出た光でレンズを通過したものは全てこの点を通る。次に，物体上の異なる点Bから出た光の道筋を考えてみると，図2に細線で示すようにレンズ通過後同じ距離だが高さは異なる一点に集まる。これを目に置き換えると，異なる位置から発した光は網膜上の別の点に結像するため異なった点として認識され，物体の形が判別できるのである。

2　物体までの距離と網膜上の像の大きさ
　物体の位置が変わると像がどのように変化するのか考えてみよう（図3）。光軸に平行な光の光路は，図3に太線で示すように物体がレンズから遠ざかっても光軸に沿った平行移動なので，レンズに入るまで変化せず，従って，レンズ通過後も変化しない。一方，レンズの中心を通る光は細線（近）及び一点鎖線（遠）で示すように，物体とレンズが離れるほど光軸となす角度が小さくなり，結果と

して，結ばれる像の大きさは小さくなる。だから，「遠くに行くほど小さく見える」のである。このとき，物体の位置によりレンズから像点までの距離が変化する。しかし，目のレンズの焦点距離は約2cmと小さいため，その距離の変化は25cmから無限大の変化でも2mm程度で，目の水晶体の焦点距離調整範囲内である。また，このことは，異なる距離に置いた二つの物体に同時にピントを合わせることができないことからも実感できる。

　ここで，一般的に使われる視角による説明との対応を考えてみよう。視角とは図4に示すように物体の両端と目とを結んだ2直線のなす角度のことで，目から等距離にあれば，小さい物の方が視角は小さくなる（図では物体の下側を目と同じ高さに置いている）。同じ大きさのものが倍の距離だけ離れた場合，図に示すように視角が小さくなり，同じ距離にある半分の大きさのものと同等に認識される。これと網膜に投影される像の大きさとの関係を考えると，視角をなす直線は図3の光路図のレンズの中心を通る光（細線，一点鎖線）である。前述したように，目から物体までの距離が変わると，光軸に平行に入ってくる光路（図3の太線）は変化しないが，レンズの中心に入る光の角度は変化する。すなわち，視角の変化がダイレクトに網膜上の像の大きさの変化に結びつくのである。ところで，網膜上での結像位置のずれは無視できるとしても，図から明らかなように像の大きさは視角（θ）ではなく視角の正弦（$\tan\theta$）に依存する。しかし，人間の有効な視角は12°であることと，物体の大きさの10倍程度も距離が離れてしまうと$\theta \fallingdotseq \tan\theta$の近似が十分成立することから，視角の変化と網膜上の像の大きさの変化とを同等に扱うことができるのである。

3　虫眼鏡の虚像と網膜上の像

　目から物体までの距離が変わらなくても，虫眼鏡による観察のように，間にレンズを1枚入れると拡大された像が見える場合がある。教科書では「虚像」が見えるという表現が主であるが，見えているからには網膜上で像を結んでいるのである。レンズの有無で像がどのように変わるのか考えよう。図5に示すように物体，レンズ1（虫眼鏡），レンズ2（角膜，水晶体）を配置する。虫眼鏡が無い場合の光路2本は細線で示すようにレンズ2後方の一点で集まりここに結像する。虫眼鏡を置いた場合の光路は太線で示すように若干異なる位置に像を結ぶ。それぞれの像の大きさを比べると虫眼鏡を使った場合の方が大きくなっていることが判る。つまり，虫眼鏡を通すと，無い場合よりも実際に大きな像が網膜上に投影されるので大きく見えるのである。虫眼鏡の有無により結像位置が異なりピント調整が必要なことは，実際に虫を観察しながら虫眼鏡を出し入れすることにより容易に実感できる。

　さて，この像と虚像との関係を考えてみよう。図5と同じ配置で虚像を描くと，図6の太線のようになる。ここで，2枚レンズの光路（細線＋太線）と併せて見ると，レンズ1を通過後の光路がぴったり重なることが判る。これは，虚像が「虫眼鏡が無い場合にあたかも存在するように見える像」なので当たり前のことだが，"見える"ということは，実際に網膜上にそれに対応する像を結んでいるのである。つまり，「虚」というのはあくまでも我々の感覚の問題で，実際，物理的には2枚のレンズがあることにより，より大きな像が網膜上にできているのである。ちなみに，虚像の端から目の中心を通る線（図の2点鎖線）を引くと網膜上の像の端を通過することから，虚像の場合も網膜上の像の大きさと視角の大きさとが良く対応していることが判る。

4　学習内容のポイント

1．物体上の異なる点から出た光が，網膜上の異なる点に結像することにより形状が判る。
2．物体の大きさや，目から物体までの距離により，網膜に結ばれる像の大きさが変わる。
3．虚像も見えているからには網膜上で結像している。

5 授業に役立つ図・表

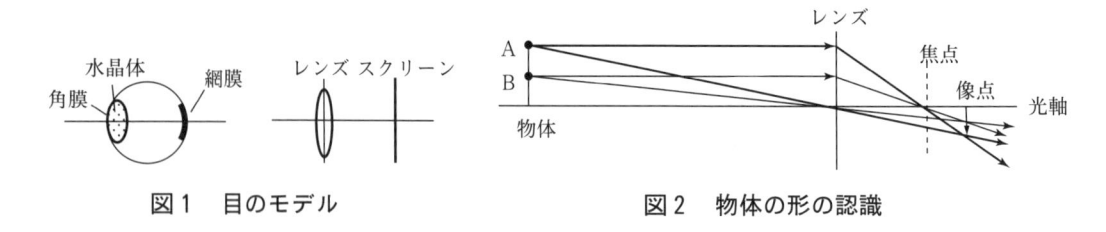

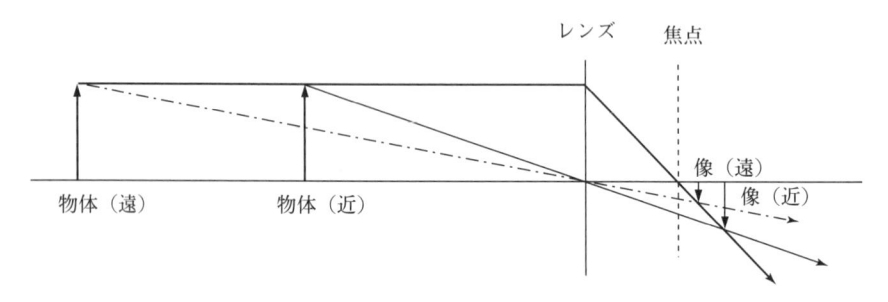

図1　目のモデル

図2　物体の形の認識

図3　距離と網膜上の像の大きさとの関係

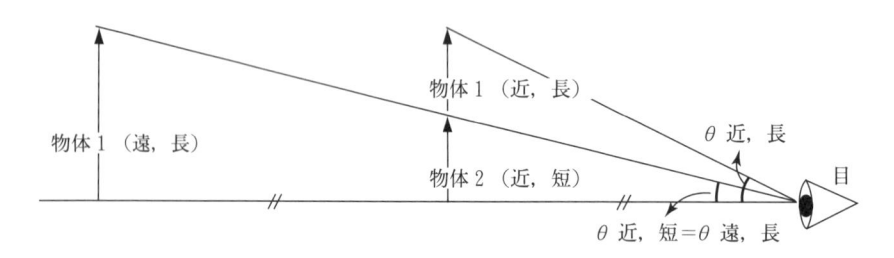

図4　視角による距離と大きさとの関係

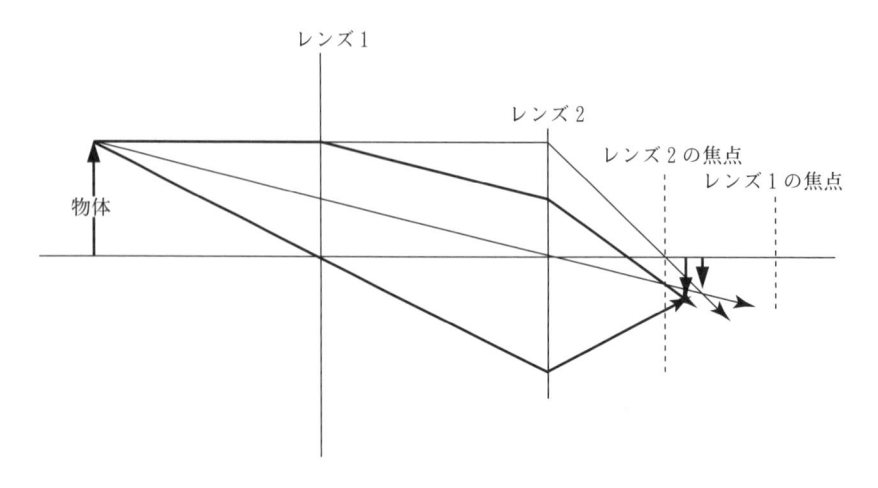

図5　虫眼鏡を用いた場合の光路

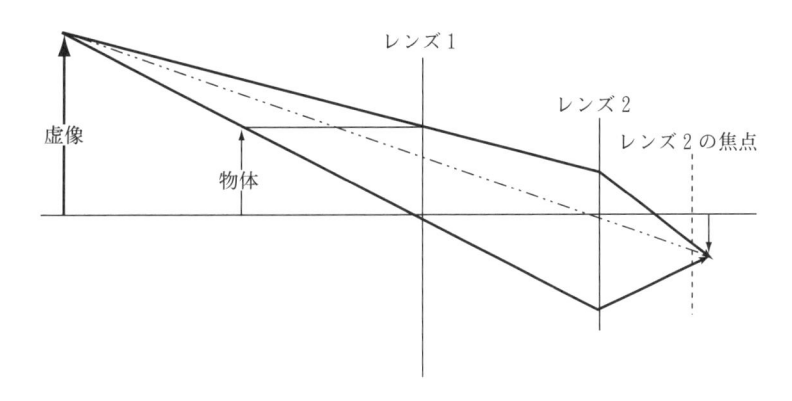

図6　虚像と網膜上の像との関係

6 テーマに関連したトピック　～任意の角度でレンズに入ってきた光の進路～

　本稿ではレンズを通過する光路を「レンズの中心に入ってきた光は直進する」，「光軸に平行な直線は後方の焦点を通る」という二つの規則を用いて作図しているが，これらの規則だけでは図5のような2枚レンズ系の作図はできない。レンズを通過した後の光の進み方を決めるルールは実は一つで，その作図法は次のようになる。(1)レンズの中心から入射光と平行な線を引く（下図の線①）(2)後方の焦点を含み光軸に垂直な線を引く（線②），(3)レンズに入った光は線①と線②の交点を通り直進する，というものである。よく使われる，上記二つ＋「前方の焦点を通過した光はレンズ通過後光軸に平行になる」という表現はこれの特殊な場合である。この規則を用いると，任意の角度でレンズに入った光を取り扱うことができ，レンズが何枚あっても光路を追跡することができる。

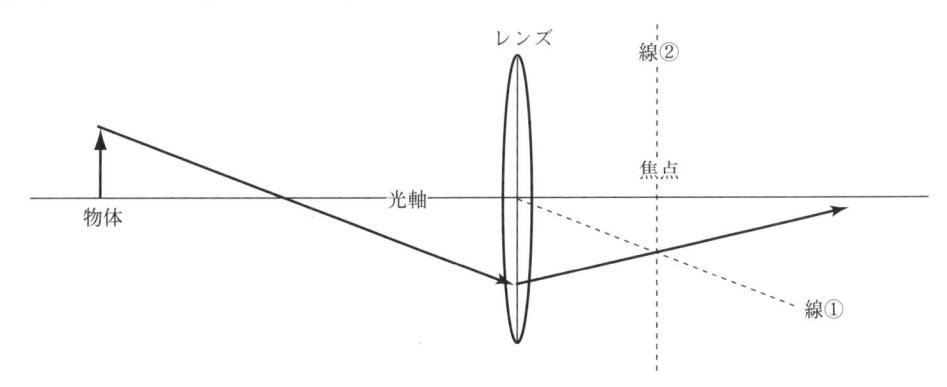

図　任意の角度の光路の作図

文献ナビ

① 「光学のすすめ」編集委員会編（2003）『見て・触って・考える　光学のすすめ』オプトロニクス社
　　レンズの光学系の解説。

（南　伸昌）

⇒ 関連題材 11・15・17

題材
16
パラボラアンテナと太陽熱調理器は反射集光器
光の反射と屈折の法則

1 学習指導要領とのつながり

高等学校物理Ⅰ　(2) 波　イ 音と光　(ウ) 光の伝わり方
（中学校理科　第1分野　(1) 身近な物理現象　ア 光と音）

2 題材と日常現実社会のなかでの活用場面―産業・人とのつながり―

　放物面を鏡面とする反射では，その中心軸に平行な光線は反射後には一点（焦点）を通ることになる（図1）。この焦点に調理鍋を置くことにより，太陽光による熱を調理に使う太陽光調理器は電力および燃料の無い地域での環境に優しい調理器となる。電波の中で波長の特に短い電磁波を超短波あるいは極超短波と呼び，光に性質が似ている。したがって，発信源を見通すことができる位置に受信アンテナを設置し，電波を集めるために放物面を反射面とするアンテナを使うことにより，その焦点で効率よく電波を受信できる。このようなアンテナをパラボラアンテナと呼び，パラボラとは放物線を言う。異なる媒質の界面での光の屈折も放物面等による光の反射も，光が最も速く到達する経路を採る結果である。光の性質の学習は太陽光の有効利用あるいはアンテナの設計にも活用されている。

3 題材の解説

1 光の反射の法則

　光が一様の媒質中ではまっすぐ進むのは，直進することが最も短い時間で到達する経路になるためである。図2の点Aから出た光が鏡面L上のOで反射し，点Bに到達したとする。光の速さが一定であるので，経路A→O→Bでの到達時間が最小となるには，経路A→O→Bの距離が最小となる。鏡面Lを対称面とする点Bの対称点をB'とすれば，経路A→O→Bの距離と経路A→O→B'の距離が等しい。したがって，AOB'が直線となる経路が最も短いので，これが直線となる経路が光の最も速く到達する経路である。直線BB'が鏡面と交わる点をCとすれば，B'は鏡面L上にBと対称の位置にとったので，BC = B'C および ∠BCO = ∠B'CO = ∟（直角）である。また，COは共通であるので，△BCO ≡ △B'COである。したがって，∠BOC = ∠B'OCである。点Oから鏡面に垂線MOM'を立てれば，∠AOM = ∠B'OM' = ∠BOMとなる。∠AOMを入射角（θ_A）と呼び，∠BOMを反射角（θ_B）と呼び，入射角と反射角は等しいことが導かれた。

　次に，放物面を鏡面として，その中心軸に平行に入射した光はある一点に集光することを導く。定直線Lへ降ろした垂線PHの長さと，L上にない定点Fからの距離が等しい点P(FP = PH)の軌跡を放物線と呼び，Fを焦点，Lを準線と呼ぶ（図3）。また，焦点Fを通り，直線Lに垂直な直線を中心軸と呼ぶ。点Pの直線L上への垂線（中心軸に平行な直線）がLと交わる点をHとして，その反対側に点Qを取れば，PH = PFであるので，光の経路Q→P→Fは経路Q→P→Hと距離が等しい。経路Q→P→Hが直線であれば，経路Q→P→Fは光が最も速く到達する経路である。すなわち，放物線を鏡面として，その中心軸に平行に入射する光は，焦点Fを通ることが導かれた。

2 光の屈折の法則

　一般的に，2つの空間（媒質）の境界面（界面と呼ぶ）で光は屈折し，その度合いは物質により異

なる。図4の点Aから出た光が界面の点Oで屈折し，点Aと界面の反対側のBに到達したとする。すなわち，光の経路はA→O→Bであり，入射角および屈折角はそれぞれθ_Aおよびθ_Bとする。また，点Aから界面に垂直に降ろした垂線をACとし，点Bから界面に垂直に降ろした垂線をBDとする。ここで，OC＝xとして，経路A→O→Bの所要時間tを考察する。AC＝a，BD＝bおよびCD＝cとすれば，AOおよびBOは次式で与えられる。

$$AO = \sqrt{a^2 + x^2} \tag{1}$$
$$BO = \sqrt{b^2 + (c-x)^2} \tag{2}$$

界面を境にして，A側およびB側での光の速さをそれぞれc_Aおよびc_Bとすると，経路A→O→Bの所要時間tは次式で与えられる。

$$t = t(x) = \sqrt{a^2+x^2}/c_A + \sqrt{b^2+(c-x)^2}/c_B \tag{3}$$

経路A→O→Bの所要時間は光が屈折する点であるOの位置によって異なる。経路A→O→Bの所要時間が最小となる経路を求めるには，上式の変数xに関する微分係数(dt/dx)を零とすればよい。

$$\frac{dt}{dx} = \frac{x}{c_A\sqrt{a^2+x^2}} - \frac{(c-x)}{c_B\sqrt{b^2+(c-x)^2}} = 0 \tag{4}$$

式(4)から次式を得る。

$$\frac{c_A}{c_B} = \frac{x/\sqrt{a^2+x^2}}{(c-x)/\sqrt{b^2+(c-x)^2}} = \frac{\sin\theta_A}{\sin\theta_B} = n \tag{5}$$

式(5)は，屈折の法則（スネルの法則）と呼ばれ，媒質Aを真空（あるいは空気）とした場合にnを媒質Bの屈折率と呼ぶ。真空中（空気中の速さは，真空中に比較して3×10^{-5}小さいだけである）の光の速さcは，$c = 3.00\times10^8$ m/sであるが，水の中での光の速さc_Bは，$c_B = 2.25\times10^8$ m/sである。したがって，水の屈折率nは$n = 1.33$となる。

ガラスおよび水などの物質中では，長波長（赤色）の光の速さが短波長（紫色）の光の速さより大きいので，赤色に対する光の屈折率は紫色（短波長）に対する屈折率より常に小さくなる。したがって，図5のようにプリズムを通った白色光（太陽光）は，色のついた帯を作る（分散と呼ぶ）。この色の帯をスペクトルと呼び，光が波長で分けられた（分光）ことになる。このような光の分散は，透明な物質に共通な性質である。

4 学習内容のポイント

1．光は最も速く到達する経路を採るので，一様な媒質中では光は直進する。
2．光が反射するときには，その入射角と反射角が等しい。
3．放物面を鏡面として，その中心軸に平行な光は一点（焦点）に集光する。
4．光の速さの異なる境界面では，速い媒質中での経路を長く採るために，光は屈折する。その屈折率は，2つの媒体中での光の速さの比で与えられる。

5 授業に役立つ図・表

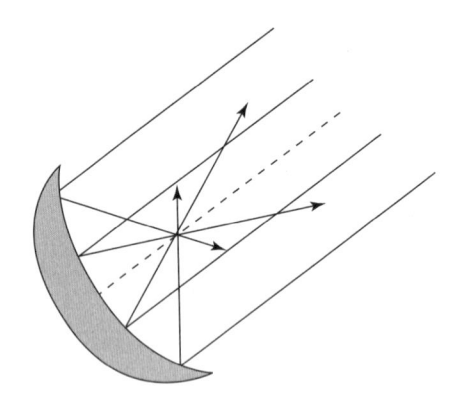

図1　放物面を鏡面とするパラボラアンテナあるいは太陽光調理器

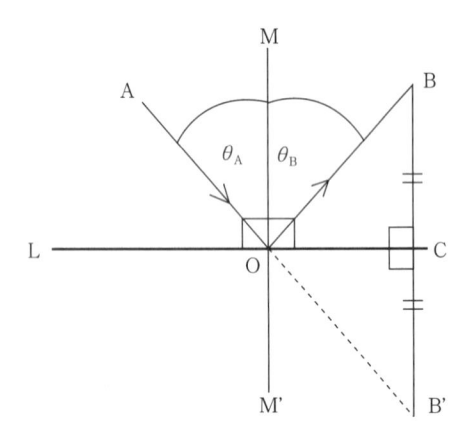

図2　鏡による反射と最も速い経路A→O→B（反射の法則）

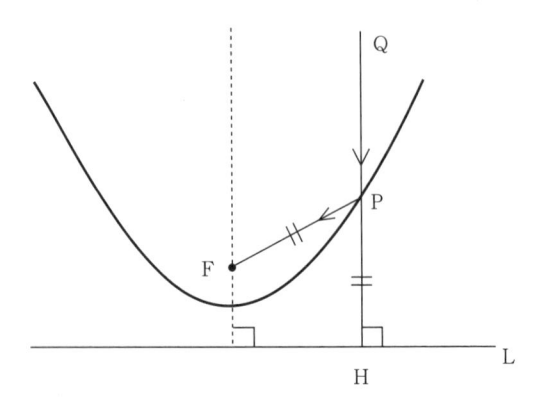

図3　放物線の中心軸に平行な入射光の焦点（F）への集光

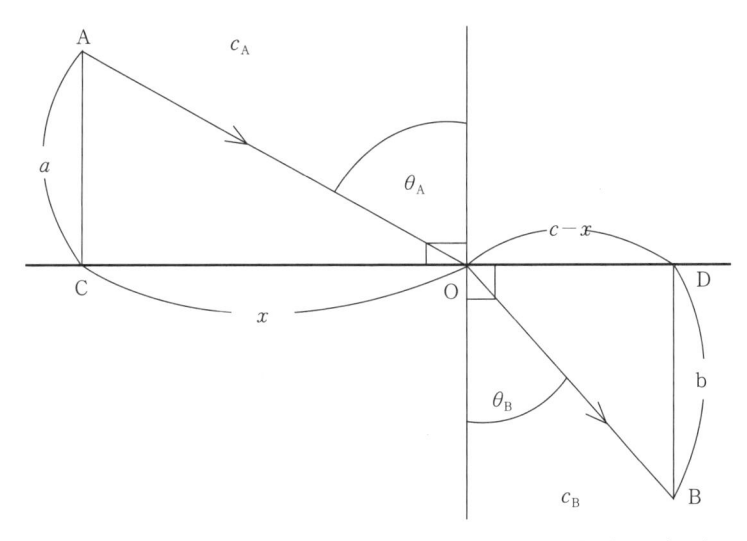

図4　界面での光の屈折と最も速い経路A→O→B（屈折の法則）

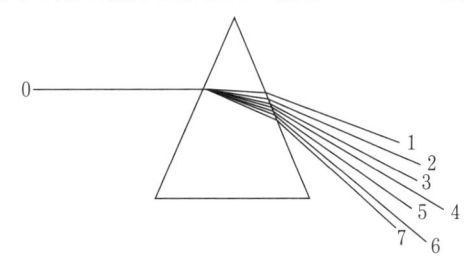

図5　波長によって屈折率が異なることによる光の分散
0：白色，1：赤，2：橙，3：黄，4：緑，5：青，6：藍，7：紫

6 テーマに関連したドリル

【問題1】

図4で屈折率の大きな媒質Bから屈折率の小さい媒質Aに光が屈折する場合（B→O→A）には，入射角（θ_B）が大きくなると，屈折角（θ_A）が90°になる。したがって，光は屈折率の小さな媒質へ出られないことがあり，これを全反射と呼ぶ。屈折率$n = 1.414$の媒質Bから屈折率$n = 1$の媒質A（空気中）への入射角（θ_B）が何度以上であれば全反射するか。

【問題1の解答】

式(5)から次式を得る。

$$\frac{\sin \theta_A}{\sin \theta_B} = \frac{1}{\sin \theta_B} = 1.414 = \sqrt{2} \tag{6}$$

上式より，$\theta_B = 45°$を得る（臨界角と呼ぶ）。すなわち，45°以上の角度で入射すれば，全反射する。

文献ナビ

① 「光通信のなぞ」http://jvsc.jst.go.jp/live/kagaku/nazo/na-11_5.htm，2005年8月2日検索
　光の全反射を利用した光ファイバーの原理とそれを使った通信の歴史と原理の易しい解説

（鈴木　勲）

⇨ 関連題材 **15**・**16**

題材 17 目にくっつけてピント合わせをする虫めがね
凸レンズによる拡大倍率

1 学習指導要領とのつながり
高等学校物理Ⅰ　(2) 波　イ 音と光　(ウ) 光の伝わり方
中学校理科　第1分野　(1) 身近な物理現象　ア 光と音

2 題材と日常現実社会のなかでの活用場面―産業・人とのつながり―
　虫めがねは，観察する試料をその焦点の内側におき，その虚像を見る凸レンズである。その際，虫めがねを目にくっつけて試料との距離を変化させながらピント合わせをする。試料を動かすことができれば，試料を動かしてピント合わせをする。しかし，木の上の虫を観察する場合であれば試料を動かすことができないので，虫めがねを目に付けたまま体全体を動かして，ピント合わせをする（図1）。虫めがねのこのような不自然なピント合わせは，その拡大倍率が虫めがねと目の距離が短いほど大きいためである。この原理は，宝石鑑定士あるいは時計修理士等の使用する凸レンズの使い方でもある。彼らは凸レンズを目にくっつけて試料を観察する。レンズの学習は，身近な虫めがねの使い方に活用されている。

3 題材の解説
1　凸レンズによる屈折
　図2のように，凸レンズの中心Oを通る中心軸（光軸）AOBに平行な光が，レンズとの交点Dにおいてレンズに入射する光を考察する。直線CDを通る光はレンズ上の点Dで屈折してそのレンズの反対側のレンズ面との交点Eで再び屈折して，点Fで光軸と交わるとする。点Dでの曲面の中心（曲率中心）をR_1とすれば，最初の屈折はR_1Dを通る直線R_1DGに垂直な面（点Dでレンズに接する平面）上の点Dでの屈折とみなすことができる。OR_1を曲率半径と呼ぶ。この凸レンズの屈折率をnとすれば，屈折の法則は，$\sin \angle CDG / \sin \angle EDR_1 = n$，で与えられる。同様に，点Eでの曲面の中心（曲率中心）をR_2とすれば，2回目の屈折はR_2Eを通る直線R_2EHに垂直な面（点Eでレンズに接する平面）上の点Eでの屈折とみなすことができる。屈折の法則は，$\sin \angle DER_2 / \sin \angle FEH = 1/n$，で与えられる。レンズに厚さがあるので，凸レンズを通る全ての平行光線が一点には集まらない。すなわち中心軸から離れて通る光の焦点距離が短くなる（球面収差と呼ぶ）が，曲率半径を調整して中心軸に近い光を一点に集める工夫をする。

2　実像と虚像
　凸レンズの焦点の外側に試料として光源を置くと，その反対側に光が集光する。凸レンズを挟んだ光源の反対側に白紙を置くと，ある位置でピントのあった上下左右が逆となった像を結ぶ。この場合には，その像上で異なる複数の光の経路が交わり，実際の光の経路の交点上にできる像であるので，実像である。また，図3のように目Eで光源ABを直接見る場合には，光は実際にA→EおよびB→Eの経路で目Eに届くので，当然実像を見ている。ただし，図3のような鏡MM'を通して見る像A'B'は，鏡面MM'を対称面とする光源ABの対称な位置にある。実際の光の経路は，A→A"→EおよびB→B"→Eの経路であるが，あたかもA'B'から光を発して，A'→A"→EおよびB'→B"→Eのように見えるの

で，像A'B'を虚像と言う。A'→A"およびB'→B"は実際の光の経路ではなく，それぞれE→A"およびE→B"を逆方向に延長した見かけの経路に過ぎない。またその見かけの大きさは，∠A'EB'で判断される。

3 虫めがねによる試料の観察

ここでは，簡単のために厚さが無視できるうすい凸レンズ（焦点距離がどこでも同一）による像を考察する。凸レンズ（虫めがね）で試料を拡大して観察するには図4のように試料CAを焦点距離OF'の内側に置き，その虚像DBを試料と反対側の位置にある目Eで見る。すなわち，光の経路はC→G→F，C→H→EおよびC→Oであるが，あたかも光の経路がD→G→F，D→H→EおよびD→C→Oのように見える。すなわち，D→G，D→HおよびD→Cは実際の光の経路ではなく，F→G，E→HおよびO→Cを延長した光の見かけの経路に過ぎないので，像DBは虚像である。

凸レンズと試料との距離AOを変化させ，目と虚像の距離BEが鮮やかに見える距離d（明視距離と呼ばれ，眼のレンズで屈折して網膜上に像を結ぶ場合の眼との距離）に合わせる操作をピント合わせと呼ぶ。倍率mは，虚像の大きさDBと試料の大きさCAの比であるので，次式で与えられる。

$$m = \frac{\mathrm{DB}}{\mathrm{CA}} \tag{1}$$

ここで試料CAの反対側の焦点をFとすれば，△FGOと△FDBは相似であるので，次式を得る。

$$m = \frac{\mathrm{DB}}{\mathrm{CA}} = \frac{\mathrm{DB}}{\mathrm{GO}} = \frac{\mathrm{FB}}{\mathrm{FO}} \tag{2}$$

ピント合わせは，虚像と目の距離を明視距離dに合わせるので，この虫メガネの焦点距離をf（FOの距離）とすれば次式を得る。

$$\mathrm{FB} = \mathrm{FO} + \mathrm{OB} = \mathrm{FO} + \mathrm{EB} - \mathrm{EO} = f + d - \mathrm{EO} \tag{3}$$

すなわちピントが合った場合の倍率mは，式(2)に式(3)を代入して次式を得る。

$$m = \frac{\mathrm{FB}}{\mathrm{FO}} = \frac{f + d - \mathrm{EO}}{f} = \{1 + \frac{d - \mathrm{EO}}{f}\} \tag{4}$$

したがって，ピントが合った場合の虫めがねの倍率mは目と虫めがねの距離EOが小さいほど大きくなる。虫めがねの最大倍率m_0は虫めがねを目にくっつけた場合（EO＝0）に得られ，次式で与えられる。

$$m_0 = \{1 + \frac{d}{f}\} \tag{5}$$

4 学習内容のポイント

1．光源からの実際の光の経路上に集まる光によってできる像を実像と呼ぶ。
2．光源からの光が反射・屈折する場合に，光が直進すると見なした場合にあたかも光源のように見える場合の見かけの光源を虚像と呼ぶ。
3．凸レンズで試料を拡大して見るには，目を凸レンズにくっつけて，試料を焦点距離の内側に置いて試料と凸レンズの間隔を変化させて良く見える位置を探す（ピント合わせをする）。
4．凸レンズによる拡大倍率は，その焦点距離が短いほど大きく，また目を凸レンズから離すと拡大倍率は小さくなる。

5 授業に役立つ図・表

図1　虫眼鏡による虫の観察の際のピント合わせ

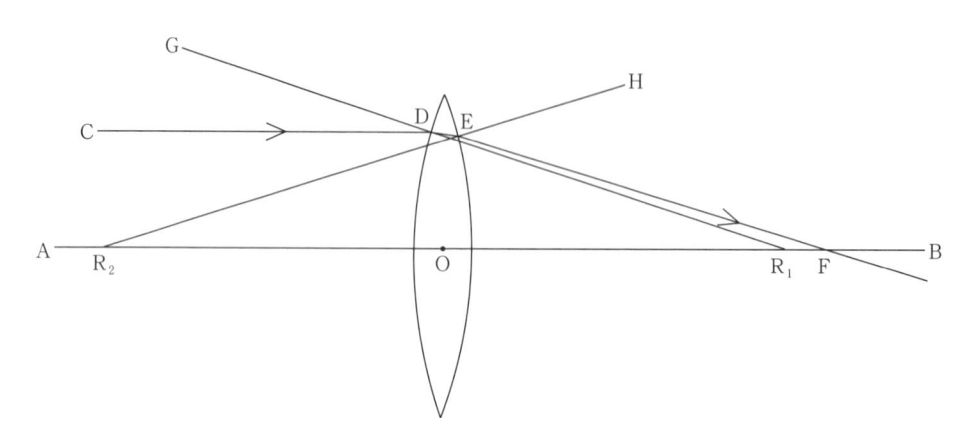

図2　両面湾曲凸レンズによる中心軸に平行な光の屈折

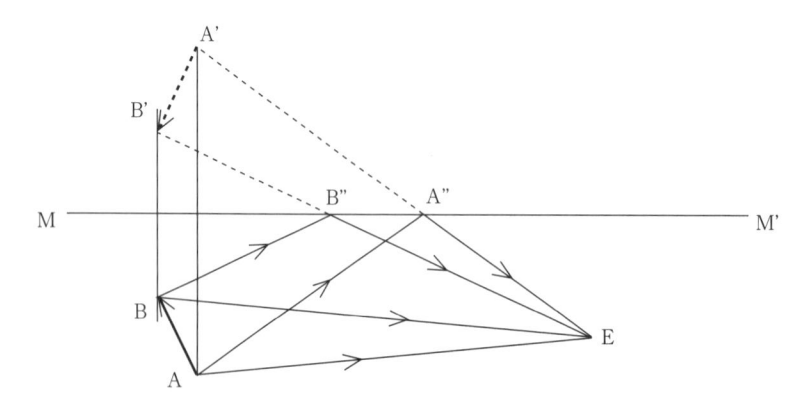

図3　鏡による虚像の観察

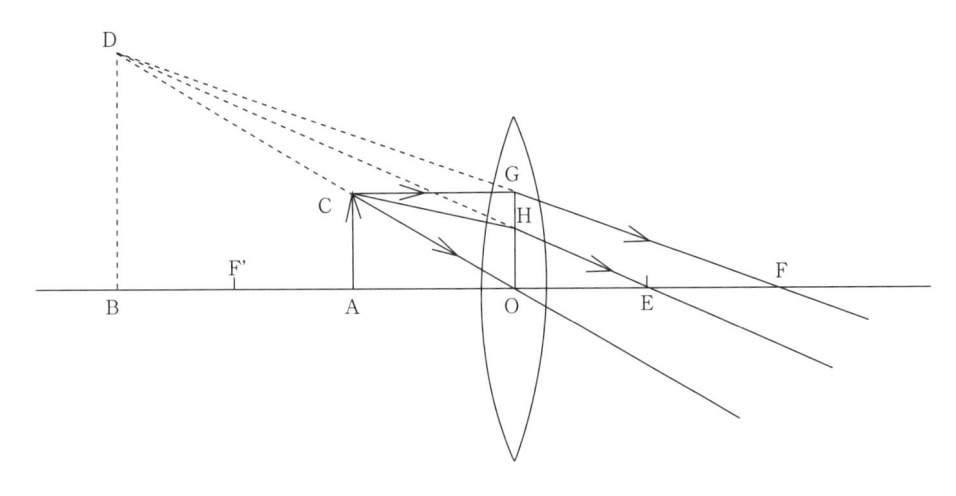

図4 虫めがねによる虚像と拡大倍率

6 テーマに関連したドリル

【問題1】
　図2から，焦点距離（長さOF）と屈折率nおよびレンズの曲率半径（簡単のために，$R_1 = R_2$としよう）R_1との関係を考察しよう。
(1)　屈折率nが大きくなると，焦点距離（長さOF）は長くなるか，短くなるか。
(2)　曲率半径R_1が大きくなると，焦点距離（長さOF）は長くなるか，短くなるか。

【問題1の解答】
(1)　屈折率nが大きくなると，点Eは中心軸に近くなり，また点Eでの屈折も大きくなるので，焦点距離は短くなる。
(2)　曲率半径R_1が大きくなると，点Dでの入射角∠CDGが小さくなるので，屈折角∠EDR_1も小さくなる。同様に曲率半径R_1（$= R_2$）が大きくなると，点Eでの入射角∠DER_2が小さくなるので，屈折角∠FEHも小さくなる。したがって，レンズの曲率半径が大きくなると，焦点距離は長くなる。

文献ナビ

① 「高校生のための光学設計講座（第3回）」http://www.rnac.ne.jp/tomoyu/hgopt/co20c.htm，2005年6月20日検索
　　うすい両凸レンズによる屈折とそれに伴うレンズの焦点距離の求め方を解説

（鈴木　勲）

⇒関連題材 15・16

題材 18 砂は濡れると黒くなる
物質の界面と光の反射

1 学習指導要領とのつながり
中学校理科　第1分野　(1) 身近な物理現象　ア　光と音
高等学校物理Ⅰ　(2) 波　イ　音と光　(エ) 光の回折と干渉

2 題材と日常現実社会のなかでの活用場面―産業・人とのつながり―

　真っ白な砂浜，とまではいかないが，砂場の砂も乾いていると白く見える。しかし，砂遊びをしようと水をかけると黒っぽくなってしまう。また，紙が濡れると濡れたところの色調は暗転する。ここには二つの「何故？」がある。一つは乾いた砂や紙が白く見える理由だ。これは，雪や雲，塩，砂糖などが白く見えるのと同じで光の乱反射による。もう一つは，濡れると黒くなる理由で，これは，濡れることによる反射率の変化による。このような疑問は大人になるまでに忘れ去られている類のものではあるが，乱反射は曇りガラスなどによる適度な採光と視野遮蔽に，また塗膜による反射率の変化は反射防止膜など，日常現実の場面に活用されている。

3 題材の解説
1 光の色

　波長400―800 nmの電磁波は人間の目の神経細胞で知覚することができ，それらを総称して可視光という。日本では可視光は波長に応じて赤橙黄緑青藍紫7色に区別されるが，藍と青の違いはそれほど明確ではない。複数の色が混じり合うと単独の色とは異なる刺激を視神経に与え，桃色，水色など，更に異なった色として認識される。いろいろな色がいろいろな割合で混じり合うことにより多種多様な色ができている。白という色は少し特殊で，全ての色が混じり合うと白と認識される。これは，我々人類が生まれてこの方ずっと光源として太陽のお世話になっていることと深い関連がある。太陽光の波長分布のうち可視光は大きな割合を占めているが，これは，我々が太陽光の下で進化していくうちに，太陽光を効率よく検出し分類できるよう視神経が発達したためである。したがって，可視光を全部集めると「太陽光の色」＝「白色」になるのである。

2 乱反射と光の色

　乱反射により白く見えるものには，塩，砂糖，雲，白砂，曇りガラスなど，いろいろなものがあるが，原理は共通なので，ここではガラス板を例に取り説明する。普通のガラス板を見てみると，面と見る方向に依存してガラス越しの風景や表面で反射した風景が見える。これは，風景から発した光がガラスに当たり，その入射角に応じて透過光や反射光として目に入って来るからである。このうち，反射光に絞って話を進める。ガラス表面を微小領域に分割して考えた場合，隣り合う微小表面から反射してくる光は周囲の風景の中でも隣り合う領域から発せられた光となり，見える風景の形状や色はほとんどそのままである（図1）。ガラス板の表面に細かい凹凸をつけるとどうなるだろうか。凹凸の一つ一つはいろんな方向を向いた小さなガラスの面と考えられる（図2）。このガラス表面で反射して目に入ってくる光について考えよう。それぞれの微小面で反射した光が目に入ってくるのであるが，微小面の向きがランダムなので，平坦なガラス面の場合とは異なり，隣り合う微小表面から目に

入ってくる光の出所には相関が全くない。したがって，凹凸が大きいときにはランダムなモザイク模様のように見えるが，凹凸が小さくなっていくと目の分解能が追いつかなくなり複数の微小面からの光を一つの光として認識するようになる。通常，身の回りには様々な色のものが存在する。つまり，全ての色の光源がランダムに存在しているようなものである。複数の色の光がランダムに混じり合うと白として認識されるので，結局，面全体から白色光が目に入ってくることになる。極端な環境の下では，いつも白に見えるのではなく，周囲の色（光源）の偏り具合に影響を受ける。赤色光源下では当然赤くしか見えないし，磨りガラスに物体を近づけるとその物体の色を反映した色に見えるのである。

透過光の場合も反射光と同様で，一つの光源から出た光は透過後様々な方向に向かって出ていく。したがって，ガラス上の1点から目に入ってくる光は複数の光源から発した光が混じり合ったもので，白色光として認識されるのである。

3　濡れた砂の色

砂場や海で砂を濡らすと黒っぽくなる。また，白い雑巾や紙なども濡れると黒っぽく色が変わり，濡れている所が目で見て判別できる。しかし，白いプラスチック板などは濡らしてもほとんど色は変わらない。このように，乱反射により白く見えているものは水などで濡らすことにより黒っぽく変化する。この理由を，ここでも磨りガラスを例に取り説明する。

平らなガラスの表面に光が垂直に入射すると大部分は透過するが一部は反射する。反射は異なる屈折率を持つ物質の界面で生じ，屈折率n_1の物質中で屈折率n_2の物質の平滑面に垂直に入射する光の反射率は次式で表される（文献ナビ②）。

$$(n_2-n_1)^2/(n_2+n_1)^2 \tag{1}$$

この式から屈折率の差が大きい物質の組み合わせほど，界面における反射率が大きくなることが判る。空気の屈折率は1，ガラス（パイレックス）の屈折率は1.47，水の屈折率は1.33であるので，それぞれの界面での反射率は式(1)から，空気―ガラス：0.036，空気―水：0.020，ガラス―水：0.0025となり，ガラス―水界面の反射率が他の界面に比べて一桁小さくなる。

これらを磨りガラス表面での乱反射に適用してみよう。濡れる前は空気―ガラス界面で光は反射されていたが，濡れることにより界面はガラス―水へと変化する（図3）。それにより光の反射率は10分の1以下に落ちてしまうのである。そして，新たに形成された空気―水界面は，反射率は0.020とそれほど小さくはないが，ガラス表面に比べると平滑な構造をしているので乱反射の度合いが著しく落ちている。つまり，反射率の低下が目に入ってくる光の強度の低下に繋がり「黒っぽく」見えるのである。

磨りガラスやガラスビーズなどの透明な物質では，反射率が落ちると透過率が上がり透過光強度が増大する。これは，磨りガラスを濡らすとガラスの向こう側が透けて見えるようになることからも実感できる。砂や布など元来透明ではない物質は，濡れると反射光の強度のみが減少し黒っぽく見えるだけである。

4　学習内容のポイント

1. 乱反射により白く見えるものは水濡れなどで表面の状態が変わると色が変化する。
2. 乱反射により互いに相関のない色の情報が一点に集まるので白く見える。
3. 水で濡れることにより凹凸な界面での反射率が低下し色調が暗くなる。

5 授業に役立つ図・表

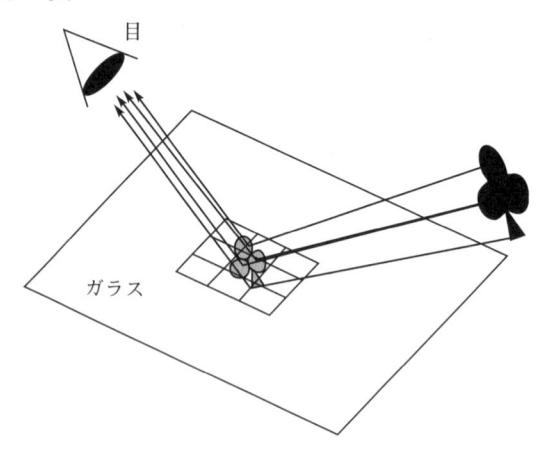

図1 平らなガラスによる反射

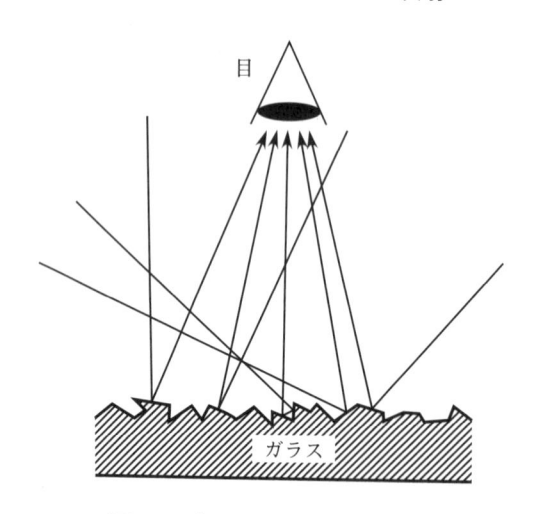

図2 ガラスの凹凸面での反射

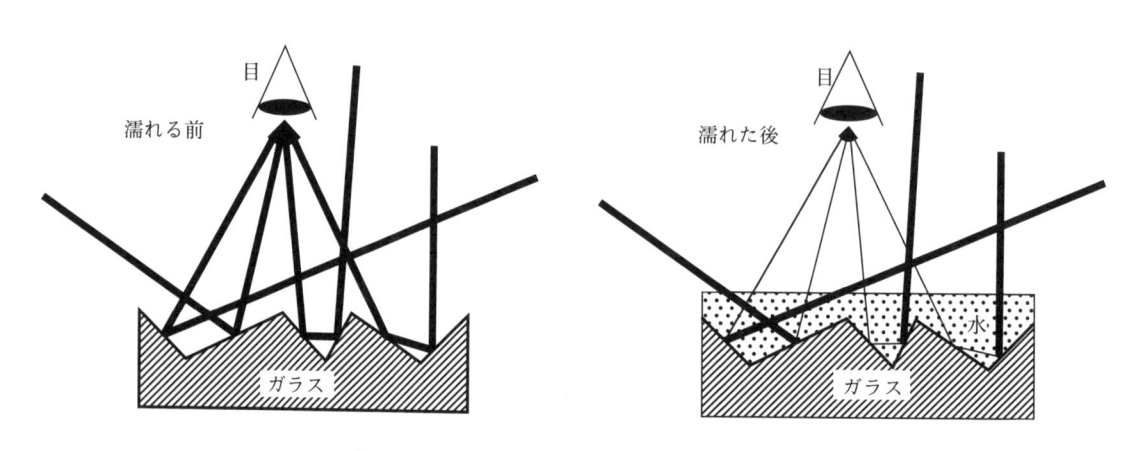

図3 凹凸面が水で濡れる前後での反射光の強度変化

6 テーマに関連したトピック ～反射率の入射角依存性～

式(1)は垂直入射の場合の屈折率と反射率との関係を表す。しかし、ガラス表面を斜めから眺めると判るように、反射率は入射角に大きく依存する。しかも、その依存の仕方は偏光（光の振動面の方向）によって異なる。振動面が入射面に平行な光をP波、垂直なものをS波とする。屈折率n_1の媒質からn_2の媒質へ入射したときの入射角（＝反射角）をθ_1、屈折角をθ_2とすると、ここでは、天下り的に導入するが、それぞれの光の反射率（R_P, R_S）は次式で表される。

$$R_P = \left| \frac{n_1 \cos \theta_2 - n_2 \cos \theta_1}{n_1 \cos \theta_2 + n_2 \cos \theta_1} \right|^2, \quad R_S = \left| \frac{n_1 \cos \theta_1 - n_2 \cos \theta_2}{n_1 \cos \theta_1 + n_2 \cos \theta_2} \right|^2 \tag{2}$$

ここで、屈折の法則（$n_1 \sin \theta_1 = n_2 \sin \theta_2$）から$\theta_2$を消去して、$R_P$, R_Sのθ_1依存性をグラフにすると下図のようになる。

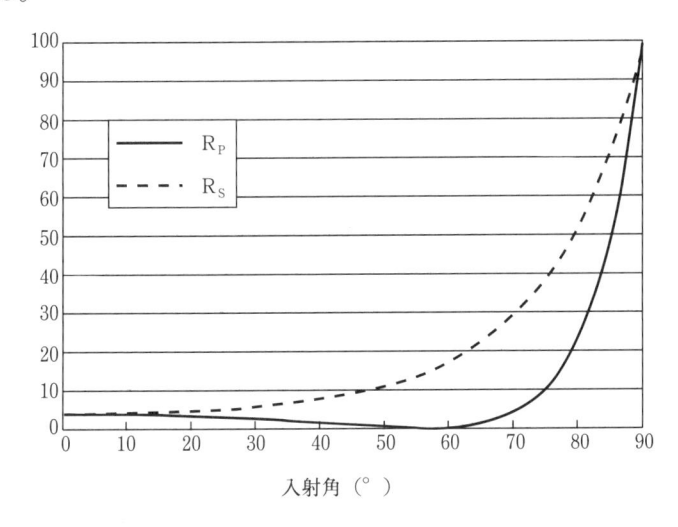

図　反射率の入射角依存性（$n_1 = 1$, $n_2 = 1.5$）

入射角が大きくなると、ある角度から急激に反射率が上昇することがグラフからも見て取れる。なお、55°付近で$R_P = 0$となるなど、全体的にP波の強度が低い。つまり、S波をカットすれば反射光を抑制できることになる。このことは、反射光のぎらつきを抑える写真用の偏光フィルターやサングラスなどに活用されている。

文献ナビ

① http://members.jcom.home.ne.jp/3111223201/hitorisizuka.htm, 2005年8月9日検索
　土が濡れると黒くなる理由の解説。

② http://www.tagen.tohoku.ac.jp/labo/arima/lecture/spectroscopy/refraction.html, 2005年8月9日検索
　反射率と屈折率、入射角との関係。

（南　伸昌）

⇒関連題材 26

題材
19 **タイヤに働く抵抗力は？**
転がり抵抗と表面の状態

1　学習指導要領とのつながり
中学校理科　第1分野　(5) 運動の規則性　ア　運動の規則性
（高等学校物理Ⅰ　(3) 運動とエネルギー　ア　物体の運動　(ア) 日常に起こる物体の運動）

2　題材と日常現実社会のなかでの活用場面―産業・人とのつながり―
　物体を面上で押したり引いたりするときには動摩擦力が働く。物体を等速で運動させるためには動摩擦力に抗して力を加える必要がある。車輪を用いることにより摩擦力を大幅に減らすことができるが，等速で運動させるためには力を加え続けなければならない。ところが，このとき働く抵抗力は動摩擦力のように明瞭ではなく，生徒の「力を加える＝等速」という誤概念のもとにもなっている。また，台車が重くなると抵抗力が大きくなることも，動摩擦力との混同を生じさせる要因になっている。路面状態が悪かったり，タイヤの空気圧が低いと燃費が落ちることは自動車関係の書籍でよく目にする。車輪に働く抵抗力の正しい認識は，地に足の着いた省エネルギー対策に有効活用されている。

3　題材の解説
1　車輪の抵抗
　ころや車輪の発明は人類の歴史の中でも最大のものの1つである。動摩擦力は静止摩擦力より小さいが，車輪の使用によりそれより遙かに小さな力で重量物を運搬できるようになった。ところが，現実にはいくらよく回る車輪を用いても車はやがては止まってしまう。これはどこかで抵抗力が働き，運動エネルギーが徐々に減っていくためである。
　車輪に働く抵抗力のうち，イメージしやすいのは車軸周りの摩擦力である（図1(a)）。台を支えながら転がるためにはどこかで面どうしを接触させて滑らせる必要があり，動摩擦力が必然的に生じてくる。初期においては潤滑剤などが使用されたが，ベアリングの発明によりこの部分の抵抗は大幅に改善された。これは軸と車輪との間にもう一段車輪を組み込んだものである（図1(b)）。これにより，荷台から地面までを，動摩擦力を介することなく車輪の転がりだけで接続できるようになった。ところで，車輪だけだと抵抗力は生じないのだろうか。

2　自由車輪
　簡単のために車輪だけが転がる場合を考えてみよう。理想的に硬くて（変形しない）平らな面上を滑らずに転がる，理想的な平らな面で取り囲まれた硬い車輪を考える。これを自由車輪という。自由車輪でも，車輪が転がるためには車輪と地面との接点に摩擦力が働く必要がある（図2）。しかし，高校の物理でも取り扱うが，この摩擦力は動摩擦力ではなく静止摩擦力である。つまり，車輪の回転運動を並進運動に変換するためにのみこの摩擦力は機能し，スリップしない限りはそれが抵抗力として仕事をすることはない。したがって，静止摩擦力は働いてはいるが，このような理想的な条件下では車輪は永遠にその運動を維持するのである。

3　転がり抵抗　変形
　では現実の車輪に働く抵抗力とはどんなものだろうか。それは主に地面や車輪自身の「変形」に基

づくものである。地面が変形する場合を考えてみよう。図3(a)に示すように柔らかい地面に硬い車輪が乗っている状態を初めに考える。この状態では車輪は地面から左右対称の抗力を受けており（太線矢印），それら全部合わせたものが垂直抗力（大きい矢印）として車輪の重さを支えている。この車輪が右方向に動き出すと抗力はどうなるだろうか。理想的にゆっくり車輪が移動する場合は右側の地面を車輪が押して変形させていくが，左側の地面の復元力により車輪が押されエネルギーのロスはない。つまり，永遠に運動を持続する。しかし，一般に有限の速さで車輪を動かし地面を変形させるとき，前方に向かって車輪が地面を押すことにより後ろ向きの新たな抗力が生じ，全部足し合わせると前方の接点に上斜め後方向きの抗力が生じることになる（図3(b)）。そうすると，回転運動を維持するためにはこの接点を支点にして車輪の重心に力を加える必要があり（太線矢印P），これにより運動エネルギーを消費するのである。消費されたエネルギーは地面の変形を通じて熱として散逸していく。硬い地面の上で車輪が変形する場合も同様に考えられる。このことは，空気の抜けた自転車だと普段より疲れることや，空気圧が下がると自動車の燃費が悪くなることからも実感できる。また，ぬかるんだ道路や砂地では変形させた地面は復元力を全く持たず，変形に要したエネルギーは散逸するのみである。したがって，地面が柔らかいほど変形量が大きく抵抗力が大きくなるのである。草地を自転車で走るときなども同様である。このような抵抗を「転がり抵抗」という。

4　転がり抵抗と表面の凸凹

表面に凸凹があればそれだけで抵抗になるように思われる。理想的な表面の車輪を凸凹のある表面上で転がらせる場合を考えよう。なめらかに接続された硬い坂を上り下りする場合，坂を上るために運動エネルギーを位置エネルギーに変換する必要があるが，その位置エネルギーは坂を下るときに再び運動エネルギーとして戻ってくるので車輪はいつまでも進み続ける。滑らかでなくとも硬い凸を乗り越える場合にも同様に，回転エネルギーの一部が位置エネルギーに変換され，滑らかに落下できなかった場合は上下に弾みながら進行するようになるが全エネルギーは保存される。すなわち，変形が生じない場合には凸凹があったとしてもエネルギーのロスは生じないのである。ところで，現実的な系を考えてみると，どんなに硬い床に硬い球が落ちたときでも音がする。これは，衝突によりエネルギーが変形→振動→音・熱，という過程を経て失われていることを表している。また，凸凹自体が柔らかい場合には3の柔らかい地面と同様にエネルギーの散逸が生じる。従って，一般的には凸凹が多い方がエネルギーを散逸する機会が多くなり転がり抵抗は大きくなるのである。

5　転がり抵抗と動摩擦力

以上のように，車輪に働く抵抗力は地面や車輪の変形に起因するものが主である。車輪にかかる荷重が大きくなると変形量もそれに応じて大きくなるので，転がり抵抗は車の質量にほぼ比例して大きくなる。これは動摩擦力の性質と共通している。そのため，力学台車の質量を変えて力を加えた場合，台車の質量を大きくすると，「（慣性質量が大きくなるからではなく）動摩擦力が大きくなり速さが遅くなる」，という誤った理解を生むもとにもなっている。力と運動の講義や実験を行う前に，転がり摩擦を含めたいろいろな摩擦力について充分な導入講義を行うことが望まれる。

4　学習内容のポイント

1. 転がる車輪に働く抵抗力は地面や車輪自体の変形に起因する。
2. 表面の凸凹自体はエネルギーを変換するだけで損失は引き起こさない。
3. 転がる車輪において静止摩擦力は抵抗にはならない。
4. 転がり抵抗の認識が力学台車を用いた実験でも必要である。

5 授業に役立つ図・表

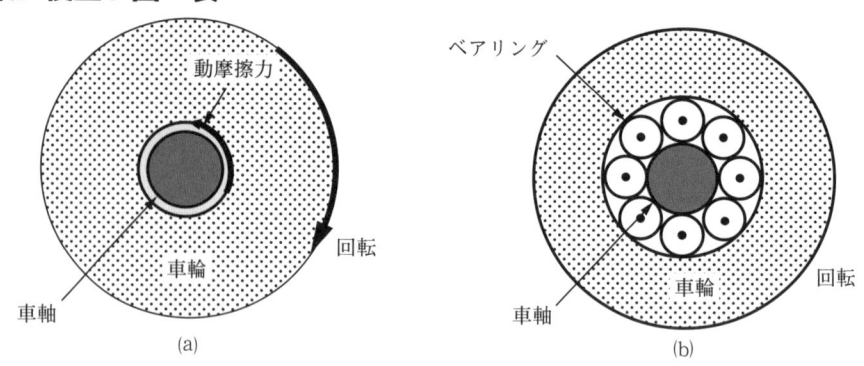

図1 車軸に働く抵抗

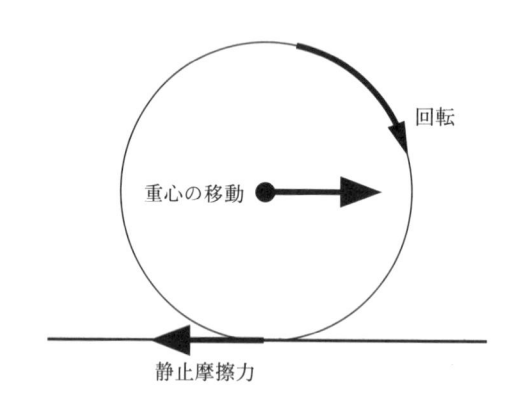

図2 自由車輪の運動

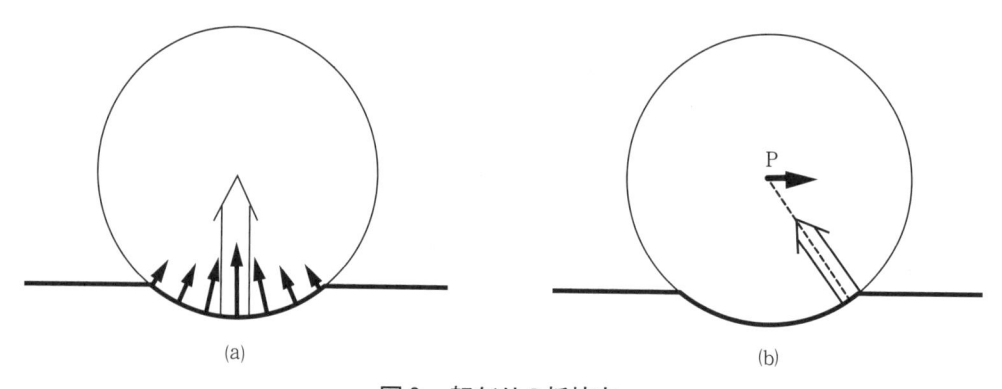

図3 転がりの抵抗力

6 テーマに関連したトピック ～転がりの抵抗係数～

図に示すように，地面が変形し車輪との接点Bにおいて法線方向に正味の抗力が働いているとする。車輪を転がすためにBの周りの回転モーメントの釣り合いを考える。進行と逆行する力は重心（O）にかかる重力（N）で，これによる左回りのモーメントは，車輪の半径をr，OBが鉛直方向となす角をθとすると$r \cdot N \cdot \sin\theta$となる。これに抗して車輪を回転させるためにOにかける力をP（進行方向）とすると，釣り合いの式は$r \cdot P \cdot \cos\theta = r \cdot N \cdot \sin\theta \rightarrow r \cdot P = r \cdot N \cdot \tan\theta$となる。$\theta$が小さいときには$\tan\theta \fallingdotseq \theta$となり，$r \cdot \theta \equiv b$とすると，釣り合いの式は$r \cdot P = b \cdot N$となる。この$b$を転がりの抵抗係数といい，長さの次元を持つ。この係数は，鋼材レール上の鋼車輪（直径1.5 m程度）の場合は0.03 cm，軟弱な地面の上の鋼車輪の場合は10 cm以上などの数値は出されているが，表面の形状や実験条件に大きく左右されるので静止，動摩擦係数ほどきちんとしたデータとしては提示されていない。ただ，自転車などで，車輪の径の大きい自転車の方が走り出すと楽に走行できるのは，$r \cdot P = b \cdot N$でrが大きいとPが小さくて済む，ということの表れである。

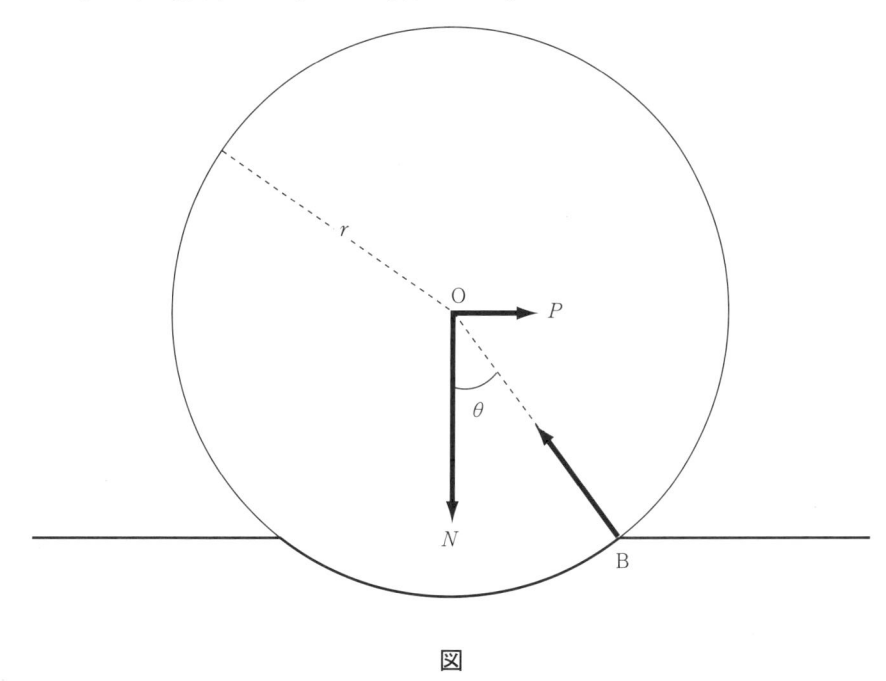

図

文献ナビ

① F. P. ベアー，E. R. ジョンストン（1976）『工学のための力学 上』丸善
　転がりの抵抗力の解説，転がりの抵抗係数の意味や具体例の記載有り。

（南　伸昌）

⇒関連題材 23・42・43

題材
20
大気圧を測定して高度を知る航空機
アルキメデスの原理と大気圧

1 学習指導要領とのつながり
高等学校物理Ⅰ　(3) 運動とエネルギー　ア 物体の運動　(ア) 日常に起こる物体の運動
高等学校物理Ⅱ　(3) 物質と原子　ア 分子，原子の運動　(イ) 分子の運動と圧力
中学校理科　第1分野　(1) 身近な物理現象　イ 力と圧力

2 題材と日常現実社会のなかでの活用場面―産業・人とのつながり―

　標準大気の圧力p_0は，$p_0 \equiv 1 \text{ atm} = 1.013 \times 10^5 \text{ Pa} = 1013 \text{ hPa}$であり，通常の地上付近での大気圧である。この圧力が上空でも変わらなければ，空気層の厚さは約8000 m程度である。しかし，大気圧は高度と共に徐々に減少し，高度3776 mの富士山の頂上での大気圧は約$(2/3)p_0$であり，高度8850 mのエベレストの頂上では約$(1/3)p_0$である。逆に大気の圧力を測定すれば，高度が分かる。民間航空機は，互いの衝突を避けるため対面する方向の飛行高度が異なる。日本では高度8800 m以上では約600 mごとに東向きおよび西向きで交互通行しており，その高度は航空機が飛行中に測定する大気圧から知ることができる。同様に海の中での深度はその水圧によって測定する。気圧・水圧の学習は航空機あるいは潜水艇等の安全運行に活用されている。

3 題材の解説

1　パスカルの原理

　気体あるいは液体（流体と呼ぶ）中に，鉛直方向に直交する断面（面積A_h）と鉛直方向と平行する断面（面積A_V）を持つ直方体を考える（図1）。この直方体への水平方向の左および右からの平均の圧力をそれぞれp_1およびp_2とし，鉛直方向の高さがΔh異なる上および下からの圧力をそれぞれp_3およびp_4とする（図2）。この直方体には周囲と全く同じ液体あるいは気体（密度ρ）が入っているので，左右および上下の力の釣り合いはそれぞれ次式で与えられる。

$$p_1 A_V = p_2 A_V \tag{1}$$
$$p_3 A_h + \rho A_h \Delta h g = p_4 A_h \tag{2}$$

　式(1)は，高さが等しい左右の平均の圧力が等しい（$p_1 = p_2$）ことを示す。式(2)の左辺第2項は，この直方体の体積$V = A_h \Delta h$の液体あるいは気体の質量$m = \rho A_h \Delta h$に働く重力$\rho A_h \Delta h g$を示す（gは重力の加速度で，$g = 9.8 \text{ m/s}^2$である）。また式(2)から，$\Delta h = 0$における圧力p_4を基準にして，高さΔhが増加すると圧力p_3が減少することを示す。すなわち，Δhの増加に対する圧力の増加$\Delta p (\equiv p_3 - p_4)$は次式で与えられる。

$$\Delta p = -\rho g \Delta h \tag{3}$$

　また式(2)から，この直方体への上向きの力$F = (p_4 - p_3)A_h$が，この直方体中の液体あるいは気体に働く重力$\rho A_h \Delta h g$に等しいことを示し，これがアルキメデスの原理である。

　式(2)においてこの直方体を小さくすれば（$\Delta h \to 0$），上下の圧力は等しくなる（$p_3 = p_4$）。すなわち，

式(1)から得られる$p_1 = p_2$は一般的性を失わずに同一の高さの前後の圧力も等しいとして良いので，ある1点における上下左右前後の圧力は等しいことになる（パスカルの原理と呼ぶ）。

2 高度と大気の圧力

液体の密度はその圧力によりほとんど変わらないので，式(3)は高さhの減少と共にその圧力が直線的に増加することを示す。水深が10 m増すごとに，水の圧力は約1 atm ≒ 1.0×10^5 Paずつ増す。深海探査艇"深海6500"は水深6500 mの海にまで潜ることができる潜水艇であり，650 atm ≒ 6.5×10^7 Paの水圧に耐える必要がある。"深海6500"の耐圧容器は直径2 m，厚さ73.5 mmのチタン合金製の球からなる。

気体の物質量をn(mol)，温度をT(K)および気体定数をR($= 8.314$ J mol^{-1}K^{-1})とすれば，その状態方程式は，$pV = nRT$と表すことができる（理想気体の状態方程式）。すなわち，気体の体積Vは圧力pによって変化するので，気体の質量をmとすれば，その密度$\rho \equiv m/V$は次式で与えられる。

$$\rho \equiv \frac{m}{V} = \frac{Mp}{RT} \tag{4}$$

ここに$M(= m/n)$は気体の分子量であり，空気の平均分子量Mは，$M = 0.0288$ kg/molである。地上での圧力をp_Gとすれば，式(3)に式(4)を代入すると次式を得る。

$$\frac{\Delta p}{p_G} = -\left(\frac{Mg}{RT}\right)\Delta h \tag{5}$$

温度$T = 273$ K（0 ℃）における$Mg/(RT)$は，$Mg/(RT) = 0.0001244$ m^{-1}である。式(5)より高度の$\Delta h = 1$ mの上昇に伴って，$(\Delta p/p)$が0.0001244（0.01244 %）ずつ減少する。また，高度に拘わらず温度Tが一定であれば，式(5)より高度Δhにおける圧力pと地上の圧力p_Gの比は次式で与えられる。

$$\frac{p}{p_G} = \frac{p_G - \Delta p}{p_G} = 1 - \left(\frac{Mg}{RT}\right)\Delta h \tag{6}$$

すなわち，$\Delta h = 1$ mの高度増加にともない，圧力が（1－0.0001244）倍＝0.9998756倍となる。したがって，Δhのn倍の高さ$h \equiv n\Delta h$における圧力pと地上での圧力p_Gとの比$p_R(\equiv p/p_G)$は近似的に次式で与えられる

$$p_R \equiv \frac{p}{p_G} = (0.9998756)^n \tag{7}$$

図3に，式(7)から計算された，高さ$h \equiv n\triangle h$における，大気の相対圧力$p_R \equiv p/p_G$を描いた。すなわち，圧力から高度hを知ることができ，これが航空機の高度計の原理である。

4 学習内容のポイント

1．液体の圧力の増加は，その深さに比例する。水の深さが10 m増加するとその圧力は約1 atm≒1.0×10^5 Paずつ増す。
2．気体の密度は圧力に比例するので，大気の圧力は高度とともに指数関数的に減少する。逆に圧力pから，高度hを知ることができ，これが航空機の高度計の原理である。

5 授業に役立つ図・表

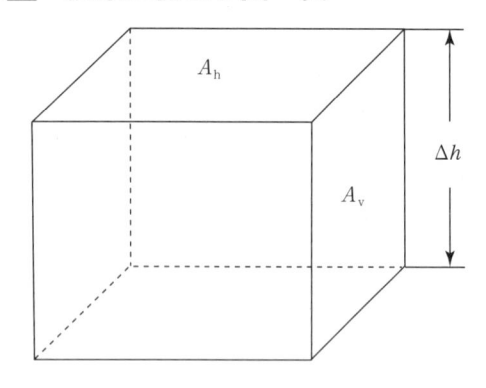

図1　面積がA_hおよびA_v，高さΔhの直方体

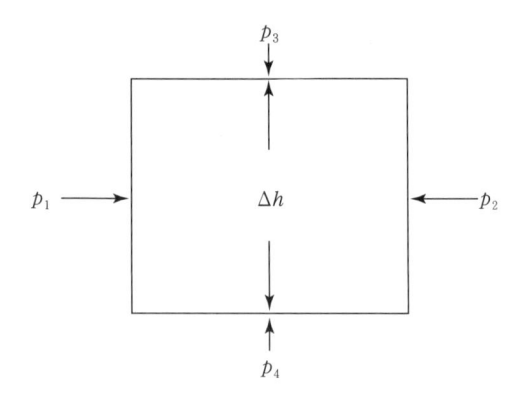

図2　直方体への左右上下からの圧力

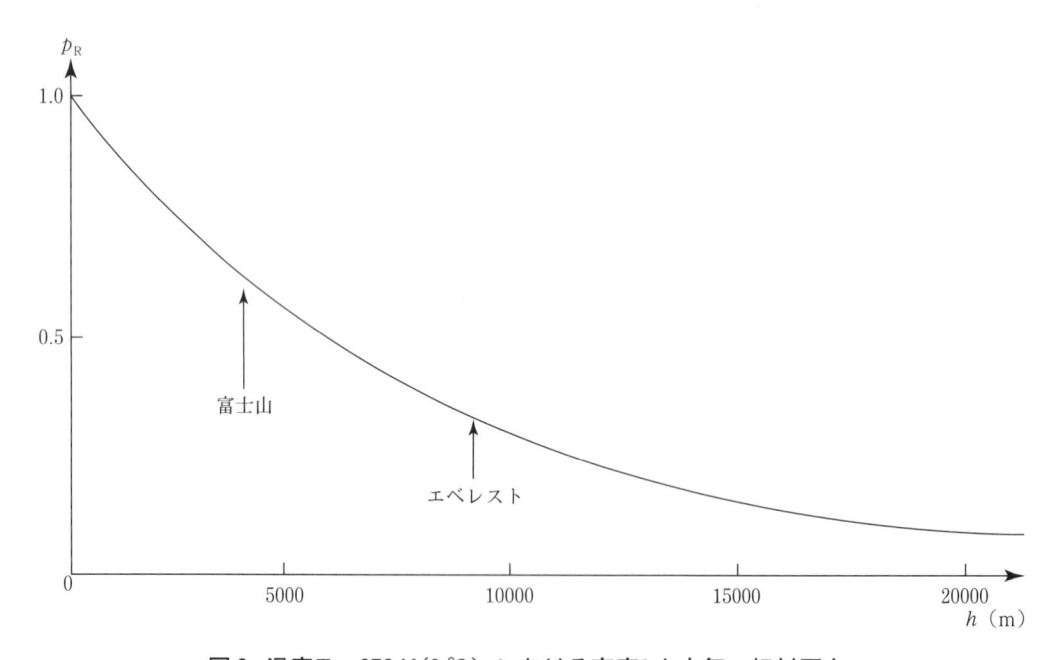

図3　温度$T = 273\,\mathrm{K}(0\,℃)$における高度$h$と大気の相対圧力$p_R$

6 テーマに関連したトピック ～大気の厚さ～

図3は高度hと相対圧力p_Rの関係である。すなわち、大気圧は高度が高くなっても零にはならないで減少するだけである。このように大気圧が変化する場合の大気層の厚さは、大気圧が地上の圧力と等しいと仮定した場合の厚さである。すなわち大気の量は、横軸の高度hに対して相対圧p_Rを縦軸に図示した場合の曲線とX軸（h軸）およびY軸（p_R軸）で囲まれる面積に相当する。相対圧が地上と等しければ、大気の量は$p_R=1$, $h=h_A$, p_R軸およびh軸からなる長方形の面積（$=h_A$）に相当する。したがって、$h_A = RT/Mg$である。

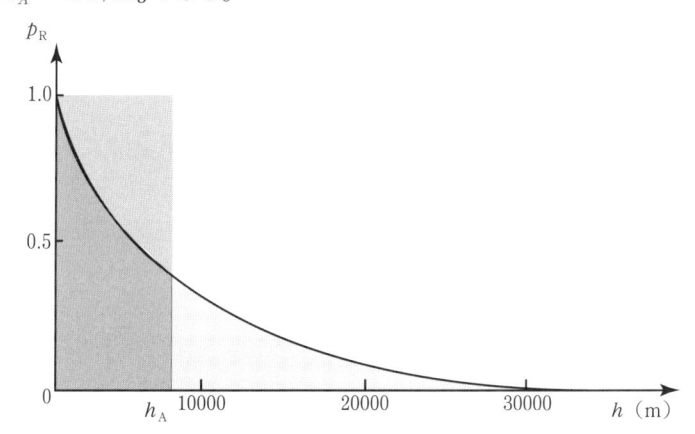

テーマに関連したドリル

【問題1】

温度$T = 273$ K（0 ℃）における大気の$Mg/(RT)$を計算しなさい。

【問題2】

式(7)より、n=3776、高さ$h = n\Delta h = 3776$ m（富士山の頂上に相当する）における相対圧力$p_R \equiv p/p_G$を計算しなさい。

【問題1の解答】

$$\frac{Mg}{RT} = \frac{0.0288 \text{ kg mol}^{-1} \times 9.8 \text{ m s}^{-2}}{8.314 \text{ J mol}^{-1}\text{K}^{-1} \times 273 \text{ K}} = 0.0001244 \text{ m}^{-1}$$

【問題2の解答】

式(7)の両辺の対数をとり、$n = 3776$を代入すると次式を得る。

$\log p_R = n \log 0.9998756 = -0.00005403 \times 3776 = -0.2040 = 0.7960 - 1.000$

また、$\log 6.25 = 0.796$を与えるので、$p_R = 0.625$と計算される。

文献ナビ

① 「航空実用辞典（高度）」http://www.jal.co.jp/jiten/dict/p266.html、2005年11月30日検索
飛行高度、絶対高度、気圧高度、密度高度および与圧客室高度等の航空機で使用される高度に関する解説である。

（鈴木　勲）

⇒関連題材 4・22・36

題材 21

ロケットの打ち上げは赤道付近で
円周速度と遠心力

1 学習指導要領とのつながり

高等学校物理Ⅰ　(3) 運動とエネルギー　ア 物体の運動　(ア) 日常に起こる物体の運動
高等学校物理Ⅱ　(1) 力と運動　イ 円運動と万有引力　(ア) 円運動と単振動
（中学校理科　第1分野　(5) 運動の規則性　ア 運動の規則性）

2 題材と日常現実社会のなかでの活用場面―産業・人とのつながり―

　身の回りには回転運動を行うものが数多く存在する。例えば、各種の電気製品に内蔵されている様々な電気モーター、洗濯機、脱水機、あるいは自動車などの乗り物もある。自動車の技術はタイヤやエンジン内部の回転運動によって支えられているともいえる。さらに大きな運動では、地球の自転運動、恒星のまわりを回る惑星の運動も一種の円運動である。また、円運動で生じる遠心力は、超高速で回転し普通の条件下では分離抽出不可能なものまで分離する遠心分離機などの科学技術的に有用な場面で活かされている。このように、「円運動」についての学習は、身の回りにある様々な円運動を応用した機器や、自然現象の解明に繋がっている。

3 題材の解説

1 等速円運動の加速度と遠心力

　等速円運動を行う物体の速さは一定であるが、速度の向きは図1(a)に示すように、絶えず変化している。したがって、この運動は加速度を持っていることになる。距離ABがきわめて小さいとき、$\Delta\theta$はきわめて小さくなり、図1(b)に示すように、速度の変化$\Delta\mathbf{v}(=\mathbf{v}_2-\mathbf{v}_1)$は$\mathbf{v}_1$に垂直で円の中心を向くようになる。すなわち、速度変化ベクトル$\Delta\mathbf{v}$あるいは加速度の向きは常に円の中心に向かうことになる。速度vで半径rの円周上を運動する場合、加速度の大きさはv^2/rとなる。

　一般に、加速度$\mathbf{a}$で運動する座標系とともに運動する観測者には、質量mの物体に$-m\mathbf{a}$の力（慣性力）が働いているように感じられる。したがって、円運動の場合、中心から外向きにmv^2/rの大きさの力が働いているように見える。この力を遠心力という。

2 過酷な条件下にある自動車用タイヤ

　いま、タイヤの半径を50cmとすると、例えば時速80 km/h（=22 m/s）で走行中の自動車用タイヤの周辺部分の加速度の大きさは

$$a = \frac{v^2}{r} = \frac{(22 \text{ m/s})^2}{0.5 \text{ m}} \fallingdotseq 970 \text{ m/s}^2 \quad (r: \text{タイヤ半径}, v: \text{タイヤの周辺部の速度})$$

となる。この加速度の大きさは、重力加速度gのおよそ100倍である。これに相当する遠心力の大きさは、例えば、タイヤの外周部の質量を10 kgと仮定すると、時速80 km/hで走行している時、タイヤには約9700 N（=990 kgW）という大きな力が働いている。タイヤの変形や破断は重大な事故につながる恐れがある。このため、図2に示すように、普通の自動車用タイヤには、内部にスチール線を編み込んだり、層状のゴムや繊維からなる多層構造をとり、それらを強力な接着剤で張り合わせるなどの工夫がなされている。

3　ロケット打ち上げは赤道付近で

スペースシャトルやロケットを地球周回軌道へ乗せるためには，かなり大きな打ち上げ速度が必要である。いま，地球半径に比べて無視できる高度を持つ円軌道上を速度vで周回する質量mの物体を考える。この物体が安定的にこの円軌道上を飛行し続けるとき，物体について次の運動方程式が成立する。

$$mg = m\frac{v^2}{R} \quad (R：地球半径，g：重力加速度)$$

これより，地球の半径$R = 6380$ kmを用いると$v = \sqrt{gR} = 7.9$ km/sとなる。また，この速度は物体を地球周回軌道へ打ち上げるのに要する最低速度であり，第1宇宙速度とよばれる。

図3にスペースシャトルの打ち上げ時の様子を示した。オービターとよばれるシャトルの機体以外のものは，外部燃料タンクとブースターとよばれる補助ロケットエンジンである。この巨大な燃料タンクは，第1宇宙速度をロケットに与えるために，いかに大量のエネルギー，すなわち燃料を必要とするかを示す1つの例である。

地球の自転運動のために，地球の外から見ると，赤道上の点は西から東へ向かって時速約1670 km/h（＝0.46 km/s）で円運動を行っている。したがって，赤道上の地点から東向きにロケットを打ち上げるとすると，地面の円周運動により，最初から第1宇宙速度のほぼ6％の速度を持っていることになり，燃料の節約効果が期待できる。

表1に主要各国における代表的なロケット打ち上げ施設を示した。いずれの施設も，その国の主権がおよぶ範囲内で最も赤道に近い場所が選ばれている。それらの場所はロケットの製造工場や，その国の産業の中心部から遠く離れた場所に位置しており，ロケット等の輸送コストは高くなるが，それでも，打ち上げ施設を赤道付近に持っていくことで，経済性が高まるのである。例えば，欧州宇宙機関（ESA）は，機関に参加している各国の本土から遠く離れたフランス領ギアナ（南米）にあるロケット打ち上げ施設を利用している。これらの各施設の立地場所に共通しているもう1つの特徴は，施設の東側に広大な海あるいは砂漠などが広がっていることである。これは，これらの施設から東へ向かって打ち上げられたロケットが，発射直後の事故によるロケット本体の落下，あるいは本体から切り離される補助エンジンや外部燃料タンクなどの落下物による地上の被害を最小限に防ぐことが，これらの施設の立地条件の1つとなっていることによる。

4　学習内容のポイント

1. 速度vで半径rの円周上を運動する物体には，円の中心に向く大きさv^2/rの加速度が加わる。
2. 運動する座標系とともに移動する観測者から見ると，質量mの物体には中心から外向きにmv^2/rの大きさの遠心力が働いているように見える。
3. 自動車が高速で走っているとき，タイヤには遠心力に由来する非常に大きな力が作用する。
4. 赤道上の点は西から東へ向かって時速約1670 km/h（＝0.46 km/s）で円運動を行っている。この自転速度をロケットの打ち上げに利用するため，各国はロケット射場をその国のなるべく赤道に近い場所に設けていることが多い。

5 授業に役立つ図・表

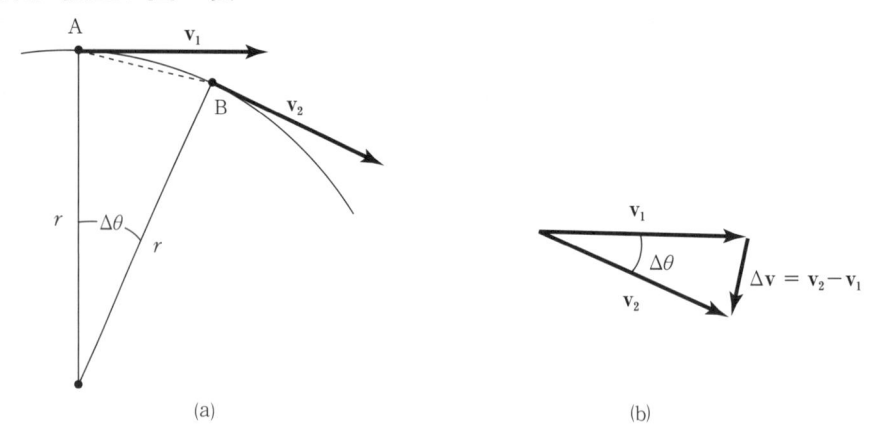

図1　等速円運動の速度の変化

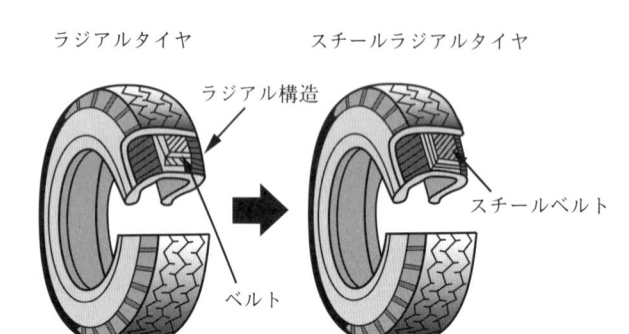

図2　自動車タイヤの内部構造

(http://www.monoshiri-kagaku.com/main/lifegoods/tire/digityre_colum.htmより)

図3　スペースシャトル

（PANA通信社提供）

表1　主要国における代表的なロケット打ち上げ施設

国　名	ロケット打ち上げ施設	緯　　　度　（場所）
アメリカ合衆国	ケネディー宇宙センター	北緯28度36分（フロリダ州，北米）
ロ　シ　ア	バイコヌール宇宙基地	北緯45度36分（カザフスタン共和国，モスクワ南東2,100km）
日　　　本	種子島宇宙センター	北緯30度24分（鹿児島県）
フ　ラ　ン　ス	ギアナ宇宙センター	北緯5度（仏領ギアナ，南米）

6 テーマに関連したドリル

【問題1】

遠心分離機の内部には，図に示すようなローターと呼ばれる回転部分がある。遠心分離を行うときは，ローターの中に試料となる液体の入った遠心チューブというものを入れて1分間に数千回転あるいは数万回転させる。例えばこの液体にバクテリアなどの微生物が入っていると，遠心力によって，微生物は遠心チューブの底に集まる。このような原理で非常に小さい粒子を集める機械が遠心分離機である。遠心分離機でも特に高速回転が可能なものを超遠心分離機と呼んでいる。超遠心分離機を使うと，水に溶けているタンパク質などの分子を，分子の大きさごとに分けることができる。

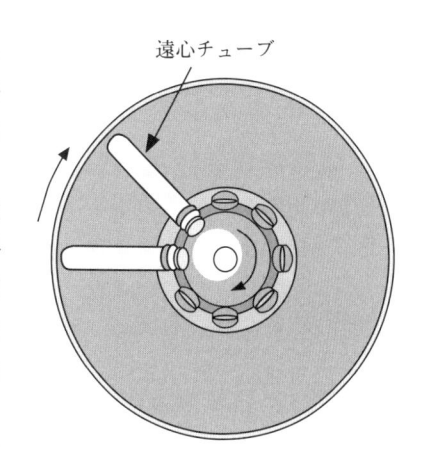

ローターの中心から放射状に遠心チューブを配置し，ローターを1分間に50000回転させた場合について，以下の問いに答えよ。ただし，チューブ内の液体の質量を10.0 g，また液体の深さは4.00 cmで，回転中心から液体表面までの距離を6.00 cmとする。

(1) 遠心チューブ内の液体の表面および底面部分の加速度はいくらになるか。
(2) 遠心チューブが液体を保持するのに必要な力はいくらか。

【問題1の解答】

(1) 中心から液体表面までの距離をr_1，回転周期をTとすると，表面部分の回転速度v_1と加速度a_1は

$$v_1 = \frac{2\pi r_1}{T} = \frac{2\pi \times (0.0600 \text{ m})}{(60 \text{ s})/50000} = 3.14 \times 10^2 \text{ m/s}, \quad a_1 = \frac{v_1^2}{r_1} = \frac{(3.14 \times 10^2 \text{ m/s})^2}{0.0600 \text{ m}} = 1.64 \times 10^6 \text{ m/s}^2$$

となる。同様にして，底面での加速度は，$a_2 = 2.74 \times 10^6 \text{ m/s}^2$となる。

(2) チューブ内の任意の点における加速度は

$$a = \frac{v^2}{r} = \frac{4\pi^2 r^2}{T^2 r} = \frac{4\pi^2 r}{T^2}$$

となり中心からの距離rに比例する。したがって，液体全体には液体表面と底面の加速度を平均した$\bar{a} = (a_1 + a_2)/2 = 2.19 \times 10^6 \text{ m/s}^2$の大きさの加速度が働いているとしてよい。ゆえに，液体には$F = m\bar{a} = (0.0100 \text{ kg}) \times (2.19 \times 10^6 \text{ m/s}^2) = 2.19 \times 10^4 \text{ N} = 2.23 \times 10^3 \text{ kgW}$の遠心力が働く。この力が遠心チューブ内の液体を保持するのに必要な力である。

文献ナビ

① 「DUNLOPデジタイヤのテクノロジー」http://www.monoshiri-kagaku.com/main/lifegoods/tire/ digityre_colum.htm，テクノエディタ，2005年12月10日検索
② 「世界のロケット打ち上げ射場」http://spaceinfo.jaxa.jp/note/kikan/j/kik02_j.html，宇宙航空研究開発機構・宇宙情報センター，2005年12月10日検索
③ 「プロジェクトへのQ&A～よくある質問と回答～」http://www.jaxa.jp/pr/qa/rockets.html，宇宙航空研究開発機構，2006年1月10日検索

（山本郁夫）

⇒関連題材 21・28

題材 22 限界に挑むアスリートたち
平均速度と(瞬間)最大速度・加速度・角速度

1 学習指導要領とのつながり

高等学校物理Ⅰ　(3) 運動とエネルギー　ア 物体の運動
高等学校物理Ⅱ　(1) 力と運動　ア 物体の運動
高等学校物理Ⅱ　(1) 力と運動　イ 円運動と万有引力
（中学校理科　第1分野　(5) 運動の規則性　ア 運動の規則性）

2 題材と日常現実社会のなかでの活用場面―産業・人とのつながり―

陸上競技における100m走での走りは，スタートから加速，（最大）速度維持，そしてフィニッシュと分解できる。それぞれの場面での速度・加速度の向上は，競技者の記録に直結している。例えば，同じ力で大きな加速度を得るためには，その質量は小さいほど良いが，これには走者が身にまとう用具を軽くすることが考えられる。また，到達できる最大速度が一定なら，できるだけ早くその速度に到達したほうが，より良い記録が出せるので，スタートダッシュの重要性がここにある。ハンマー投げの競技では，ハンマーを遠くに投げるために投げ出しの速度を大きくし，角度を最適にすることが望まれるが，その際に競技者にかかる力は，ハンマーの質量の数十倍に相当する。

これら競技者＝アスリートたちの運動は，ニュートン力学の法則に従っている。ニュートン力学における力と質量・加速度の関係，回転運動における角速度・遠心力の学習は，アスリートたちの記録向上，そのための用具・トレーニング方法の開発などに活かされている。

3 題材の解説

1 平均速度

ある距離 L を時間 t かけて進んだとすると，その平均速度 v は，$v = L/t$ と表せる。これは，その L の長さを移動する間に早くなったり遅くなったりする部分を「ならした」速度である。2005年10月現在，100m走（男子）の世界最高記録は，2005年6月にA.パウエル選手（ジャマイカ）が出した9.77秒であるが，この場合の平均速度は $v = 10.2[m/s] = 36.8[km/h]$ である。一方，同種目の日本記録は伊東浩司の10.00秒である。この場合の平均速度は $10.0[m/s] = 36.0[km/h]$ で，$0.2[m/s]$ の平均速度の違いはゴールまでの10秒間で2mの差となって現れ，これが日本のアスリートたちに対する大きな壁となっている。

2 加速度

実際の100m走では，スタート時の速度（初速）は0（ゼロ）である。一定加速度 a が働いている場合，時間 t の間に進む距離 L との関係は，$L = (at^2)/2$ である。仮に，$L = 100[m]$ を一定加速度で $t = 9.77[s]$ で駆け抜けた場合，$a = 2.10[m/s^2]$ となるが，この場合の終端（最終）速度 v は，$v = at$ から，$20.5[m/s] (= 73.7[km/h])$ となる。（もちろんこれは，人間の走る速度としては非現実的な値であるし，そもそも100mを最後まで加速し続け9.77秒で駆け抜けることはまず不可能である。）

3 現実的な走りにおける速度・加速度

実際の100m走を大雑把に，最初の20m程度が等加速度運動，残りの80mが等速度運動であると考

える。この場合，100 mを9.77秒でゴールする走者の最初の20 mでの加速度a[m/s^2]と，残りの80 mでの（最大）速度v[m/s]を求めると，加速している時間をt_1[s]，速さvで走っている時間をt_2[s]として，

$$20[\text{m}] = \frac{1}{2}a \cdot t_1^2 \tag{1}$$

$$80[\text{m}] = v \cdot t_2 \tag{2}$$

$$v = a \cdot t_1 \tag{3}$$

$$t_1 + t_2 = 9.77[\text{s}] \tag{4}$$

という関係式が成り立っている。これを解くと，$a = 3.77$[m/s^2]，$v = 12.3$[m/s]と求められる。仮に，最初の10 mで加速を終了し，同じく100 mを9.77秒でゴールするとすれば，同様な計算からその加速度が6.34[m/s^2]となるが，一方，最大速度は$v = 11.3$[m/s]ですむことになる。図1には，この2つの加速度の場合における時間と速度の関係を示した。図1で，実線が$a = 3.77$[m/s^2]で20 mの距離だけ加速した場合，点線が6.34[m/s^2]で10 mの距離だけ加速した場合である。$t = 0$から9.77[s]までの実線と，x軸（t軸）で囲まれる面積が移動距離に相当し，今の場合100 mである。点線の場合も同様である。すなわち実線と点線で囲まれた2つのそれぞれの面積（①と②の面積）は等しい。

4 角速度と遠心力

中心からRだけ離れた距離を，角速度ωで回転する質量mの物体があるとし，その物体の円運動の接線方向の速度vは$v = R\omega$であり，これに働く遠心力Fは，

$$F = \frac{mv^2}{R} = mR\omega^2 \tag{5}$$

と表される。ハンマー投げの世界記録は，1986年にロシアのY.セデフが出した86.74 mである。この投てきでのハンマーの投げ出し角度が理想的（45度）に行われたとして，この距離を出す際にアスリートにかかる遠心力はおよそ2810[N]となる。これは，重力下で静止した286[kg]の質量を支えるのに相当する力である。

4 学習内容のポイント

1. 平均速度とは，ある一定距離をどれだけの時間で動いたかで決まる「ならした」速度である。
2. 物体の速度を変えるには，「加速」が必要であり，これを表す量が加速度である。
3. 速度は，加速度と加速した時間に比例する。
4. 移動距離は，加速度に比例し，加速した時間の二乗に比例する。
5. 円運動をする物体には，遠心力が生じる。
6. 遠心力は，円運動をする物体の質量に比例し，さらにその（角）速度の二乗に比例する。

5 授業に役立つ図・表

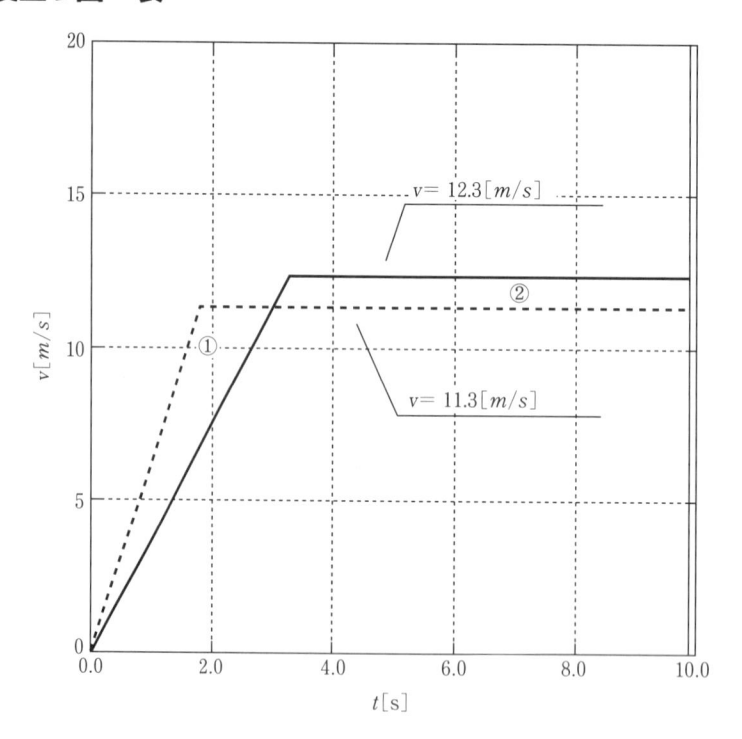

図1　100m走世界記録を得るための$t-v$例

図2　陸上競技100m走のゴールシーン

(PANA通信社提供)

6 テーマに関連したドリル

【問題1】
　ハンマー投げの世界記録は，1986年にロシアのY.セデフが出した86.74 mである。投てきでのハンマーの投げ出し角度が45度で行われたとして，この距離を出すために必要な速度を求めよ。投てきの初期位置・高さやハンマー自身の大きさは無視し，距離測定の原点（高さ＝0）から投てきが行われたとして考えよ。さらに，ハンマーから投てき時の回転中心までの距離（ワイヤーの長さ約1.20 m＋およその腕の長さ）を2.20 m，ハンマーの質量を7.26 kgとして，今の場合の角速度ならびに遠心力を求めよ。重力加速度は，9.81 m/s^{2}とせよ。

【問題1の解答】
　投てきの水平方向をx軸，高さ方向をz軸とする。投げ出し時の速度（初速；45度方向）をv[m/s]としたとき，そのx, z方向の速度v_x, v_z[m/s]は，

$$v_x, v_z = \frac{v}{\sqrt{2}}$$

である。最高到達点ではそのz方向の速度は0であるから，そこに達するまでの時間をt[s]とすれば，重力加速度をg[m/s^2]とした時，

$$v_z = gt$$

である。一方，ハンマーの移動距離は，最高到達点に達するまでの時間とそこから地面に落ちるまでの時間が等しいことから，

$$86.74 [\text{m}] = L = v_x \cdot (2t)$$

であり，これらの式から，速度$v = 29.2$[m/s]が得られる。

　この速度で半径$R = 2.20$ mの円運動している物体の角速度ωは，$\omega = v/R = 13.3$[s^{-1}]と求められ，さらにこの物体に働く遠心力Fは，(5)式から，$F = 2810$[N]と求められる。この遠心力は，286 kgの重さの物体を重力下で静止保持している場合の力（重力加速度で割り算して得られる値）に相当しており，ハンマー投げを行うアスリートの手・肩は，これだけの力で（回転しながら手を離す直前に）ハンマーを支え，なおかつ適切な方向・角度への投てきをコントロールしている。回転の中心は体の軸よりハンマー側によった方向にあり，アスリートの体もハンマーと同様に回転し遠心力を生み出し，これとハンマーの遠心力がつりあっている（バランスを取っている）ため，回転中にアスリートは飛び出さない。

文献ナビ

① http://www.rikuren.or.jp/，日本陸上競技連盟公式サイト，2005年11月7日検索
　日本人のアスリートたちの記録等が掲載されている。
② http://www.iaaf.org/，世界陸上競技連盟Webサイト，2005年11月7日検索
　世界記録の情報が掲載されている。

（金田保則）

題材 23

熱気球は，なぜ浮かぶ？

⇒関連題材 20・30

浮力のしくみ

1 学習指導要領とのつながり

高等学校物理Ⅰ　(3) 運動とエネルギー　ア 物体の運動　(イ) 運動の表し方
高等学校物理Ⅱ　(1) 力と運動　(ア) 平面上の運動
（中学校理科　第1分野　(1) 身近な物理現象　イ 力と圧力）
（小学校理科　第5学年　B 物質とエネルギー）

2 題材と日常現実社会のなかでの活用場面―産業・人とのつながり―

　かつて湯舟につかりながら「浮力」というものに気がついたアルキメデスは，服を身にまとうのも忘れて，「ユウリカ（分かった）！」と叫んで家に飛び帰ったという話は有名である。彼は王様から，つくらせた王冠が純金かどうか壊さずに調べてほしいと頼まれて，ずっと考え続けていたのであった。力のはたらきの学習では，力のはたらき方，作用反作用，運動の表し方と学習は進む。しかし身近な現象である，水に浮く浮かない，熱気球のように空気に浮く浮かないなどのように，その違いはいったいどこからくるのか意外に見過ごされてしまうものがある。

　「重いものは沈み，軽いものは浮く」という素朴な理解を修正するのは容易ではない。浮くか浮かないかは，単位体積あたりの質量，「密度」を理解させる必要がある。

　水面に浮かぶ油，船舶，アドバルーン，飛行船，海中でゆらゆらと直立する海藻（海藻は気胞に酸素を蓄えている）なども浮力が現れる例である。浮力の学習は身近な現象の理解にとどまらず，産業を支える技術や輸送方法に広く活用されている。

3 題材の解説

1 作用と反作用

　手のひらにみかんが静止している場合，みかんが手を押す力と手のひらがみかんを支える（押す）力はつりあっている。オールで他のボートを力Fで押す場合では，オールは他のボートから作用線に沿った押し返す力$-F$を受ける（図1）。それでは水中の物体や，図2に示す熱気球のように上昇下降する場合にはどのような力がはたらいているのだろうか。

2 アルキメデスの原理

　プールに入るとつま先立ちで歩くことができる。これは体に浮力がはたらくからである。浮力の大きさは，体（物体の体積）が押しのけた水の重さと同じであり，液体や気体の中にある物体には，その物体が押しのけた液体や気体の重さに等しい力が上向きにはたらく。これをアルキメデスの原理という。アルキメデスの原理を求めてみよう。

　図3に示すように静止した流体の中に断面積S，高さhの直円柱部分を考える。いま，円柱の上面および下面に加わっている圧力をP_1，P_2とし，流体の密度をρとすると，円柱部分は静止しているので，円柱にはたらく鉛直方向の力について，つりあいの関係は$SP_1 + Sh\rho g = SP_2$が成立する。ここで，gは重力加速度である。これより$P_2 - P_1 = \rho g h$となる。

　ここで考えた円柱を物体に置き換えて考えて見ると，物体には，周囲の流体から面に垂直な圧力が

はたらいていることになる。その圧力の合力は鉛直上向きで大きさは

$$F = SP_2 - SP_1 = \rho g h S = \rho g V$$

となる。だだし，$V = hS$ は物体の体積である。この合力が浮力とよんでいるものに他ならない。これより，"浮力の大きさは物体の排除した流体の重さに等しい"ことが分かる。

3 浮力の大きさ

密度ρの流体中におかれた質量m，体積Vの物体には，鉛直下向きの重力mgと鉛直上向きの浮力$\rho g V$がはたらく。したがって，物体上向きに

$$F = \rho g V - Mg = (\rho - \rho')Vg \quad (\rho' = M/V)$$

の大きさの力がはたらくことになる。ここで，ρ'は物体の全質量をその体積で割った量で，その物体の平均密度を表す。したがって，物体の平均密度が，物体がおかれた周囲の気体や液体などの密度よりも小さい場合には，Fは正となり，物体には鉛直上向きの力がはたらくことになる。水中のピンポン玉，空気中のヘリウム風船などがこの場合に相当する。ピンポン玉の殻や風船の素材の密度は，水，あるいは空気よりも大きいが，それぞれの内部にある気体の密度が小さいので物体の平均密度は，物体を取り囲む流体の密度よりも小さくなっている。（参考として，各種物質の密度の例を表1に示す。）

熱気球では気球下端の開口部に取り付けたガスバーナーからの熱風により，気球の体積や気球内の空気密度を変化させることで，気球全体の平均密度を調節している。これにより気球にはたらく浮力を増やしたり減らしたりすることが可能になり，気球の上昇下降運動を実現している。

4 ＜浮沈子とガリレオ温度計＞力のはたらき（浮力）を視覚的に実感できる教材例

浮力を利用したおもちゃに浮沈子がある（図4）。ペットボトルに水を満たし，調味料容器を浮きとする。ボトルを強く握ると水を通して浮きに力が伝わり，浮き内の空気の体積が減少して沈む。緩めると浮きの体積が回復し浮く。アルキメデスの原理を視覚化することができる。

魚や一部の貝類などでは，体内の浮き袋の体積を変えることで，全体の平均密度を調節し水中での上下方向の運動性を確保している。また，潜水艦や深海探査艇などの潜水機能をもつ艦船では，船内のタンクの海水をポンプで排水したり，船体外から海水をタンク内に取り込んだりすることによって，艦船全体の平均密度（浮力）を調節し海中での潜行，浮上を可能にしている。これらの浮力調節機構は，しくみの複雑さの程度に大きな違いはあるが，浮沈子と共通するものがある。

また，温度による液体の密度変化と浮力を利用したものにガリレオ温度計がある（図5）。ガリレオ温度計はガラス管内に，温度による体積変化の非常に大きい液体が封入されている。温度が上がると液体の密度が小さくなり，錘は沈む。錘が管内で浮き沈みすることによって温度を知ることができる。

4 学習内容のポイント

1. 流体中の物体には浮力がはたらく。浮力は鉛直上向きで，その大きさは物体が排除した流体の重さに等しい。
2. 流体中の物体にはたらく力の向きは，流体の密度と物体の平均密度の差に比例する。
3. 温度や物体内の物質を調整することによって，物体全体の平均密度を変え，浮力の大きさを調節することができる。

5 授業に役立つ図・表

図1 作用・反作用の関係

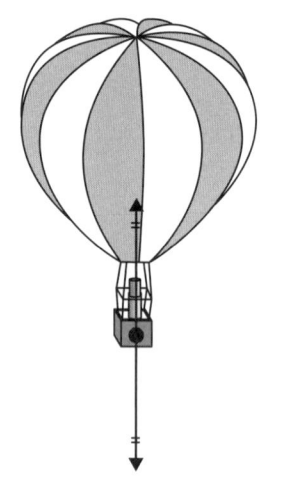

図2 熱気球にはたらく力

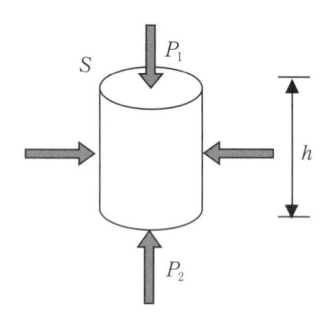

図3 アルキメデスの原理

表1 物質の密度の例

物質名	水	空気	銅	鉄	アルミニウム	水銀
[g/cm^3]	1.0	1.28×10^{-3}	8.9	7.9	2.7	13.5

水銀の上には鉄球を浮かべることができる。

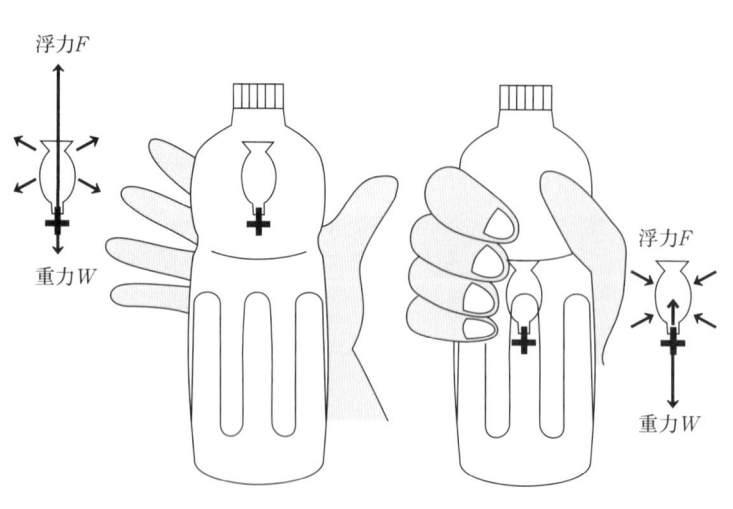

図4 浮沈子

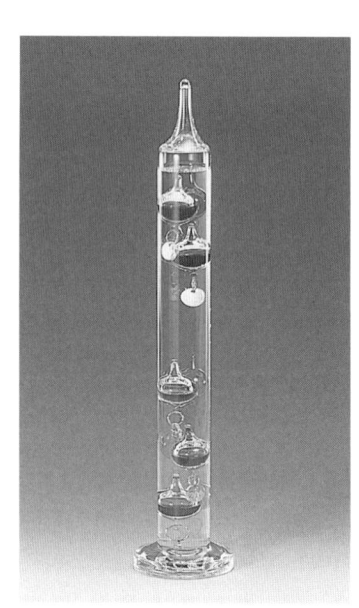

図5 ガリレオ温度計

6 テーマに関連したドリル

【問題1】
分銅の質量を天秤ではかったら，100.0 g だった。つぎに水が100 cm³入っているビーカーに，静かに分銅を沈めたところ，全体の体積は140 cm³となった。
(1) 分銅の密度はいくらか。
(2) 分銅の受ける浮力の大きさはいくらか。

【問題2】
台はかりの上に水を入れたビーカーを置き，その中へ軽い糸でつるした分銅をしずかに沈める。ただし，ビーカーの底に分銅が接触していないとする。
(1) 分銅の重さW_1，ビーカーと水の重さW_2，分銅が受ける浮力Fを力のベクトルで表せ。
(2) ビーカーの質量を200.0 g，水100.0 g，分銅の質量100.0 g，分銅の体積を40.0 cm³として，台はかりの指針の読みを予想せよ。

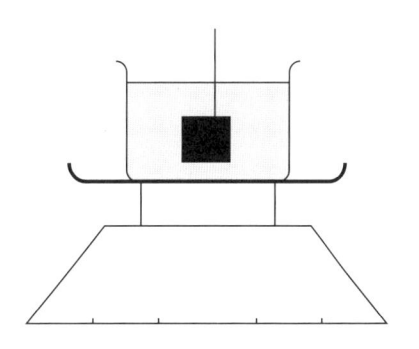

【問題1の解答】
(1) 分銅の密度 = 100.0 g ÷ (140 − 100) cm³ = 2.50 g/cm³
(2) 浮力の大きさ＝押しのけた液体の密度×物体の体積×重力加速度＝ρVg
  $= 1.0 \times 10^{-3}$ kg/cm³ × 40.0 cm³ × 9.8 m/s² = 0.39 N

【問題2の解答】
(1) 図に示すとおり。

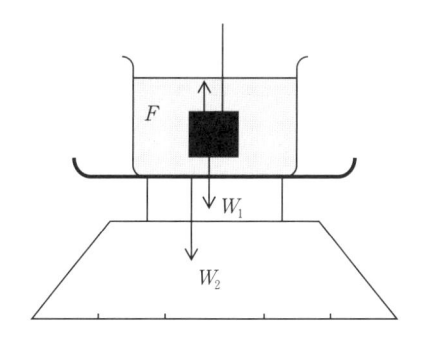

(2) ビーカーと水の質量は300.0 g。さらに，浮力Fの反作用として，これと等しい大きさの力が台はかりの上面に加わる。分銅にはたらく浮力は問題1より0.39 Nであり，0.39 N = (0.39 ÷ 9.8) gW = 40.0 gW。したがって，指針は (300.0 + 40.0) = 340.0 gを指す。

文献ナビ
① 「科学おもちゃの指導」http://www.j-muse.or.jp，日本博物館協会，2005年7月27日検索

（大島　浩）

⇒関連題材 25・26

題材
24
340年前の上皿天秤の機構を持つ電子天秤
仕事の原理と天秤の釣り合い

1 学習指導要領とのつながり
高等学校物理Ⅰ　(3) 運動とエネルギー　ア 物体の運動　(ウ) 運動の法則
高等学校理科総合A　(2) 資源・エネルギーと人間生活　イ いろいろなエネルギー　(イ) エネルギーの変換と保存
中学校理科　第1分野　(1) 身近な物理現象　イ 力と圧力

2 題材と日常現実社会のなかでの活用場面―産業・人とのつながり―

　天秤は長さの等しい左右2本のさおの一方に試料を吊るし、他方に分銅を吊るして、試料と分銅の質量に働く鉛直下方向の力を比較する装置である。ただし、単純な一本の棒からなるさおでは左右が完全に一致しなければ回転するので、不安定である。天秤の重心が回転軸より下にあれば、天秤は振動するので安定である（図1）。このような構造では、右側のさおが下がると重心による左回りのモーメントが働く。逆に、左側のさおが下がると重心による右回りのモーメントが働くので、天秤は振動する。このようなさおの天秤は感度・精度は高いが、試料を天秤の皿の中心から偏った位置に置くと、皿が移動するのが欠点である。上皿天秤は、皿のどこに試料あるいは分銅を載せても両方の皿は上下に等距離動くので、等質量ならばつり合う（仕事の原理）。仕事の原理の学習は、最新式の電子天秤等の天秤の機械機構にも活用されている。

3 題材の解説
1 天秤の構造とその安定性

　左右の長さLが等しいさおの両端をAおよびBとして、摩擦の無い回転軸をOとし、さおの回転軸に直角に取り付けた指針を持つ変形しない構造の天秤を考える。指針と両方のさお・皿を含む天秤全体の質量をM_G、重心の位置をGとして、重心Gと回転軸Oとの距離をhとする。このように、力の働く点が複数あり、それらの距離（Lおよびh）が変わらない振り子を実体振り子あるいは物理振り子とよぶ。左のさおに質量$M+m$の試料を吊るし、右さおに質量Mの分銅を吊るし、さおあるいは指針の小さな傾きをθとして、力のモーメントのつりあいを考える。分銅および試料に働く力は鉛直下方向の重力であるので、回転軸から両方のさおに働く力の作用線までの距離は、$L\cos\theta$である。また、天秤の重心に働く重力も鉛直下方であるので、回転軸からその力の作用線までの距離は$h\sin\theta$であるので、次式を得る。

$$(M+m)gL\cos\theta = MgL\cos\theta + M_G gh\sin\theta \qquad (1)$$
$$\tan\theta = (\sin\theta/\cos\theta) = (L/M_G h)m \qquad (2)$$

　式(1)の左辺および右辺はそれぞれ左回りおよび右回りモーメントであり、gは重力の加速度である。
　式(2)は、傾きθ（小さなθであれば、$\tan\theta \fallingdotseq \theta$である）が、左右の質量の差$m$に比例することを意味する。$L$が大きく（さおが長く）、$M_G$が小さく（天秤が軽く）、$h$が小さい（重心が高い）と感度が高くなることがわかる。逆に、感度の高い天秤は、小さなmでも大きな回転角θを与えるので不安定

である。極端な例では，図2のような単なる一本のさお（$h=0$）の天秤は不安定であり，釣り合わなければ（$m \neq 0$），大きく回転する（$\theta \to \infty$）。クリップで支えた棒は重心が回転軸より下にある（$h \neq 0$）ので，振動すると共に天秤として安定である（図3）。

2　上皿天秤の機構

通常の天秤では試料を皿の中心からはなして載せると皿が移動するので，試料が皿の上にこぼれることがあり，これが通常の天秤の大きな欠点である。試料あるいは分銅の載せる位置によって皿が左右に動く不便を解消した天秤が上皿天秤である。図4は上皿天秤の構造の摸式図である。上皿天秤は長さの等しい上下2本のさお（ABおよびA'B'），その中心を通る真ん中の支柱（OO'）および皿を支える左右2本の棒（皿受け棒と呼ぶ）AA'およびBB'からなる。二つの皿は皿受け棒AA'およびBB'に垂直に固定されており，支柱は鉛直線上にある。また，回転軸OにおいてさおABに直角に取り付けた指針を持つ。

上皿天秤の全ての回転軸は，AA' = OO' = BB'およびAO = BO = A'O' = B'O'を保ち，天秤の皿（PおよびP'）は軸AA'およびBB'に固定されているので，四角形AA'O'Oおよび四角形BB'O'Oは互いに全く合同な平行四辺形となる。そのため，水平面上に置かれたこの上皿天秤は試料あるいは分銅を皿のどこに載せても，AA'およびBB'は支柱OO'に常に平行なので両方の皿の移動距離は全く等しい。すなわち，皿のどこに試料および分銅を載せても力の作用線は鉛直方向であり，左右の皿の鉛直方向の皿の変位は互いに等しい。左右の皿の変位が等しいので，左右の分銅および試料の質量が等しければ，この上皿天秤は釣り合う（仕事の原理）。上皿天秤の釣り合いの機構は1670年にフランスの数学者ロバーバルが考案したものであるが，彼自身は試料あるいは分銅の位置が異なった場合，なぜ釣り合うのかを証明できなかった（証明されたのは1804年）。

3　電子天秤

現在通常使われる天秤のほとんどは電子天秤である。市販の電子天秤では，図4の上皿天秤の片方の皿（分銅を載せる皿）が隠れている。すなわち，340年前に提案されたロバーバル機構が最新の電子天秤の釣り合いの原理である。電子天秤では，分銅の代わりにさおが釣り合うのに必要な力を電流が作る磁界の強さで釣り合わせる。電磁力が電流に比例することを利用し，釣り合うために必要な電流の大きさを電流計で読みとる。すなわち，通常の天秤は分銅の質量と比較して試料の質量を測定する器具（質量計）であるが，電子天秤は重力を測定する器具（重力計）である。九州と北海道では重力の加速度に，最大0.13％程度の差があり，天秤の測定精度を上回る。すなわち，緯度が異なると重力の加速度gが異なるので，その補正を必要とする。

4　学習内容のポイント

1．天秤はその重心が支点より下にあることによって安定性を保つ。
2．上皿天秤は，内部の平行四辺形構造が左右の皿のどこに試料・分銅を置いても，左右の皿の上下の変位が等しい構造を持つ。
3．電子天秤は，分銅への重力と等価な電磁力を発生するのに必要な電流を読む。
4．通常の天秤は分銅の質量と比較して試料の質量を測定したが，電子天秤は重力を測定するので，重力の異なる場所（使う場所）での補正が必要である。市販の電子天秤は校正用分銅を内蔵して，それを補正する。

5 授業に役立つ図・表

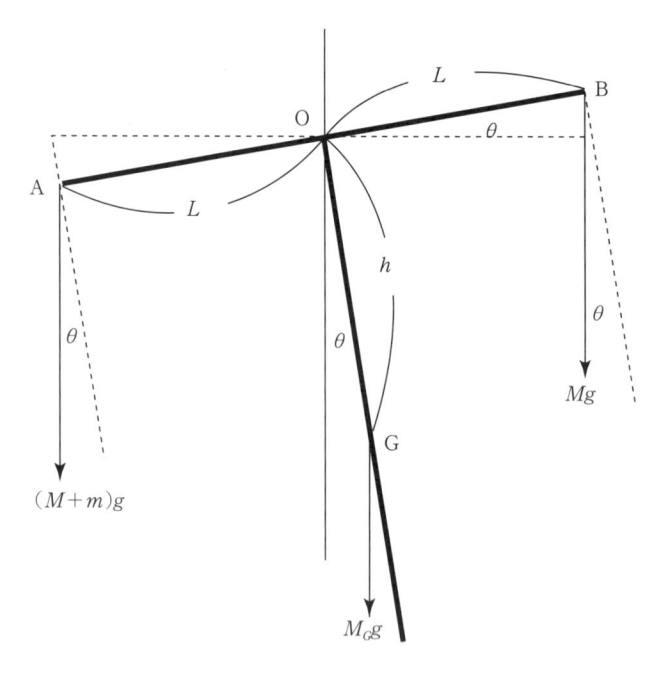

図1 さお天秤の安定性の原理

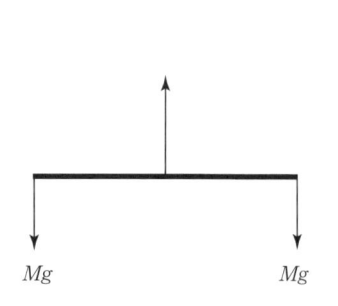

図2 1本のさおのつり合い

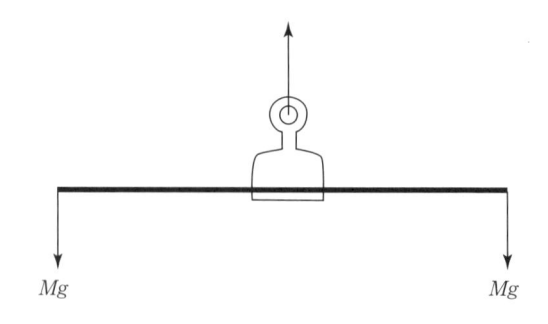

図3 クリップで支えた1本のさお

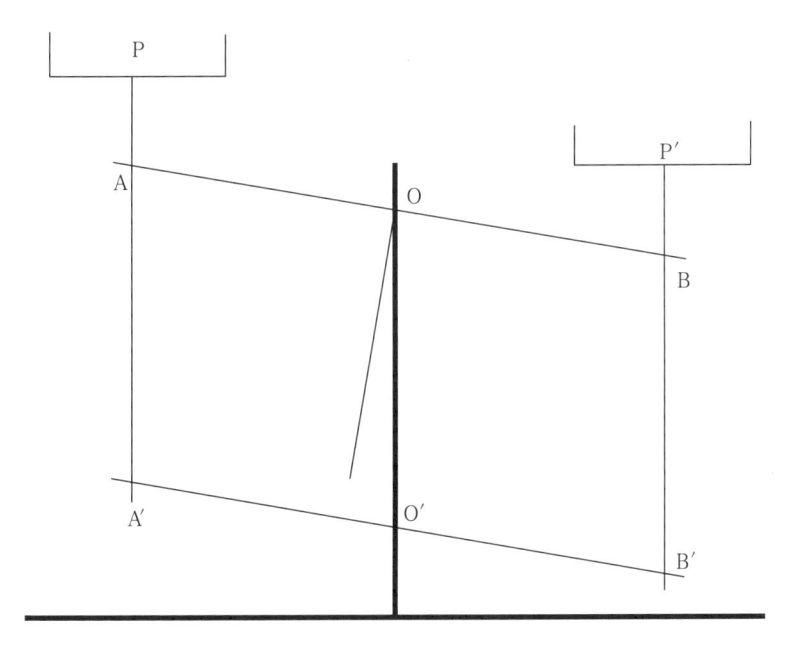

図4　上皿天秤の釣り合いの機構（ロバーバル機構）

6　テーマに関連したドリル

【問題1】
　鹿児島で観測される重力の加速度gは，$g_1 = 9.792$ m/s^{2}であるが，札幌で観測される重力の加速度gは，$g_2 = 9.805$ m/s^{2}である。鹿児島に設置したある電子天秤で試料の質量を測定したら，$m = 100.000$ gと表示された場合，その電子天秤を札幌に設置して同じ試料を測定したら，何gと表示されるか。

【問題1の解答】
　同じ質量に対する力は，重力の加速度に比例するので，札幌で受ける重力は鹿児島で受ける重力の(g_2/g_1)倍である。したがって，札幌では，$m(g_2/g_1) = 100.13$ gと表示される。100 gの試料に対する札幌と鹿児島での表示の差（0.13 g）は電子天秤の測定精度を大幅に上回る。市販されている電子天秤は，内臓している校正分銅を使ってこのような重力の加速度による力の差を自動的に校正する機能を備えている。

文献ナビ
① 鈴木勲（1985）「化学天秤による秤量法についての一考察」，化学教育，第33巻第6号，pp.511—513（化学天秤の釣り合いの機構と振動法による化学天秤の秤量法の解説である）
② 鈴木勲（1986）「上皿天秤の釣合いの機構」，化学教育，第34巻第6号，pp.339—340（上皿天秤の釣り合いの機構と，その歴史の解説である）

（鈴木　勲）

⇒関連題材 9・16・24

題材
25 単位の演算から振り子の周期を求める
物理量を表す固有の単位

1 学習指導要領とのつながり

高等学校物理Ⅰ　(3) 運動とエネルギー　ア　物体の運動　(ウ) 運動の法則
高等学校理科総合A　(2) 資源・エネルギーと人間生活　イ　いろいろなエネルギー　(イ) エネルギーの変換と保存
高等学校物理Ⅱ　(1) 力と運動　イ　円運動と万有引力　(ア) 円運動と単振動
中学校理科　第1分野　(5) 運動の規則性　ア　運動の規則性

2 題材と日常現実社会のなかでの活用場面―産業・人とのつながり―

　物の量を表すには，縦字体で書く固有の単位を用いる。長さLの単位はm（メートル），質量mおよび時間tの単位はそれぞれkgおよびs（秒）で表すことが国際的に推奨され，基本単位（SI基本単位）と呼ばれる。速さvの単位であるm/s≡m s^{-1}および加速度aの単位であるm/s^2≡m s^{-2}等は基本単位の演算（組み立て）で得られるので，組み立て単位（SI組立単位）と呼ぶ。物の量は，数値とこれらの単位の積で表されるので，物理量を計算する演算においては，数値の演算だけではなく単位の演算も重要である。ある物理量を表すために等式で結ばれた両辺は同じ単位を持つ。これを利用して，振り子の周期t(s)は糸の長さL(m)の平方根$L^{1/2}$に比例することが分かる。このような関係式が与えられれば，少ない実験から異なる長さの振り子の周期を予想できる。すなわち理論的には導くことができない複数の量の関係もそれぞれの単位を考察することによって推定することができる。単位の学習は，複雑な物理現象に影響を与える量の効果を予想することができるので，工業製品を開発する場合の実験回数を大幅に減らすことに活用されている。

3 題材の解説

1　振り子の長さLとその周期tの関係

　図1のように，糸に吊した質点（おもり）をその支点の鉛直下方向から偏った位置から離すと振動し，これを振り子あるいは単振り子と呼ぶ。この単振り子の周期tとその長さLの関係を明らかにする最も素朴な方法は，種々の長さLの振り子の周期tを測定して，図2のようなLとtの関係を得ることである。また図2から，tが$L^{1/2}$に比例することが予想されるので，図3のような$L^{1/2}$とtの関係からその勾配を求めることができる。すなわち，図3から次式を得る。

$$t = 2.0(\text{s})\sqrt{\frac{L(\text{m})}{1(\text{m})}} \tag{1}$$

ただし，式(1)を得るには多数の実験を行う必要がある。

2　単位の関係から振り子の長さLと周期tの関係の考察（次元解析）

　単位の重要性を認識するために，長さL(m)の糸の末端に質量m(kg)の質点（錘）をつけた単振り子の周期t(s)がどのように表されるべきかを考察する。振り子の周期t(s)はそれが置かれた状況と振り子の構造に依存する。振り子を高い位置から離すと，固定点から等距離の円を描いて降下するのはその質点が地球の中心方向に引かれているからであり，振り子の周期t(s)は重力の加速度gに依存す

ることが予想される。また，振り子の構造を決める長さL(m)と錘の質量m(kg)に依存する可能性がある。そこで振り子の周期t(s)が次式のように，g，Lおよびmに依存し，それぞれのS乗，P乗およびQ乗に比例すると仮定しよう。

$$t = A \cdot g^S L^P m^Q \tag{2}$$

ここに，Aは単位を持たない比例定数と仮定し，式(2)の単位にのみに注目すると次式を得る。

$$g^S L^P m^Q = (\mathrm{m\,s^{-2}})^S \mathrm{m}^P \mathrm{kg}^Q = \mathrm{kg}^Q \mathrm{m}^{(S+P)} \mathrm{s}^{-2S} = \mathrm{kg}^0 \mathrm{m}^0 \mathrm{s}^1 \tag{3}$$

すなわち，式(3)の両辺の，SI基本単位であるm，kgおよびsの次元を比較すると，それぞれ次式を得る（次元方程式と呼ぶ）。

$$S = -(1/2), \quad Q = 0, \quad P = (1/2) \tag{4}$$

このような方法を次元解析と呼び，式(4)を式(2)に代入すると次式を得る。

$$t = A \sqrt{\frac{L}{g}} \tag{5}$$

3 実験による係数の決定

式(5)から，少数の実験（原理的には1回の実験）により振り子の長さと周期の関係を求めることができる。すなわち，ある長さL_0の振り子の周期がt_0であれば，それを式(5)に代入すれば，次式を得る。

$$t = t_0 \sqrt{\frac{L}{L_0}} \tag{6}$$

実験によれば，$L_0 = 1.0$ mで10回振動するのに必要な時間が20 sであるので，$L_0 = 1.0$ mでの周期は$t_0 = 2.0$ sとなる。したがって，先の式(1)と全く同じ式を得る。すなわち，次元解析により振り子の周期t(s)を表すのに関係があると予想される重力の加速度g，振り子の長さLおよび錘の質量mの単位に注目することにより，それらの関係を推定することができた。また，定量的な関係を得るために，実験回数を大幅に減らすことができた。理論的には，振り子の周期として次式が得られる。

$$t = 2\pi \sqrt{\frac{L}{g}} \tag{7}$$

式(7)に$g = 9.8$ m s^{-2}を代入すると，式(1)と式(7)は定量的にも一致する。

4 学習内容のポイント

1. 物の量（物理量）を表すには固有の単位があり，物理量は，数値とこれらの単位の積で表される。
2. 物理量の演算においては，数値の演算だけではなく単位の演算も重要である。
3. ある物理量を表すために等式で結ばれた両辺は同じ単位を持つ。
4. 物理量を表す等式で与えられた演算に当たり，数値のみならず単位の演算も併せて行えば，その式あるいは演算の妥当性の点検が可能となる。

5 授業に役立つ図・表

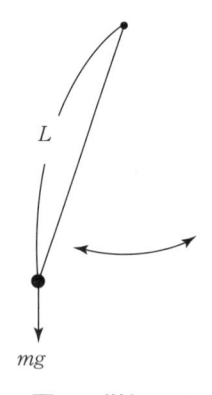

図1 単振り子

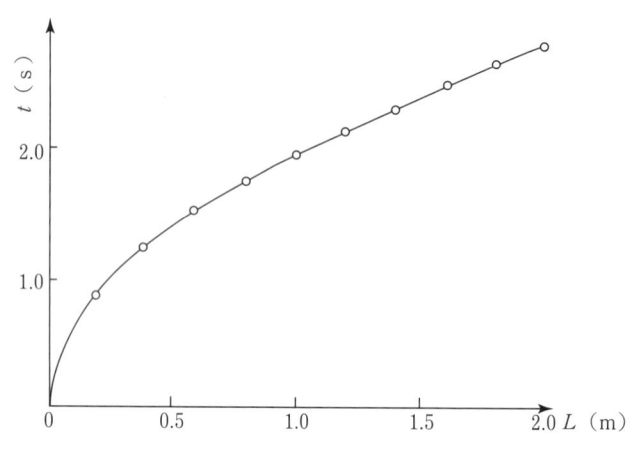

図2 単振り子の長さLと周期tの関係

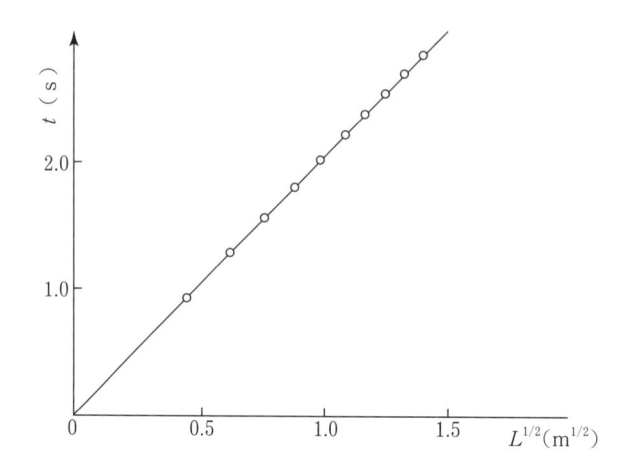

図3 単振り子の長さLの平方根$L^{1/2}$と周期tの関係

6 テーマに関連したドリル

【問題1】
球の体積Vとその半径rの関係を求める方法を考えなさい。

【問題2】
速度$v = 30$ m/sでの$t = 3$ hrにおける移動距離Lを単位の演算を明記して計算しなさい。

【問題1の解答】

球の大きさを規定する量は半径rのみであるので，体積Vは半径のみの関数である。したがって，次式のように体積Vが半径rのP乗に比例すると仮定しよう。

$$V = Ar^P \tag{8}$$

ここで，Aは次元の無い定数とする。式(8)の左辺は㎥（あるいは㎤）の単位を有し，rの単位はm（あるいは㎝）であるので，$P = 3$は自明である。したがって，次式を得る。

$$V = Ar^3 \tag{9}$$

係数Aを求める最も簡単な方法は，ある容器に水を充たして，その中に半径rの球を入れて，あふれた水の体積を測定すれば良い。すなわち，一回の実験で係数Aを決定することができる。最も一般的な方法は，式(9)からr^3とVの関係は直線関係を与えることが予想されるので，図のようにr^3とVの関係を描き，その勾配Aを求めることである。すなわち，多くの半径rの球であふれた水の体積Vを測定する。図の勾配から，$A = 4.18$を得る。これは，厳密な関係式である次式とほとんど一致する。

$$V = (4/3)\pi r^3 \tag{10}$$

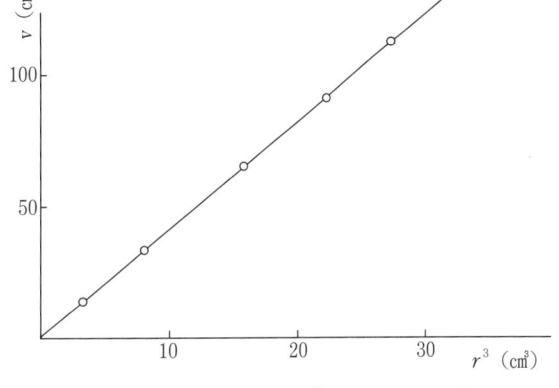

図 球の半径rの3乗r^3と体積Vの関係

【問題2の解答】

$L = vt = 30 \text{(m/s)} \times 3 \text{ hr} = 30 \text{(m/s)} \times 3 \times 3600 \text{ s} = (30 \times 3 \times 3600) \text{(m s/s)} = 324000 \text{ m} = 324 \text{ km}$

文献ナビ

① 「高校物理教科書の不思議」http://z011.fmec.waka.kindai.ac.jp/kyouiku/keisan/k3.html，2005年6月20日検索
単位表記は文化であり，物理の計算式の中では単位を付けるべきことを強調した単位の解説

（鈴木　勲）

⇒ 関連題材 20・24・27

題材 26
大きな力を得るには長い移動距離が必要！
モーメントの釣り合いと仕事の原理

1　学習指導要領とのつながり
高等学校物理Ⅰ　(3) 運動とエネルギー　イ　エネルギー　(ア) エネルギーの測り方
高等学校理科総合A　(2) 資源・エネルギーと人間生活　イ　いろいろなエネルギー　(イ) エネルギーの変換と保存
中学校理科　第1分野　(5) 運動の規則性　ア　運動の規則性
小学校理科　第5学年　B　物質とエネルギー

2　題材と日常現実社会のなかでの活用場面―産業・人とのつながり―
　水平な棒の釣り合いの条件は，支点から左右のおもりまでの距離と重さ（力）の積（モーメントという）が等しいことである（図1）。てこを使って重い物体を持ち上げる場合に，支点から遠い点で力を加えると小さな力で重い物体を持ち上げることができる。ただし，支点とその重い物体との距離は短いのでその物体は余り持ち上がらないが，支点と力を加える点（力点）の距離が長いので，力点の移動距離が長くなる。動滑車は滑車が回転するとともに軸の位置も動くので，定滑車と組み合わせることにより，小さな力で重いものを持ち上げることができる。この場合も小さな力で大きな力を得るためには，力点の大きな移動距離を必要とする。滑車，金切り鋏，万力，多段変速自転車および車のブレーキ等の油圧機構等は，長い距離の移動を行って小さな力で大きな力を得ることができる。モーメントの学習は，小さな力で大きな力を取り出す種々の器具の機構に活用されている。

3　題材の解説
1　仕事の原理とモーメントの釣り合い
　左右の腕の長さがそれぞれh_Lおよびh_Rの棒に与えたそれぞれの力F_LおよびF_Rがつり合っている場合のそれらの力による仕事を考察しよう（図2）。この装置を回転軸Oを中心に，右回りに1回転することによって右端へ加えた力（F_R）がする仕事（$2\pi F_R h_R$）が，左端へ加えた力（F_L）がする仕事（$2\pi F_L h_L$）より大きければ，釣り合いを保ったまま，すなわち外から仕事をすることなく，仕事を取り出すことができる（表1）。1回転すればこの装置は最初の位置に戻るので，1回転することによって取り出す仕事が小さくとも，多数回の回転により大きな仕事を取り出すことができる。仕事の大小関係が逆であれば，逆回転することにより，仕事を取り出すことになる。しかしこのように，零から正を生み出すことはあり得ないので，先の仮定は誤りであることが明らかである。したがって，摩擦の影響を無視できる場合には左右の力による全仕事は零になり，次式を得る。

$$F_L h_L = F_R h_R \tag{1}$$

すなわち，左右の回転の力のモーメントは等しくなる。同じ仕事をする場合には，短い移動距離で済ませるためには大きな力を要し，長い距離を移動すれば小さな力で足りる（仕事の原理）。逆にその必要な力F_Rも，移動距離の比（h_L/h_R）から$F_R = F_L (h_L/h_R)$と計算することができる。移動距離の比（h_L/h_R）を1より大きく採れば，小さな力F_Lで大きな力F_Rを得ることができる。

2 必要な力の計算

図3のような断面が直角三角形を持つ三角柱の直角の一辺ABを水平面上に置き，点Aから点Cに移動する2つの経路を考える。すなわち，点Aから摩擦の無い水平面（AB：長さa）上の点Bを経て，BC（長さb）を垂直に移動する経路と，点Aから摩擦の無い斜面AC（長さc）を移動して点Cに移動する2つの経路を考える。前述した議論と同様に，2つの経路での質量mの質点を移動するのに必要な仕事は等しい。ただし，摩擦のない水平面AB上を移動するのに必要な力および仕事は零であるので，斜面ACを移動するのに必要な仕事と垂直にBCを移動する仕事が等しいことになる。重力の加速度をgとすれば，地上で質量mの質点を垂直に持ち上げるのに必要な力F_Vは$F_V = mg$であるので，それに必要な仕事w_Vは$w_V = mgb$である。一方，斜面ACを移動するのに必要な力をF_Sとすれば，斜面を持ち上げる仕事w_Sは$w_S = F_S c$であるので，次式を得る。

$$w_S = F_S c = mgb = w_V \tag{2}$$

$$F_S = mg\frac{b}{c} = mg\sin\theta \tag{3}$$

ここに，θは斜面が水平面となす角である。通常は，式(3)で与えられる摩擦の無い斜面を持ち上げる力F_Sは，その斜面上の質量mの質点に働く力mgの斜面方向への成分として求められる。

3 油圧機構での力

図4のように，両端の内断面積がそれぞれS_AおよびS_Bを持つ2つの摩擦のない円筒（ピストンとよぶ）を，その中に満たした縮まない液体（油）を通して接触させる（油圧機構とよぶ）。断面積S_Aのピストンの移動距離がL_Aの場合における断面積S_Bのピストンの移動距離をL_Bとしよう。中に満たした液体（油）は縮まないので，次式を得る。

$$S_A L_A = S_B L_B \tag{4}$$

また，断面積S_AおよびS_Bのピストンに加える力をそれぞれF_AおよびF_Bとすれば，仕事の原理から次式を得る。

$$F_A L_A = F_B L_B \tag{5}$$

式(4)および式(5)より，この油圧機構によって取り出す力F_Bは次式で与えられる。

$$F_B = F_A \cdot \frac{S_B}{S_A} \tag{6}$$

ここで，ピストンの断面積の比（S_B/S_A）を1に比較して大きく採れば，F_Aに比較して大きな力F_Bを得ることができる。式(6)は，両側の圧力が等しいこと（$p_A = F_A/S_A = F_B/S_B = p_B$）と同値である。

4 学習内容のポイント

1. 摩擦の無い状況での力Fとその方向の移動距離Lの積FLは経路にはよらない（仕事の原理）。
2. 摩擦のないさおの釣り合いでは，左右のモーメントが釣り合う。
3. 小さな力で，大きな力を得るためには，長い移動距離を必要とする。
4. 仕事の原理と必要な移動距離から，必要な力を求めることができる。

5 授業に役立つ図・表

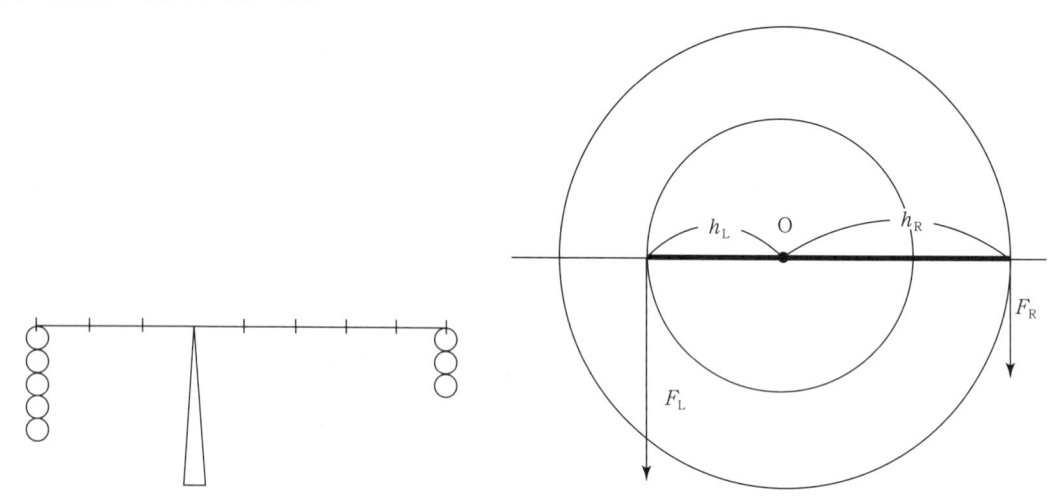

図1 水平な棒の釣り合い

図2 摩擦のない回転軸の周りの1回転

表1 摩擦がない回転軸に働く力による右回り回転の仕事

	左 棒	右 棒
腕の長さ	h_L	h_R
1回転の距離（円周）	$2\pi h_L$	$2\pi h_R$
力	F_L	F_R
1回転の仕事	$-2\pi F_L h_L$	$2\pi F_R h_R$

全仕事　$2\pi F_R h_R - 2\pi F_L h_L = 2\pi(F_R h_R - F_L h_L)$

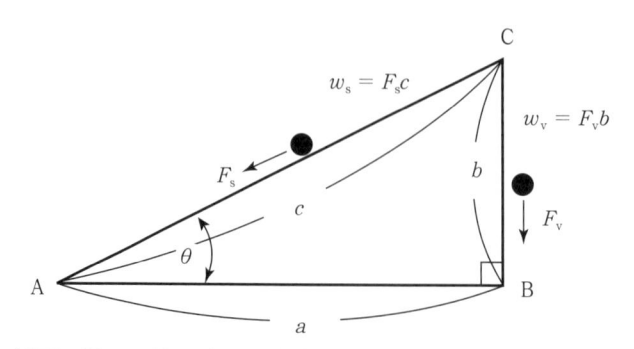

図3 摩擦のない斜面に沿って持ち上げる仕事（$F_s c$）と垂直に持ち上げる仕事（$F_v b$）の比較

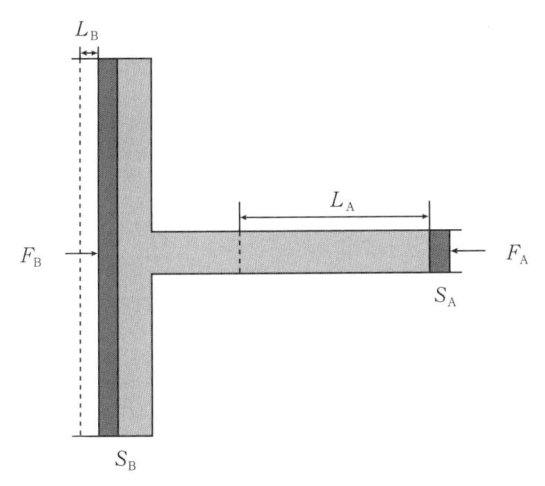

図4　油圧機構で釣り合う力

6　テーマに関連したドリル

【問題1】

図のような摩擦の無い複数の動滑車と定滑車および伸びない綱からなる滑車で100 kgの物体を持ち上げる。次の問に答えよ。

問1　物体を1 m持ち上げるために，綱を何m引く必要があるか。

問2　仕事の原理から，その物体が受ける重力の何倍の力で綱を引く必要があるか。

問3　綱を引くのに必要な力は，何kgに相当する力か。

【問題1の解答】

問1　綱を引かないで物体だけを1 m持ち上げると，綱が5 m弛む。したがって，綱を引いて物体を1 m持ち上げるために，綱を5 m引く必要がある。

問2　仕事の原理から，その物体が受ける重力の$\frac{1}{5}$倍の力で引く必要がある。

問3　20 kgに相当する力で引く。

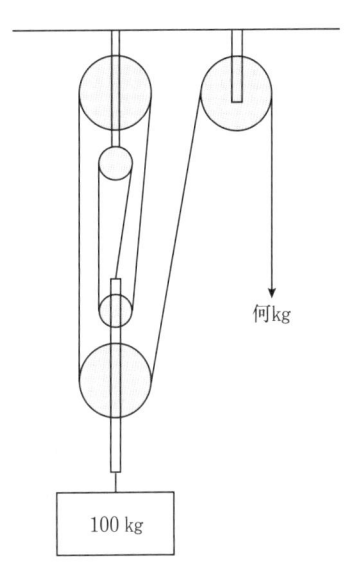

文献ナビ

① 「てこがつり合うとき」http://www1.kyoto-be.ne.jp/n-center/rika-jikken/5nen-jiken/teko/teko-turiau.htm，2005年8月2日検索

小学校向けの動画を交えたてこの解説である。てこの種々の変形の例示と種々のてこを使った道具と釣り合いを使ったおもちゃの紹介

② 「力のモーメント」http://hosinowa.mdn.ne.jp/rika_room/8th_teisei.htm，2005年8月2日検索

人の骨格と筋肉，介護の際の注意，バイオリンの弓圧，綱引きの静力学，重心と物の安定，移動式クレーン車等の多くの力のモーメントの具体例の解説

（鈴木　勲）

題材 27 おもりをつけたエレベーター
重力と位置エネルギー

⇒関連題材 24・28

1　学習指導要領とのつながり
高等学校物理Ⅰ　(3) 運動とエネルギー　イ　エネルギー　(イ) 運動エネルギーと位置エネルギー
高等学校物理Ⅱ　(1) 力と運動　イ　円運動と万有引力　(イ) 万有引力による運動
高等学校理科総合A　(2) 資源・エネルギーと人間生活　イ　いろいろなエネルギー　(ア) 仕事と熱
中学校理科　第1分野　(5) 運動の規則性　ア　運動の規則性

2　題材と日常現実社会のなかでの活用場面—産業・人とのつながり—
　地上では重力によりその質量に比例する力が働くので，質量を有する物体を鉛直上方に持ち上げるには仕事を要する。摩擦等がなければ，地表面付近でのその仕事は持ち上げる高さと物体の質量に比例する。大きな質量を有する物体を頻繁に持ち上げるには仕事の総量が大きくなるので，工夫を要する。高層建築では階段での昇降の不便さを軽減するために日常的にエレベーターを利用する。特にデパート等の商業施設では昇降の頻度が大きいので，エネルギー消費の小さな構造のエレベーターの開発は大きな課題である。最近のエレベーターの多くは客の乗ったかごと質量がほとんど等しいおもりをロープで結び，両者の昇降に伴う位置エネルギーの変化を相殺する「つるべ式」が主流である。位置エネルギーの学習はエレベーターの効率的な構造にも活用されている。

3　題材の解説
1　重力とそれによる位置エネルギー
　地球の自転等を無視すれば，地球上の物体は地球の中心方向に力を受けており，これを重力と呼ぶ。この重力は物体が地球の各部分から受ける万有引力の合力であり，地球内部の密度がその方向によらないとすれば，その合力は地球の全質量Mがその中心Oにある場合の万有引力に等しい（図1）。したがって，地球を半径Rおよび質量Mの球と見なせば，地球表面上の質量mの物体に働く重力mgは，次式のように地球から受ける万有引力の大きさで与えられる。

$$mg = G\frac{Mm}{R^2} \qquad (1)$$

ここに，gおよびGはそれぞれ重力の加速度および万有引力定数である。したがって，地球の半径R（約6.5×10^6 m）に比較して地球表面上の高さの変化が小さければ，重力の加速度gは一定と見なして良い。バネばかりあるいは電子天秤は，同一地点では重力mgが質量mに比例することを利用して試料への重力からその質量を測定する装置である。したがって，地球上と月面上では，電子天秤あるいはバネばかりが示す値は完全に異なる。一方，一対の対称な竿からなる天秤は試料の質量を分銅の質量と比較して測定するので，月面上でも地球上と同様に使える。
　地表面付近での重力の加速度gは一定であるので，質量mの物体への地球の中心方向への力fはmgである。したがって，地表付近で鉛直上方に高さhだけ上昇させるのに必要な仕事Wは$W = mgh$であり，高さだけによる。このように，その仕事が高さ等の位置だけによる場合の必要な仕事を位置エネルギーと呼び，高さ$h = 0$を基準にした重力による位置エネルギーは次式で与えられる。

$$E_\mathrm{P} = mgh \tag{2}$$

　高速道路では運転者が意識しないような緩斜面でも車の速度が低下し，渋滞することが多い。また，私たちが水平面上を走る場合に比較して，斜面を駆け上がるのは格段に消耗が激しい。これらは共に，斜面を上昇するには重力に伴う位置エネルギーに相当する余分な仕事を要するからである。

　日本の定期航路の旅客機は，地上約10 kmの高さを約300 m/s（時速1080 km）で飛行する。空気の摩擦抵抗等を無視すれば，旅客機が地上10 kmの高さに上昇するための仕事（位置エネルギーの変化に等しい）は旅客機の速度300 m/s（時速1080 km）に相当する運動エネルギーよりも大きい（図2）。ジャンボジェット機の質量は，機体が約1.5×10^5 kg，燃料が約1.0×10^5 kgおよび乗客・荷物が約1.0×10^5 kgの合計約3.5×10^5 kgもある。この機体を高さ約10 km上昇させるのには，損失を全く無視しても3.5×10^{10} Jの仕事を要するので，高度10 kmへの上昇だけでも多くの燃料を消費する。

2　つるべ式エレベーター

　エレベーターは，かごに人・荷物を載せてロープを使って低い位置から高い位置へあるいは高い位置から低い位置に移動させる装置である。当初のエレベーターは図3(a)のように単純な構造の巻胴式（ドラム式とも呼ばれる）であった。摩擦を無視して速度を零としても，質量Mのエレベーターを高さhまで上昇させるのに必要な仕事はMghである。エレベーターが下降する場合に特別な工夫をしなければ，エレベーターの1回の昇降ごとに仕事Mghを外部から供給する必要がある。

　実際のエレベーターの多くは，図3(b)のようにロープの他の一方に釣り合いをとるためのおもりを備えた構造を持つ（つるべ式と呼ぶ）。かごおよび釣り合いおもりはそれぞれを案内するレールを持ち，このレールに沿って昇降する。ロープの片方の質量m_1がhだけ上昇し，他方の質量m_2のおもりがhだけ下降する（$-h$だけ上昇する）場合の必要な仕事Wは次式で表される。

$$W = m_1 gh - m_2 gh = (m_1 - m_2)gh \tag{3}$$

　一般的に，$(m_1 - m_2)$をm_1に比較して格段に小さくすることができるので，つるべ式はドラム式に比較して格段に小さな仕事でエレベーターを運転することができる。これは，人・荷物の乗ったかごの上昇に伴う位置エネルギーの変化を，おもりの下降による位置エネルギーの変化で相殺するためである。あるいは，全体の重心の上昇がhに比較して格段に小さいためである。

4　学習内容のポイント

1. 地球上の物体は地球の各部分から受ける万有引力の合力である力mg（重力と呼ぶ）を受ける。その方向は地球の中心方向であり，力の大きさはその物体の質量mに比例する。
2. 地表付近で重力に逆らって鉛直上方にhだけ質量mの物体を持ち上げる仕事はmghで与えられる。摩擦等がなければ，この仕事は位置だけ（hだけ）によるので，これを重力による位置エネルギーと呼ぶ。
3. 単純な構造のエレベーター（ドラム式）では質量に比例する仕事を要する。しかし，つり合いのおもりを備えたエレベーター（つるべ式）は双方の質量差に比例する仕事を要するのみであるので，エネルギー消費の小さなエレベーターを構成することができる。

5 授業に役立つ図・表

図1　地上の質量mの物体と地球との間の万有引力

図2　旅客機（質量$m = 3.5 \times 10^5$ kg）の位置エネルギーE_pと運動エネルギーE_k

$v = 300$ m/s　　$E_k = 1.6 \times 10^{10}$ J

$h = 10$ km　　$E_p = 3.4 \times 10^{10}$ J

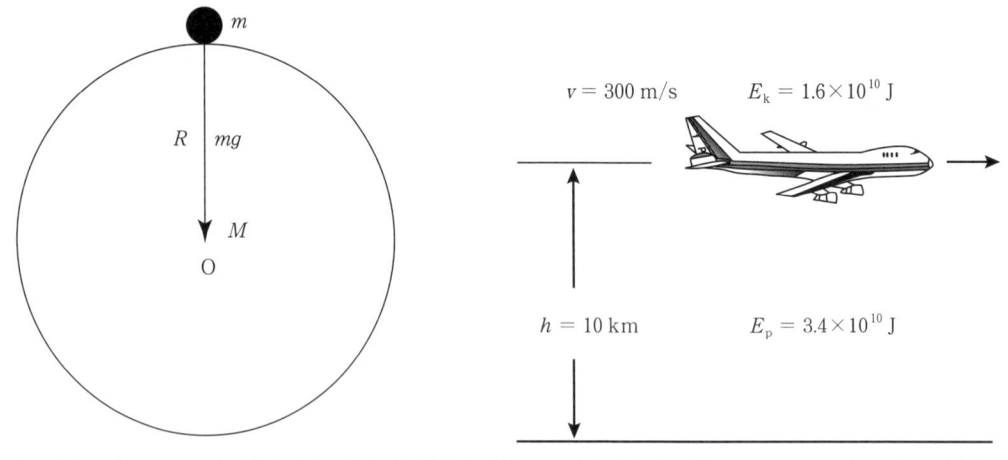

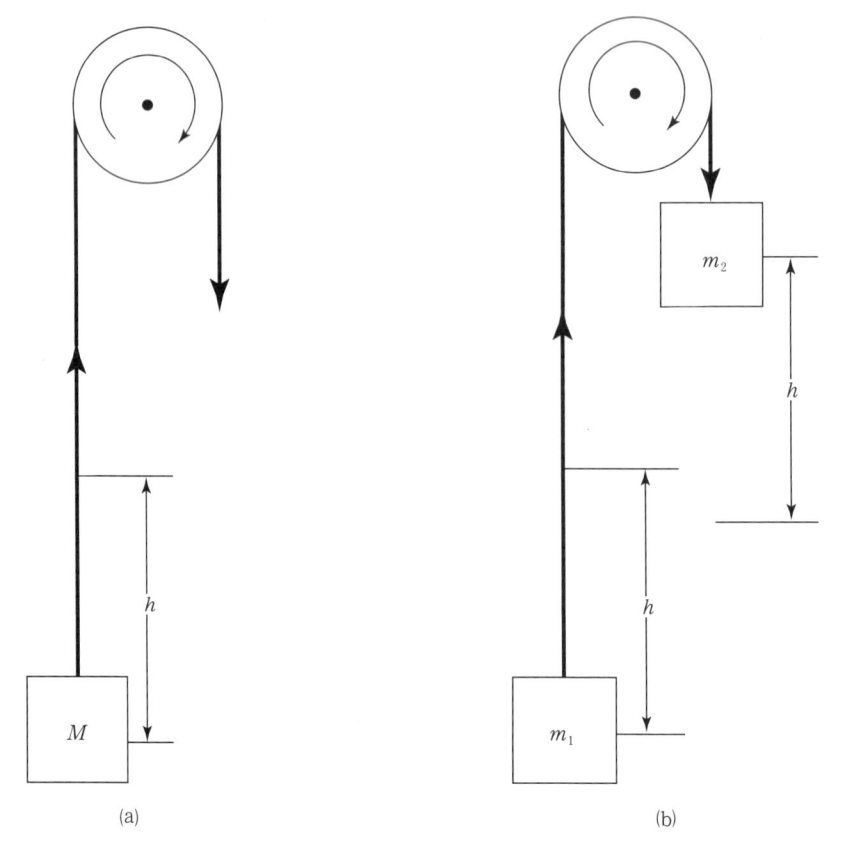

図3　(a)ドラム式エレベーターと(b)つるべ式エレベーター

6 テーマに関連したドリル

【問題１】
(1) 質量$m=3.5\times10^5$ kgの物体が地上の高さ$h=10$ kmにおいて持つ位置エネルギーE_pを計算しなさい。
(2) 質量$m=3.5\times10^5$ kgの速度$v=300$ m/sの物体の運動エネルギーE_kを計算しなさい。

【問題２】
(1) 地上で，質量$m_1=1000$ kgの物体を鉛直上方に重力に逆らって，$h=50$ m上昇するための仕事を計算しなさい。
(2) ロープの一方に$m_1=1000$ kgを，他方に$m_2=900$ kgのおもりをつけて，m_1を50 m上昇させ，他方のm_2を50 m下降させる場合の位置エネルギーの変化を計算しなさい。

【問題３】
質量m_1の質点がhだけ上昇し，質量m_2の質点がhだけ下降する（$-h$だけ上昇する）場合の，重心（質量：m_1+m_2）の上昇Hおよびその仕事Wを計算しなさい。

【問題１の解答】
(1) $E_\mathrm{p}=mgh=3.5\times10^5$ kg$\times9.8$ m s$^{-2}\times10\times10^3$ m $=3.43\times10^{10}$ kg m^2 s$^{-2}=3.4\times10^{10}$ J
(2) $E_\mathrm{k}=(1/2)mv^2=(1/2)\times3.5\times10^5$ kg$\times(300$ m/s$)^2=1.6\times10^{10}$ kg m^2 s$^{-2}=1.6\times10^{10}$ J

【問題２の解答】
(1) $W=mgh=1000$ kg$\times9.8$ m s$^{-2}\times50$ m $=490000$ kg m^2 s$^{-2}=4.9\times10^5$ J
(2) $W=(m_1+m_2)gh-m_2gh=(m_1-m_2)gh=100$ kg$\times9.8$ m s$^{-2}\times50$ m $=4.9\times10^4$ J

【問題３の解答】
重心の上昇をHとすると，$(m_1+m_2)H=m_1h-m_2h=(m_1-m_2)h$を得る。したがって，重心の上昇$H$および重心の上昇に要する仕事$W$は次式で与えられる（式(3)と一致する）。

$$H=\frac{(m_1-m_2)h}{(m_1+m_2)}$$
$$W=(m_1+m_2)gH=(m_1-m_2)gh$$

文献ナビ

① 「エレベーターのひみつ」http://www.n-elekyo.or.jp/science/s_01/main.htm，2005年10月20日検索
社団法人日本エレベーター協会のホームページであり，ロープ式エレベータおよび油圧式エレベーター等の仕組みおよび安全装置等を解説

（鈴木　勲）

⇒関連題材 22・26・27

題材
28
棒高跳びの世界記録
運動エネルギーと位置エネルギー

1 学習指導要領とのつながり
高等学校物理Ⅰ　(3) 運動とエネルギー　イ エネルギー　(イ) 運動エネルギーと位置エネルギー
中学校理科　第1分野　(5) 運動の規則性　ア 運動の規則性
高等学校理科総合A　(2) 資源・エネルギーと人間生活　イ いろいろなエネルギー　(ア) 仕事と熱

2 題材と日常現実社会のなかでの活用場面—産業・人とのつながり—

　地表付近では、重力によりその質量に比例する力が働くので、質点の自由落下では一定加速度を与える。その加速度を重力の加速度gと呼び、約$9.8\,\mathrm{m\,s^{-2}}$である。その際、重力が仕事をするために質点の速度は増加し、時間とともに運動エネルギーが増加して、位置エネルギーが減少する。逆に、大きな水平方向の速度を持った質点は滑らかに方向を変えることによって高く上がり、運動エネルギーは位置エネルギーに変換する。運動エネルギーと位置エネルギーは相互に変換可能であり、これを力学的エネルギー保存の法則と呼ぶ。高い位置からの落下は大きな速度を与え、大きな落差を持ったジェットコースターは大きな速度をえる。滑らかな方向変換ができれば、水平方向に大きな速度を持つ質点は高い位置まで上ることができるので、棒高跳びでの大きな助走速度は高い横棒（バー）を超えられる。運動エネルギー，位置エネルギーおよび力学的エネルギー保存の法則の学習は棒高跳びあるいはジェットコースター等に活用されている。

3 題材の解説
1 力学的エネルギーの保存
　地表付近の滑らかな曲面上にある質量mの質点の高さh_1における速度v_1と、高さh_2における速度v_2の関係は次式で与えられる。

$$mgh_1 + (1/2)mv_1^2 = mgh_2 + (1/2)mv_2^2 \qquad (1)$$

　式(1)の左辺第1項mgh_1は、重力加速度gの下で質量mの質点を高さh_1まで上げるのに必要な仕事であるので、それを高さh_1における位置エネルギーE_pと呼ぶ。また$(1/2)mv_1^2$を質量m、速度v_1の運動エネルギーE_kと呼ぶ。式(1)の右辺第1項のmgh_2は高さh_2における位置エネルギーE_pであり、右辺第2項は速度v_2の運動エネルギーE_kである。したがって式(1)は力学的エネルギーの和が保存されることを示し、力学的エネルギー保存の法則と呼ぶ。

2 ジェットコースター
　滑らかな曲面上に質点を落下させると、摩擦等の抵抗が全くなければ最初の速度で始点に戻る。ジェットコースターの曲面の形は利用者の楽しみを考慮して種々の工夫がされているが、原理的には高い位置での位置エネルギーが低い位置での運動エネルギーに変換することを利用する。外部から、発進時における仕事および車輪あるいは空気との摩擦等の損失に相当する仕事（エネルギー）を供給することにより大きな落差があれば、大きな速度を与えることができる。国内で最高落差hを持つジェットコースターの落差hは$h = 93.2\,\mathrm{m}$であり、最高速度vは$v = 153\,\mathrm{km/h}$である（図1）。式(1)から、高

さ$h=93.2$ mから初速が零で落下した質点は，高さ$h=0$では$v=42.7$ m/s $=153.7$ km/hを得る。すなわちこのようなジェットコースターでは，空気抵抗あるいは車輪の摩擦等で失われるエネルギーを補給すれば自由落下とほとんど等しい速度を体験できる。

3　棒高跳び

棒高跳びでは，水平方向の速度を炭素繊維製の棒（ポール）によって鉛直上方に変換することにより，その運動エネルギーを位置エネルギーに変換する。式(1)から，水平方向の速度$v=10.0$ m/sは，鉛直上方の高さ$h_0=5.1$ mの位置エネルギーに相当する。身長1.8 mの競技者であれば，重心の位置は地上より$h_G=1.0$ m高いとして良いので，運動エネルギーが完全に位置エネルギーに変換できれば，重心の位置は地上から$h_0+h_G=6.1$ mまで達することになる。さらに，横棒（バー）を越える際に体を巧みに曲げることにより，重心の位置より$h_B=0.1$ m高いバーを越えることもできる。したがって，地上からのそのバーの高さhは$h=h_0+h_G+h_B=6.2$ mと計算される（図2）。

100 m競走の世界記録の男女比はわずか1.07であり，それから評価される高さh_0の比は1.15（約0.5 mの差）であり，男女の重心の位置の差は0.1 m程度である。しかし，棒高跳びの世界記録（男：6.14 m，女：5.00 m）には男女で大きな差がある。したがって棒高跳びでは，腕の筋肉の仕事により追加の位置エネルギーの獲得の寄与があると考えられる。

ポールも木，竹，金属，グラスファイバー，炭素繊維と変化したが，それらの材料は運動エネルギーを位置エネルギーに変換する手段であり，その性能も限界に近づいている。実際，棒高跳びの男子世界記録は1982年の6.03 mから12年後の1994年までにわずか0.11 m延びて6.14 mに達してから，全く変わらない。これは100 m競走の記録である10.0 s（速度$v=10.0$ m/s）から計算される限界に近い。すなわち，空気抵抗等の負要因と筋肉仕事による正要因がほぼ相殺され，実際の棒高跳び記録は単純な力学的エネルギー保存の法則で計算される値とほとんど一致する。

4　水力発電

水力発電は，高い位置での水の位置エネルギーを運動エネルギーに変換し，その水の運動エネルギーが発電機を廻して電気エネルギーに変換する。通常は安定的な発電を行うためには面積の大きな貯水池（ダム）を要し，ダムに水を蓄えて豊水期にも渇水期にも安定的な発電が可能となる。日本の代表的な水力発電所である関西電力黒部第4発電所は，深さ186 mおよび貯水量2×10^{11} kgのアーチダムを持つ。発電所はダムから10 km下流の地下150 mに4機の発電機を備え，その最大出力は335000 kWである。黒部第4発電所の水力発電所の有効落差hは$h=545.5$ mであり，落下する水の量は1 s間当たり$m=72\times10^3$ kgであるので，計算される発電量Pは$P=385000$ kWである（図3）。すなわち，位置のエネルギーが運動エネルギーに変換し，効率良く電気エネルギーに変換していることが分かる。

4　学習内容のポイント

1. 地上では重力により，その質量に比例する力が働くので質点の自由落下では一定加速度を与える。その加速度を重力の加速度gと呼び，約9.8 m s^{-2}である。
2. 質点が地上で自由落下すると，時間とともに運動エネルギー$E_k=(1/2)mv^2$が増加して，位置エネルギー$E_p=mgh$が減少することにより運動エネルギーと位置エネルギーは相互に変換する。摩擦がなければ，その和は一定に保たれ，これを力学的エネルギー保存の法則と呼ぶ。
3. 大きな落差を持ったジェットコースターは大きな速度を与える。また水平方向の大きな速度を持つ質点は滑らかな方向変換で高い位置まで上ることができるので，棒高跳びでの大きな助走速度により高い位置の横棒（バー）を越えることができる。

5 授業に役立つ図・表

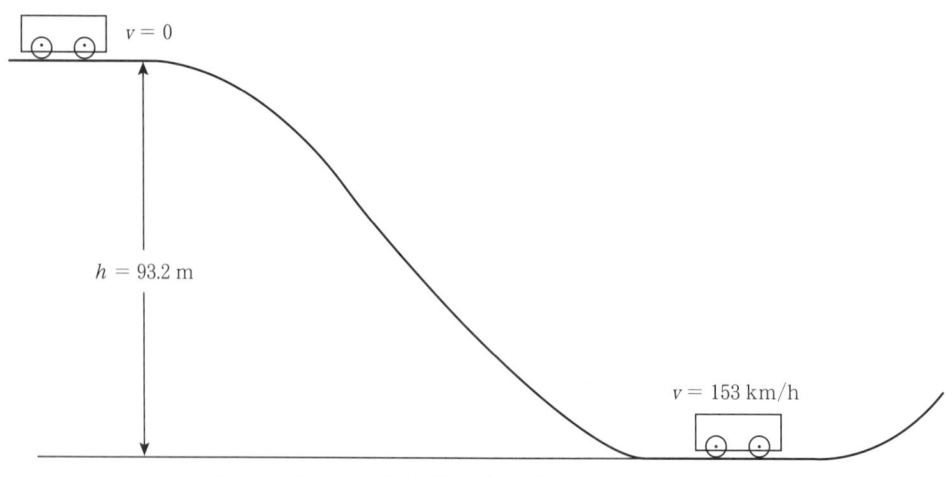

図1 日本で最高落差を持つジェットコースター

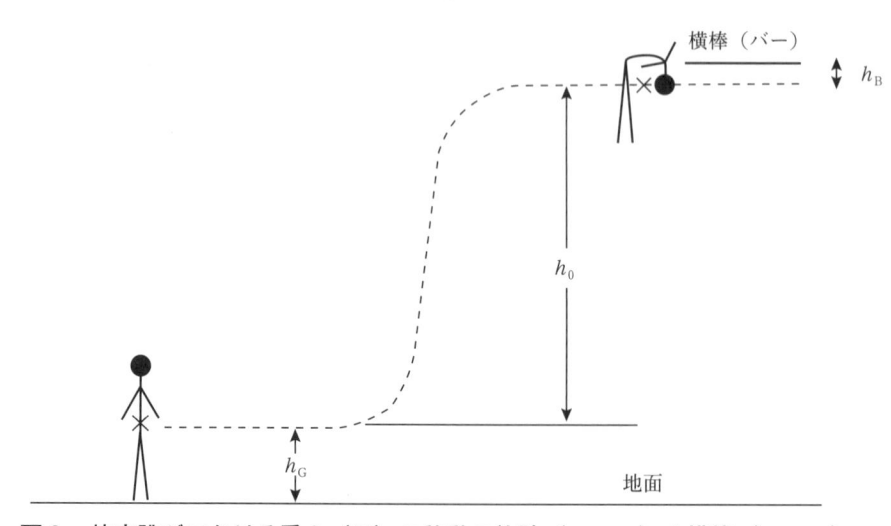

図2 棒高跳びにおける重心（×）の移動の軌跡（-----）と横棒（———）

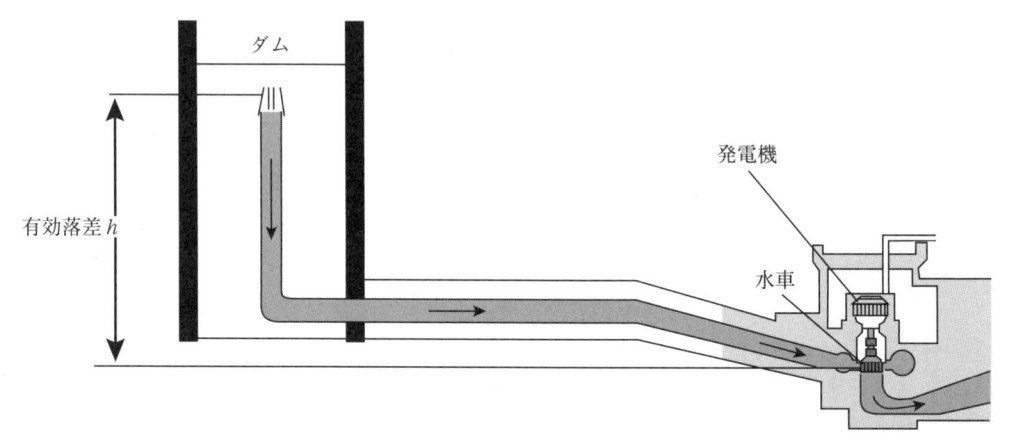

図3 黒部第4発電所の概念図（水量速度$m_t = 72×10^3$ kg/sで有効高さ$h = 545.5$ mから落下）

6 テーマに関連したドリル

【問題1】
摩擦のない滑らかな曲面上の高さ$h_1 = 93.2$ mから速度$v_1 = 0$で落下した質点が$h_2 = 0$で持つ速度v_2を計算しなさい。

【問題2】
摩擦のない滑らかな曲面上の高さ$h_1 = 0$で速度$v_1 = 10.0$ m/sを持つ質点が，曲面上を上昇して最も高くなる（$v_2 = 0$となる）高さh_2を計算しなさい。

【問題3】
地上の高さ$h = 545.5$ mから，1 s当たり$m = 72 \times 10^3$ kgの質量の水が落下する場合（水量速度$m_t = 72 \times 10^3$ kg/s）のエネルギー消費率（仕事率P）を計算しなさい。

【問題1の解答】
速度v_2は次式で計算される。
$$v_2 = \sqrt{2gh_1} = \sqrt{2 \times 9.8 \text{ m s}^{-2} \times 93.2 \text{ m}} = 42.7 \text{ m/s} = 154 \text{ km/h}$$

【問題2の解答】
高さh_2は次式で計算される。
$$h_2 = \frac{v_1^2}{2g} = \frac{(10 \text{ m s}^{-1})^2}{2 \times 9.8 \text{ m s}^{-2}} = 5.1 \text{ m}$$

【問題3の解答】
仕事率Pは次式で計算される。
$$P = m_t gh = 72 \times 10^3 \text{ kg s}^{-1} \times 9.8 \text{ m s}^{-2} \times 545.5 \text{ m} = 3.8 \times 10^8 \text{ kg m}^2 \text{ s}^{-3} = 3.8 \times 10^8 \text{ W} = 38万 \text{ kW}$$

黒部第4発電所の最大出力は335000 kWであり，その有効落差hおよび水量速度m_tから計算される出力Pにほぼ一致する。

文献ナビ

① 「ジェットコースターを楽しもう」http://www.lakesquare.com/rollercoaster/，2005年10月20日検索
　ジェットコースターに関する国内外の各種情報が掲載されている。ランキングには，コース全長ランキング，落差ランキングおよび最高速度ランキング等が含まれる。

② 「黒部第4発電所」http://noseyo.com/topics/kuroyon.htm，2005年10月20日検索
　黒部川の水力発電設備として10ケ所の発電所の最大出力，使用水量，有効落差等の物理的な量が掲載されている。

(鈴木　勲)

題材 29 真空の2重壁からなる魔法瓶

熱伝導と対流

⇒関連題材 9・30・44

1 学習指導要領とのつながり
高等学校物理Ⅰ （3）運動とエネルギー　イ エネルギー　(ウ) 熱と温度
高等学校理科総合A （2）資源・エネルギーと人間生活　イ いろいろなエネルギー　(ア) 仕事と熱
（中学校理科　第1分野　(2) 身の回りの物質　ア 物質のすがた）

2 題材と日常現実社会のなかでの活用場面―産業・人とのつながり―

魔法瓶は熱の移動（熱伝導、対流および放射）を抑える構造を備えた典型的な道具であり、その中に入れた熱湯を高温に保つ。魔法瓶は、温度差のある部分の面積を小さくするために金属あるいはガラス製の2重壁構造からなり、その内部を真空にして熱伝導を軽減する（図1）。内部を真空にすることにより、熱伝導と共に対流による熱移動が無視できる。対流による熱の移動の速さは熱伝導による熱の移動の速さより大きいので、冷房器具を天井に、暖房器具を床上に置くと対流により部屋の温度が速やかに均一になる。またガラス製の魔法瓶は2重壁構造の内部を鏡にして、光による熱移動である放射を抑制する。熱伝導・対流等の熱移動の学習は、身近な保温器具の構造あるいは冷暖房の利用法に活用されている。

3 題材の解説

1 熱伝導と魔法瓶の2重壁真空構造

温度が高いとは、固体・液体・気体を構成している原子が激しく振動していることあるいは気体分子の重心の移動する速さが大きい状態である。また、熱伝導は温度の高い部分と温度が低い部分が接触した場合に、原子の振動幅の相対的に大きい原子あるいは速さの相対的に大きい分子が、相対的にそれらの小さい振動幅あるいは速さを大きくすることである。熱伝導による熱の移動速度は、その温度差のある距離 L に反比例し、温度差のある部分の断面積 A とその温度差に比例する。その比例定数を熱伝導率と呼び、金属が大きな値を与え、ガラスは小さな値を与える（表1）。したがって、何も無ければ（真空であれば）、熱伝導は起こらない。

図1の魔法瓶の内部を高温（T_H）部として、外部を低温（T_L）部と見なし、2重壁真空構造を引き延ばすと図2のように描くことができる。真空である内部は熱伝導に全く寄与しないので、高温（T_H）部と低温（T_L）部の距離 L は図2の真空2重壁構造部の厚さに相当し、温度差のある部分の断面積 A は図2の両端の矢印で記した金属あるいはガラス製の厚さに相当する2つの狭い領域だけである。この両端の部分は、魔法瓶の口の部分となる。内部を真空にするもうひとつの理由は、対流による熱移動を避けるためである。家庭用のガラス製魔法瓶は放射による熱移動を軽減するためガラスの内面に銀めっきを施してある。ただし高温側（$T_H = 373$ K）と低温側（$T_L = 273$ K）に大きな温度差はなく、放射による熱移動の寄与は小さいので、ここでは放射については触れない。

2 対流による熱移動

熱伝導と対流の寄与の相違を示すために、断熱壁で囲まれた等量の（厳密には熱容量の等しい）高温（例えば温度 $T_H = 360$ K）の水と低温（例えば温度 $T_L = 300$ K）の水の温度の変化を考察する。一方は、高温水を下に（図3a）、他方は低温水を下に配置（図3b）し、時間 $t = 0$ において高温

水と低温水を薄い金属板で隣り合わせると熱の移動が起こる。熱平衡（時間 $t=\infty$）においては，図3aの配置でも，図3bの配置でも，到達温度（平衡温度）T_∞ は，$T_\infty = (T_H + T_L)/2 (= 330\text{ K})$，となることは自明である。これは熱平衡の問題であり，外からの熱の出入りが無い（断熱系と呼ぶ）状況では，当然である。ただし図3aと図3bの配置では平衡への接近の速さが異なる。

図3aの配置では，初期の $t = t_1$ において下半部（高温水）から上半部（低温水）へ金属板を通して熱伝導によって移動した熱により，下半部（高温水）の金属板付近の温度が $T_H^{(1)} (< T_H)$ に降下し，上半部（低温水）の金属板付近の温度が，$T_L^{(1)} (> T_L)$ に上昇する。上半部（低温水）の金属板付近の水温（$T_L^{(1)}$）は上半部（低温水）の金属板から離れた上層部の水温（T_L）より高いので，金属板付近の水（水温 $T_L^{(1)}$）は上層部の水（水温 T_L）より密度が小さい。したがって，上半部では，対流によって熱が移動することにより，上半部（低温水）の水温は速やかに均一化する。同様に，下半部（高温水）の金属板付近の水温（$T_H^{(1)}$）は下半部（高温水）の金属板から離れた下層部の水温（T_H）より低いので，下半部の金属付近の水（水温 $T_H^{(1)}$）は下層部の水（水温 T_H）より密度が大きい。したがって，下半部でも対流によって熱の移動が起こるので，下半部（高温水）の水温も速やかに均一化する（図4a）。ところが，図3bの配置では，上記したような対流が起こらないので，熱移動は熱伝導のみで起こる。したがって，図3bの配置では，図3aの配置に比較して平衡への接近が遅くなる（図4b）。

池の水（例えば10℃）が冬の冷たい大気（例えば−10℃）によって冷やされて表面から氷結するのは，対流による熱移動の速さが熱伝導による熱移動の速さより大きいことが原因である。池の表面付近（上層部）の水の温度は常に池の深い場所（下層部）の水の温度より低いと仮定できる。したがって，池の水が4℃より高い間は，冬の低温の大気（−10℃）によって冷やされた池の表面付近の水（例えば，5℃）は池の深い場所の水（例えば，10℃）より密度が大きい。そのため対流によって池の水全体の温度が均一化して池全体が4℃までは冷却する（図5a）。しかし，水温が4℃より低温になると温度が低いほど水の密度が小さくなるので，冬の低温の大気（−10℃）によって冷やされた池の表面付近（上層部）の水（例えば，1℃）は深い場所（下層部）の水（例えば，3℃）より密度が小さいので対流は起こらない。したがって，水温が4℃より低温になると熱伝導により池の表面付近のみが冷却し（図4b），池全体の温度の均一化は遅く，冬の池の水は表面より氷結する。これは，水の密度が4℃付近で最大になることも原因の一つである。

室内の暖房器具は一般的に床に置く。暖房機具により暖められた温度の高い空気は，密度が小さいので上昇して暖房器具から離れた上層部の温度も速やかに高くなる。逆に，冷房器具は天井付近に置き，冷却された冷たい空気が下降して冷房器具から離れた下層部の温度も低くなる。

4　学習内容のポイント

1. 魔法瓶は，熱移動の3つの過程である熱伝導，対流および輻射を抑えるために，真空の2重壁と光が通過しない構造を持つ。
2. 熱伝導は温度の高い部分と相対的に温度が低い部分が接触した場合に，原子の振動幅の相対的に大きい原子あるいは速さの相対的に大きい分子が相対的にそれらの小さい振動幅あるいは速さを大きくすることである。
3. 水や空気等の液体あるいは気体は，熱せられた部分あるいは冷却された部分の密度の差により移動（対流と呼ぶ）して全体を暖めあるいは冷やすので，対流による熱移動速度は熱伝導によるより大きい。
4. 池の水が表面から氷結するのは，熱伝導による熱の移動速度が対流による移動速度より小さいためである。

5 授業に役立つ図・表

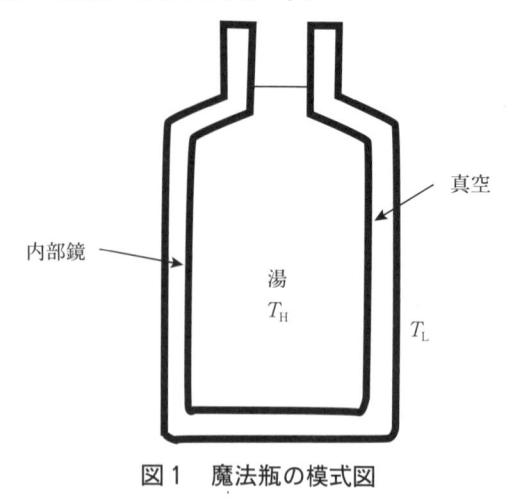

図1 魔法瓶の模式図

表1 物質の熱伝導率（20 ℃）

物　　質	熱伝導率（W m^{-1} K^{-1}）
銅	401
18−8ステンレス	15
鉄	81
ソーダガラス	0.55—0.75
ポリエチレン	0.25—0.84
乾燥木材	0.14—0.18
水	0.58
空気	0.026

図2　魔法瓶の2重壁真空構造の模式図（温度変化のある距離Lとその面積A）

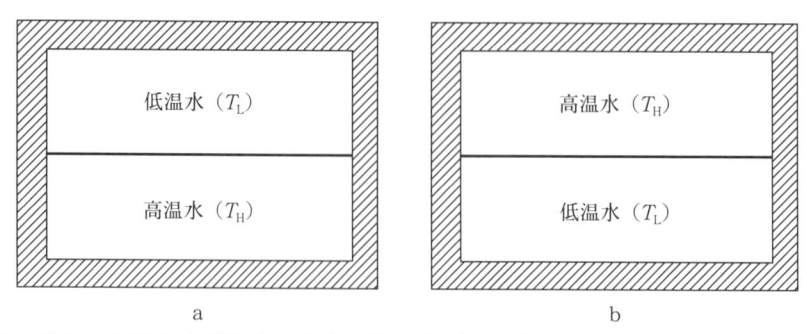

図3　熱容量の等しい高温水と低温水の温度の均一化（a：高温水が下部，低温水が上部，b：高温水が上部，低温水が下部）

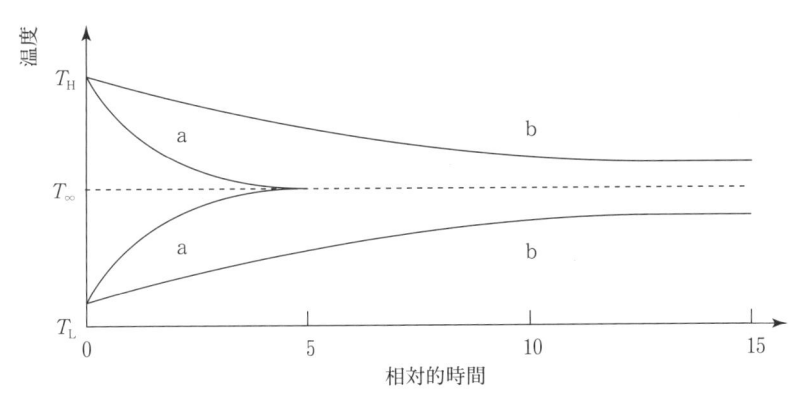

図4 熱容量の等しい高温水と低温水の温度変化（a：高温水が下部，低温水が上部，b：高温水が上部，低温水が下部）

図5 低温の地表大気（−10 ℃）による池の水（10 ℃）の冷却過程（a：水温が4 ℃より高い場合，b：水温が4 ℃より低い場合）

6 テーマに関連したドリル

【問題1】
　ガラス製魔法瓶の他に，熱伝導率がガラスに比較して格段に大きい金属製魔法瓶も市販されている。
(1)熱伝導，(2)対流，(3)放射，の観点からガラス製魔法瓶と金属製魔法瓶を比較しなさい。

【問題1の解答】
(1) 熱伝導率には格段の差があるが，熱伝導の寄与は図2の魔法瓶の口の部分の2重壁の小さな断面積 A の部分だけであるので，両者の熱伝導の寄与に大差はない。
(2) ガラス製魔法瓶も金属製魔法瓶も内部を真空にするので，本質的には差はない。
(3) ガラス製魔法瓶のガラスの内側は放射を防ぐために内部を銀めっきする。金属では銀めっきを施す必要が無い。

文献ナビ

① 「暮らしと真空」http://www.ulvac-uc.co.jp/kurashi/mijika/mahoubin/，2005年6月20日検索
　我が国の魔法瓶の歴史と魔法瓶の最も大きな機能である熱伝導と対流を抑制するために真空を保持する真空ろう付け等の解説

（鈴木　勲）

⇒関連題材 20・29・44

題材
30 温度は運動の激しさ
温度の定義と気体の状態方程式

1 学習指導要領とのつながり
高等学校物理Ⅰ　(3) 運動とエネルギー　イ　エネルギー　(ウ) 熱と温度
高等学校物理Ⅱ　(3) 物質と原子　ア　原子，分子の運動　(イ) 分子の運動と圧力
高等学校化学Ⅱ　(1) 物質の構造と化学平衡　ア　物質の構造　(イ) 気体の法則
　（中学校理科　第1分野　(2) 身の回りの物質　ア　物質のすがた）

2 題材と日常現実社会のなかでの活用場面—産業・人とのつながり—
　温度を測る器具を温度計と呼び，理科実験室にはガラス管の中に赤い液体あるいは銀色の液体が入った温度計がある。この赤い液体はトルエン（無色）に赤い染料を少量入れたもので，銀色の液体は水銀である。これらは，温度が高くなるとそれらの体積が大きくなるのでそれを毛細管の液柱の上昇として測定する。すなわち，温度が高くなるとそれらの液体が膨張する性質を利用している。ただし，液体の膨張率はその液体に固有であるので，正式な温度計とはならない。正式な温度の定義は全ての気体に共通な性質である低圧における気体の圧力と体積の積を使う。このような温度は，気体の運動エネルギーに相当し理想気体の状態方程式につながる。気体の運動および気体の性質の学習は，私たちの最も身近な感覚である温度とつながっている。

3 題材の解説
1　液体の膨張を利用した温度計
　全く膨張しない透明の材料で作った均一の直径（断面積）を持つ2つの毛細管に異なる液体（例えば水銀とトルエン）を入れて，2つの温度計とする。図1のように両方の温度計を，氷と水を混ぜた容器中に長い時間放置して，両方の温度計の液体の先端部に0 ℃と印を付ける。次に，大気圧1.013×10^5 Pa = 1013 hPa = 1 atmの下で水の沸騰している液面のすぐ上に2本の温度計を長い時間放置して，それらの液面の先端部に100 ℃と印を付ける。これらの2つの温度計では，0 ℃と100 ℃は正確に表示できるが，50 ℃では2つの温度計の示度は一般的に異なる。これらの2つの温度計の体積膨張率が温度によって異なるためである。例えば，水は4 ℃で体積が最小になるので，水の膨張を利用した温度計を作ることができないことは明らかである。すなわち，液体の膨張を利用した温度計は，厳密にはそれらの液体固有の温度計であり，全ての物質に共通する温度にはなり得ないことが明らかである。

2　低圧気体の圧力pと体積Vの積pV
　一定の物質量（例えば，1 mol）の低圧における気体の圧力pと体積Vの積pVは物質によらず一定である。図2には，水と氷が共存する温度t_1 = 0 ℃=273 Kでの圧力の異なる水素H_2，窒素N_2およびメタンCH_4の圧力pと，圧力pと体積Vとの積pVの関係を表した。広い圧力範囲ではボイルの法則は成立しないことが明らかであるが，圧力が限りなく小さな極限（外挿値と呼ぶ）での積pVは気体によらず一定値を与える。実験によるとこの値は全ての気体に共通の値であり，次式で表される圧力が限りなく小さな場合の外挿値を温度の基準に使う。

$$C = \lim_{p \to 0} pV \tag{1}$$

水と氷が共存する温度$t_1 = 0\,°\mathrm{C} = 273\,\mathrm{K}$および大気圧$1013\,\mathrm{hPa} = 1\,\mathrm{atm}$における水と水蒸気が共存する温度$t_2 = 100\,°\mathrm{C} = 373\,\mathrm{K}$で図2と同じ実験から，温度$t_1$および$t_2$でのそれぞれの外挿値$C_1$および$C_2$を得られる。図3は$(t_1, C_1)$および$(t_2, C_2)$の間を直線で結んだ図である。図3は全ての気体に共通するので，これで温度を定義する。すなわち，未知の温度tで同様な実験を行い，図2に相当する外挿値Cを得，図3の縦軸がCとなる横軸が求める温度tである。図3の縦軸Cは負にはならないので，図3の直線が横軸と交わる温度は最も低い温度である。実験によるとその温度は$-273.15\,°\mathrm{C}$であり，この温度を絶対零度と呼び，$0\,\mathrm{K}$とする。厳密には温度の定点を水（H_2O）の液体，気体および固体の3つが共存する温度（水の三重点T_0）を$T_0 \equiv 273.16\,\mathrm{K}$（$0.01\,°\mathrm{C}$）と定義するので，その温度での外挿値$C_0$と先に求めた$C$から，次式で温度$T$を定義する。

$$T = \frac{C}{C_0} T_0 = 273.16 \frac{C}{C_0} \tag{2}$$

3　気体分子の運動と温度T

互いに直交するx方向，y方向およびz方向の長さL_x，L_yおよびL_zの容器に閉じ込められた質量mの質点を考える。最初のx方向の速度は$-v_x$であるが，x = 0の壁で弾性衝突してx方向の速度がv_xとなる1個の質点を考察する。その速度変化$2v_x$と，最初の壁への衝突から次の衝突までに$2L_x$の移動する所要時間$(2L_x/v_x)$との比が質点が受ける加速度a_xである。逆に壁が受ける力F_xは次式で与えられる。

$$F_x = m a_x = m \frac{2 v_x}{2 L_x / v_x} = \frac{m v_x^2}{L_x} \tag{3}$$

したがって，x方向に垂直な面積$S_x (= L_y L_z)$の壁への圧力pは次式で与えられる。

$$p = \frac{F_x}{L_y L_z} = \frac{m v_x^2}{L_x L_y L_z} = \frac{m v_x^2}{V} \tag{4}$$

1個の質点のx方向の運動から，圧力pと体積$V (= L_x L_y L_z)$の積pVは気体分子の運動エネルギー（$(1/2) m v_x^2$）に比例することが分かった。したがって，式(1)，式(2)および式(4)から，気体の温度T（$=(T_0/C_0) m v_x^2$）は気体分子の運動エネルギー（$(1/2) m v_x^2$）に比例することが分かる。気体にとって，方向は無関係（等方的）であるので，x方向のみならずy方向およびz方向を併せて考察しても，一般的に温度が運動エネルギーと関係することが言える。互いに相互作用しない多数の分子では，その全圧力も式(4)の右辺に比例する。液体の分子間引力は大きいのでそれぞれの液体に特有な膨張率を与えるので，普遍的な温度目盛にはならない。しかし，液体あるいは固体もそれらの運動の激しさが温度に関係づけられる。

4　学習内容のポイント

1. 日常的に使用されている液体温度計は，液体の膨張を利用するので，厳密にはそれぞれの液体に固有の温度目盛となる。
2. 低圧における気体の圧力pと体積Vの積pVは物質によらず一定であるので，物質によらない温度が定義できる。
3. 低圧での気体の挙動は，相互作用のない質点とみなすことができるので，そのような温度は気体分子の運動エネルギーに比例することが分かる。

5 授業に役立つ図・表

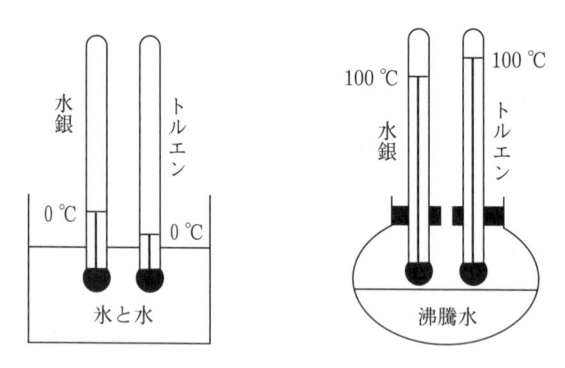

図1　2つの液体（水銀とトルエン）の膨張を利用した温度計の温度目盛

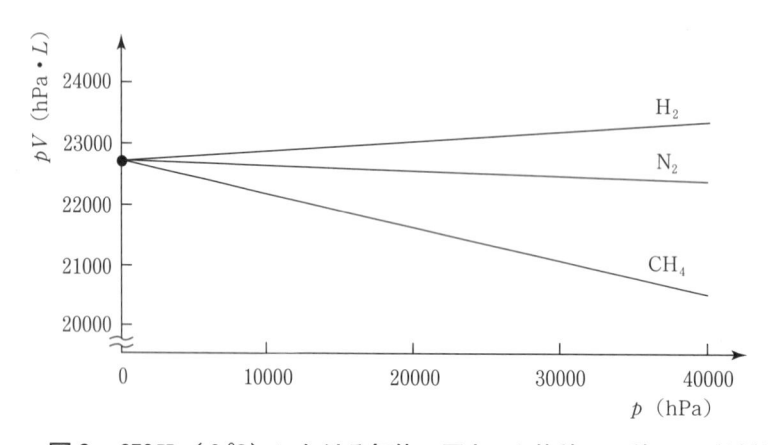

図2　273 K（0 ℃）における気体の圧力 p と体積 V の積 pV と外挿値●

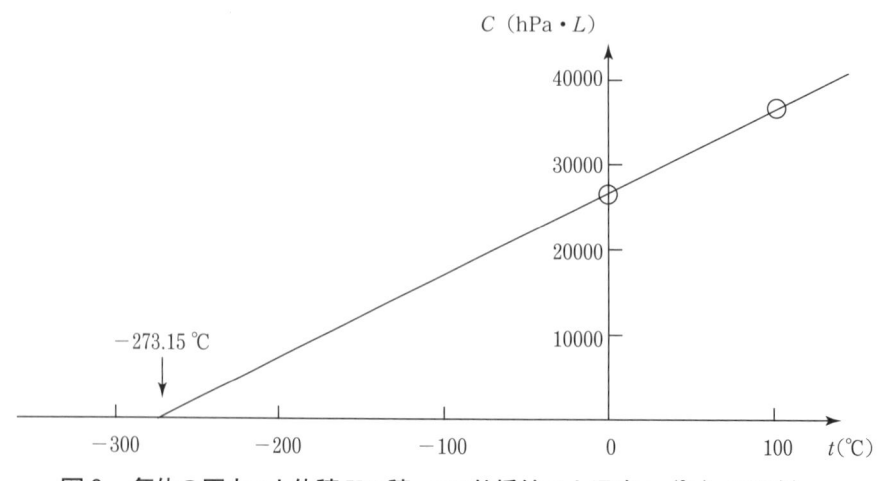

図3　気体の圧力 p と体積 V の積 pV の外挿値 C と温度 t（℃）の関係

6 テーマに関連したドリル

【問題1】

330 Kに保たれた1辺0.30 mの立方体の中に二酸化炭素CO_2（分子量$M = 0.044 \text{ kg mol}^{-1}$）が入っているとする。この$CO_2$分子の，立方体の一辺の方向（x方向）の速さは250 m/sであり，この分子はx方向に垂直な壁に衝突して向きは変わるが速さは変化しないとする。必要ならば，アボガドロ定数は$N_A = 6.022 \times 10^{23} \text{ mol}^{-1}$として，次の問いに答えなさい。

(1) 速さが250 m/sの分子が片側の壁に衝突してから，再びその壁に衝突するまでには，この分子は$2 \times 0.30 \text{ m} = 0.6 \text{ m}$の距離を移動する。その所用時間$\Delta t$はいくらか（s）。

(2) この分子はx方向に垂直な壁への衝突により，速度は-250 m/sから250 m/sに変化する（向きが変わるので，符号が変化する）。壁への衝突によるこの分子の速度の変化Δu_xはいくらか（m/s）。

(3) この分子は，Δtの間にΔu_xの速度変化があるので，この分子が受ける加速度a_x（$= \Delta u_x / \Delta t$）はいくらか（m/s^2）。

(4) この分子の1個の質量mはいくらか（kg）。

(5) この分子の1個が受ける加速度a_xは壁へf（$= ma_x$）の力を与える。その力fはいくらか（N）。

(6) この1個の分子の衝突による壁（面積$S = 0.09$ m^2）への圧力p_1（$= f/S$）はいくらか（N/m^2 = Pa）。

(7) この容器中には1 mol（$N = 6.022 \times 10^{23}$個）の分子が入っているとすれば，この全分子の壁への衝突による全圧力pはNp_1となる。全圧力$p = Np_1$はいくらか（Pa）。

【問題1の解答】

(1) $\Delta t = 0.60 \text{ m}/(250 \text{ m/s}) = 2.4 \times 10^{-3}$ s

(2) $\Delta u_x = 250 \text{ m/s} - (-250 \text{ m/s}) = 500$ m/s

(3) $a_x = 500 \text{ m/s}/(2.4 \times 10^{-3} \text{ s}) = 2.1 \times 10^5$ m/s^2

(4) $m = 0.044 \text{ kg mol}^{-1}/(6.022 \times 10^{23} \text{ mol}^{-1}) = 7.3 \times 10^{-26}$ kg

(5) $f = 7.3 \times 10^{-26} \text{ kg} \times 2.1 \times 10^5 \text{ m/s}^2 = 1.5 \times 10^{-20}$ kg m/s^2

(6) $p_1 = 1.5 \times 10^{-20} \text{ kg m s}^{-2}/(0.09 \text{ m}^2) = 1.7 \times 10^{-19}$ N/m^2

(7) $p = 6.022 \times 10^{23} \times 1.7 \times 10^{-19} \text{ N/m}^2 = 1000 \times 10^2$ N/m^2 = 1000 hPa

文献ナビ

① 「気体の性質」http://www.nda.ac.jp/cc/users/asanoa/lectures/ch1/ch1-05gas.pdf，2005年8月2日検索
   気体分子の運動エネルギーと温度との関係を3次元（x，y，z方向）の分子の運動を考慮して解説

（鈴木　勲）

⇒関連題材 30・32

題材 31 なぜレールに隙間が空いているか？
熱膨張の弊害と応用

1 学習指導要領とのつながり
高等学校物理Ⅰ （3）運動とエネルギー　イ　エネルギー　(ウ)熱と温度
小学校理科　第4学年　B　物質とエネルギー　(2)ア
（中学校理科　第1分野　(2)身の回りの物質　ア　物質のすがた）

2 題材と日常現実社会のなかでの活用場面―産業・人とのつながり―
　物体の長さや体積は温度によって変化する。この現象は熱膨張とよばれ，液体温度計のように身近なものから，電子顕微鏡用の非常に薄い試料を作るウルトラミクロトームという機械まで，さまざまなものに応用されている。
　温度は，長さや重さのように直接には計れないので，温度によって変化するものを測定することによって求められる。電気抵抗など温度変化するものは多くあるが，液体の体積が計りやすいので，着色した灯油等をガラス管に封入したもの（いわゆるアルコール温度計）がもっとも手軽な温度計となっている。また，電子顕微鏡用の切片を作るには，試料の位置を非常に精密に制御しなくてはならないが，これはネジなどの機械的な方法では難しい。しかし，試料をつけた金属棒の温度を変化させることで可能となる。
　一方，熱膨張が弊害を起こすこともある。たとえば鉄道のレールは，夏になって温度が上がると伸びて曲がってしまうことがある。
　したがって，熱膨張の学習は，温度計などを作ったり，レールの伸びの弊害を避けるために活かされている。

3 題材の解説
1 線膨張率と体膨張率
　固体は，通常の温度範囲では，ふつう図1に示したように温度に比例して伸びる。つまり0℃のときの長さをl_0とすると，温度θのときの長さlは，

$$l = l_0(1+\alpha\theta) \tag{1}$$

と表される。ここで，αは物質によって決まる定数で，線膨張率とよばれる。これは単位長さ当たりの伸び率に相当し，温度が$\Delta\theta$変化したとき長さがΔl変化したとすると，

$$\alpha = \frac{\Delta l}{l_0 \Delta\theta} \tag{2}$$

と表される。したがって，αが大きい物体ほど温度に対して伸びやすいことになる。温度差の単位はK（ケルビン）なので，αの単位はK^{-1}となる。なお，通常αは非常に小さいので，(2)式のl_0はlとして差し支えない。つまり，

$$\alpha = \frac{\Delta l}{l \Delta\theta} \tag{3}$$

としてよい。
　液体や気体では体積の温度変化に着目する。すなわち，0℃のときの体積をV_0とすると，温度θの

ときの体積 V は，ふつう，

$$V = V_0(1+\beta\theta) \tag{4}$$

となる。ここで，β は体膨張率とよばれる定数で，物体の温度膨張のしやすさを示している。これも線膨張率と同様に，

$$\beta = \frac{\Delta V}{V_0 \Delta\theta} \tag{5}$$

と表され，単位はやはり K^{-1} となる。表 1 にいくつかの物質の膨張率を示した。この表からも分かるように，一般に固体の体膨張率は線膨張率の 3 倍となる。また，液体の体膨張率の方が固体の体膨張率よりも大きい。

なお，厳密には膨張率は温度によって異なっている。特に水は $0 \sim 4℃$ では膨張率はマイナスである。つまり $4℃$ 以下の水は暖まると体積が減少するという特徴をもっている。それ以上の温度では膨張率はプラスになるので，$4℃$ で体積が最小となる。

2　レールの隙間

レールの継ぎ目を見ると，図 2 のように隙間が空いている。これは工事が雑なわけではなく，熱膨張に備えて余裕を持たせているのである。たとえば，レールの温度が，冬にくらべて夏には 50 K 高くなるものとしよう。（レールには直射日光が当たるので，気温よりずっと高温になる。）レールの長さを 25 m，線膨張率を $1.2 \times 10^{-5}\,K^{-1}$ とすると，レールの伸び Δl は(3)式から，

$$\Delta l = \alpha l \Delta\theta = 1.2 \times 10^{-5}\,K^{-1} \times 25\,m \times 50\,K = 0.015\,m = 1.5\,cm \tag{6}$$

と求められる。もし，継ぎ目に空きがないと，この伸びのためにレールは曲がってしまう。もちろん，列車が滑らかに走行するためには隙間は狭い方がよいので，温度変化による伸びの大きさを予想して必要最低限な長さだけ空けてある。ただし，まれに想定以上に温度が上がって曲がることがある。

なお，現在は長さが 1 km 以上のロングレールも使われているが，継ぎ目部分は斜めにカットして伸びたときはスライドするようになっている（図 3）。この方式だと継ぎ目部分に隙間がないので，列車の走行も滑らかで騒音も少ない。

3　ウルトラミクロトーム

電子顕微鏡用の非常に薄い試料切片を作る装置がウルトラミクロトームである。一例を図 4 に示した。またこの試料装着部付近を拡大したのが図 5 である。（この図では試料，カッターは取り外した状態となっている。）試料は金属棒の先端に取り付けられ，この金属棒の熱膨張によって試料の位置を微調整して，カッターで切断する。

試料を 1 回カッターで切断した後，試料を取り付けた金属棒を温めてわずかに膨張させてから再び切断すれば薄い切片が出来ることになる。いま仮に，試料支持金属棒の長さを 5 cm，その線膨張率を $1.2 \times 10^{-5}\,K^{-1}$ とすると，厚さ $1\,\mu m (= 1 \times 10^{-6}\,m)$ の試料を作るために必要な温度変化は，(3)式より，

$$\Delta\theta = \frac{\Delta l}{\alpha l} = \frac{1 \times 10^{-6}\,m}{1.2 \times 10^{-5}\,K^{-1} \times 0.05\,m} = 1.7\,K \tag{7}$$

となる。機種によっては $1\,nm (= 1 \times 10^{-9}\,m)$ までの薄い試料を作ることが出来る。

4　学習内容のポイント

1. 熱膨張
    (1) 物体の長さや体積は温度で変化する。（伸びと温度変化は比例することが多い）
    (2) 線膨張率 α …温度による物体の伸びやすさ

    $$\alpha = \frac{\Delta l}{l \Delta\theta}$$

2．熱膨張の弊害
　　例：レールが高温になると伸びて曲がってしまう。
　　　　　　→膨張を見越して継ぎ目にわざと隙間を空けてある。
3．熱膨張の応用
　　例：ウルトラミクロトーム
　　　　　　熱膨張を利用して非常に薄い試料をつくることができる。

5　授業に役立つ図・表

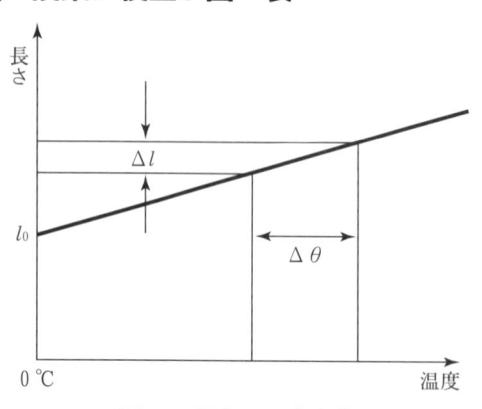

図1　長さの温度変化

表1　いろいろな物質の膨張率

物質	α / K^{-1}	β / K^{-1}
アルミニウム	2.3×10^{-5}	6.9×10^{-5}
鉄	1.2×10^{-5}	3.6×10^{-5}
ガラス	0.9×10^{-5}	2.7×10^{-5}
コンクリート	1×10^{-5}	3×10^{-5}
氷	5.1×10^{-5}	15.3×10^{-5}
水（20℃）		21×10^{-5}
水銀		18×10^{-5}
灯油		96×10^{-5}

図2　レールの継ぎ目

図3　ロングレールの継ぎ目

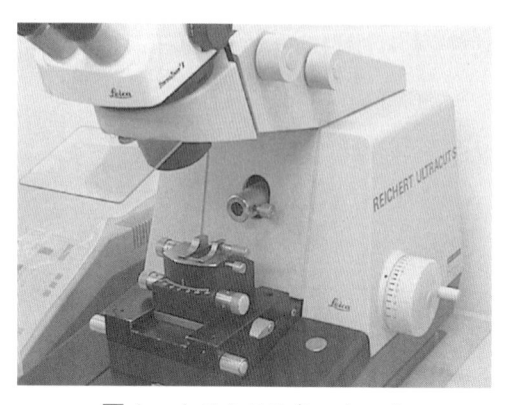

図4　ウルトラミクロトーム

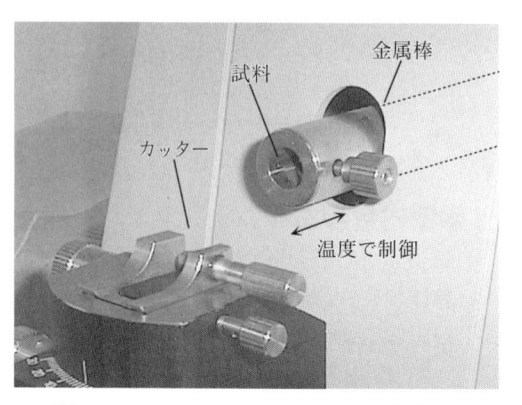

図5　ウルトラミクロトームの拡大図

6 テーマに関連したドリル

【問題 1】

真ちゅうの板に丸い穴をあけ，ちょうどボールが通れるようにしておく。この板を温めたとき穴の大きさはどうなるか。

(ア) 穴の大きさは変わらない。
(イ) 穴は小さくなり，ボールは通らなくなる。
(ウ) 穴は大きくなり，ボールは通りやすくなる。

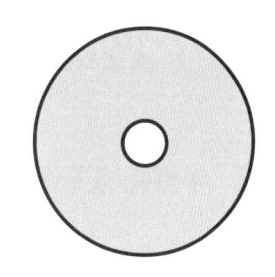

【問題 1 の解答】

(ウ)

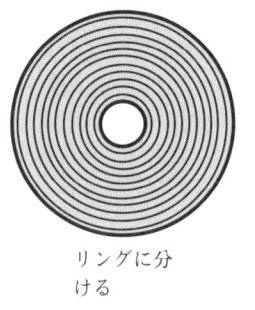

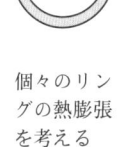

真ちゅうの板を，右図のように半径の異なるリングの集まりと考える。それぞれのリングは，温度が上がれば膨張して半径が大きくなる。一番内側のリングの半径も大きくなるので，穴は大きくなることになる。

また，熱膨張をミクロに考えると，長さが大きくなるということは原子間の距離が伸びるということである。したがって，下図からもわかるように，原子の配置は変わらないので全体が膨張すれば穴も大きくなる。

なお，粘土の板を押しつぶして延ばすときや，ホットケーキを焼いて膨らませるときは，下図の場合と異なり，粒子の配置がくずれるので，穴は小さくなる。

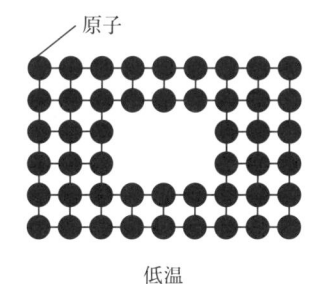

リングに分ける

個々のリングの熱膨張を考える

原子

低温 　　　　　　　高温

文献ナビ

① 「おおしま自由研究所　レール情報局」http://www.lares.dti.ne.jp/~oshima/rail/，2005年7月9日検索
② http://www.leica-microsystems.co.jp/website/su_jp.nsf，ライカマイクロシステムズ株式会社，2005年7月9日検索
③ 「4年理科　温度とものの変化＆水のすがた」http://www5e.biglobe.ne.jp/~minineta/4nen-rika.htm，2005年7月9日検索

（松原郁哉）

題材
32 何度も使えるカイロ

⇒関連題材 30・34・43

相転移と潜熱

1　学習指導要領とのつながり
高等学校物理Ⅰ　(3) 運動とエネルギー　イ　エネルギー　(ウ) 熱と温度
（中学校理科　第1分野　(2) 身の回りの物質　ア　物質のすがた）

2　題材と日常現実社会のなかでの活用場面—産業・人とのつながり—
　物質は，温度や圧力によって状態が固体，液体あるいは気体に変化し，その際に熱を吸収したり放出したりする。この状態変化を相転移とよび，相転移にともなって吸収・放出される熱を潜熱という。潜熱はさまざまなことに利用されており，たとえば氷は融けて水になるときに熱を吸収するので，ジュースから大きな建物までいろいろなものを冷やすのに用いられている。また逆に液体が固体になるときには熱を放出するので，これを利用したカイロが作られている。
　このように相転移と潜熱の学習は，さまざまなものの冷却や加熱に活用されている。

3　題材の解説
1　相転移と潜熱
　水は冷やせば氷となり，加熱すれば沸騰して水蒸気となる。一般に物質は温度や圧力を変化させると，固体，液体，気体と状態が変化する。この3つの状態を物質の三態といい，物質の状態が変化することを相転移とよぶ。
　図1に示したように，固体のときは原子や分子など物質を構成する粒子は互いに強く結びつき，つりあいの位置を中心にして振動している。液体になると，各粒子は互いの距離をほぼ一定に保ちながら不規則に動き回る。気体では，粒子間の力はほとんど働かず，空間内を自由に運動する。
　固体が液体になることを融解，逆に液体が固体になることを凝固（あるいは固化）といい，液体が気体になることを気化という。気化には液体の表面で起こる蒸発と，液体の内部で生じる沸騰とがある。気体が液体になることは液化（あるいは凝縮）とよばれる。また，固体から気体に，あるいは気体から固体に変化することを昇華という。
　固体が液体になるときの温度を融点（あるいは融解点），逆に液体から固体になるときの温度を凝固点という。厳密には，融点も凝固点も，一定の圧力のもとで液体と固体が平衡になる温度を指すので，一般に両者は一致する。また，液体が沸騰するときの温度を沸点（あるいは沸騰点）とよぶ。
　1.013×10^5 Pa（＝1気圧）のもとで氷に一定の割合で熱を与え続けると，図2のように，氷が融け始めてから全部融けるまでは0 ℃，水が沸騰し始めてから全部水蒸気になるまでは100 ℃で一定となる。つまり，融点では固体と液体が，沸点では液体と気体が共存していることになる。
　このように固体から液体，あるいは液体から気体に相転移する際に温度が一定になるのは，物質に与えた熱が，粒子間の結合を切ったりゆるめるために使われるからである。単位質量の物質が固体から液体になるときに吸収する熱を融解熱，液体から気体になるときに吸収する熱を蒸発熱（あるいは気化熱）という。逆に気体から液体になるときは蒸発のときと同じ熱を，液体から固体になるときは融解のときと同じ熱を放出する。このように相転移の際に吸収あるいは放出する熱を潜熱という。

2　過熱と過冷却
　液体を加熱したとき，沸点以上になっても液体のままのことがある。これを過熱という。過熱という現象が起きるのは，沸騰するためにはきっかけが必要だからである。過熱状態の液体にきっかけが与えられると，突沸といって，爆発するように一気に気化する。突沸を防ぐため，実験のときには沸騰石という小さな穴がたくさんある素焼きの粒を液体の入った容器（ビーカー，フラスコなど）に加

えておく。

同様に，液体を冷却したときも，液体のまま凝固点以下になることがあり，これを過冷却とよぶ。過冷却状態の液体にきっかけを与えると一気に凝固が進む。このとき凝固熱が発生して，凝固点まで温度が上昇する。

3　潜熱の利用

(1) 繰り返し使えるカイロ

凝固熱を利用するカイロが市販されている。これは図3(a)のように，酢酸塩と金属製のボタンをビニール袋に密封したものである。この酢酸塩の凝固点はおよそ60℃であるが，過冷却を起こしやすく，室温でも液体のままになっている。袋の中のボタンを強く押すと，そこから凝固が始まって結晶が広がっていき（図(b)），数秒で全体が固体となる（図(c)）。このとき凝固熱が出るのでカイロは温かくなる。沸騰したお湯に10分くらい浸けて完全に融かしてから室温まで冷ませば最初の状態にもどるので，繰り返し使用することができる。

(2) 氷蓄熱式空調機

夏の昼間は冷房の利用が集中するため，電力の需要が高くなる。電力というのはほとんど蓄えることができないので，発電能力は需要のピークがまかなえるようにしなければならない。逆にいうと，電力の需要が平均化されれば，同じエネルギー量を供給するのでも，発電設備の負担は軽くて済む。そのため夜間の電気料金は安く設定されている。

そこで，電力の需要の少ない夜間に氷を作って，その氷で昼間に冷房を行う方式が学校など大きな建物で採用されている。氷の融解熱が大きいので，蓄熱装置を実用的な大きさに収めることができる。

(3) 冷蔵庫

冷蔵庫では，イソブタンなどの冷媒に圧力をかけて液化し，これが気化するときに熱を吸収することを利用して，庫内を冷やしている（図4(a)）。このために冷蔵庫には，(b)のように密閉したパイプの中に冷媒があり，庫内に冷却器，背面に放熱器を備えている。まず，気体の冷媒をコンプレッサーで圧縮して液体にする。このとき熱が発生するので，放熱器で放熱する。液体になった冷媒は冷却器に送られ，ここで気化されて気化熱を吸収するのである。

4　学習内容のポイント

1. 相転移と潜熱

　　◎物質の三態

　　　　固体：原子・分子は互いに強く結びつき，つりあいの位置を中心に振動している。

　　　　液体：原子・分子は一定の距離を保ちながら不規則に動き回る。

　　　　気体：原子・分子は自由に運動する。

　　◎融点，凝固点と沸点

　　　　融点・凝固点：固体と液体が共存する温度

　　　　沸点：沸騰する温度

　　◎相転移と潜熱

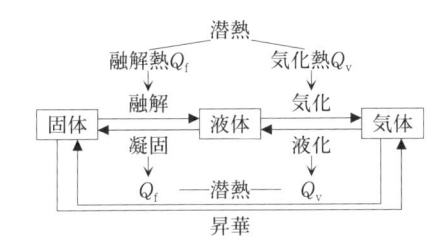

潜熱
融解熱 Q_f　　気化熱 Q_v
融解　　気化
固体　液体　気体
凝固　　液化
Q_f ──潜熱── Q_v
昇華

2. 過熱と過冷却

　　過　熱：液体が沸点以上になること

　　過冷却：液体が凝固点以下に，あるいは気体が沸点以下になること

3．潜熱の利用
　（例）・繰り返し使えるカイロ
　　　　・蓄熱式空調機
　　　　・冷蔵庫

5 授業に役立つ図・表

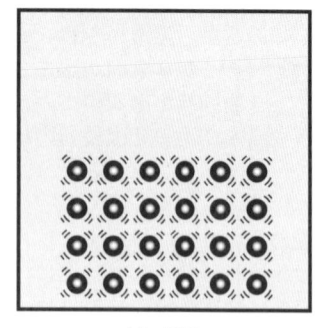

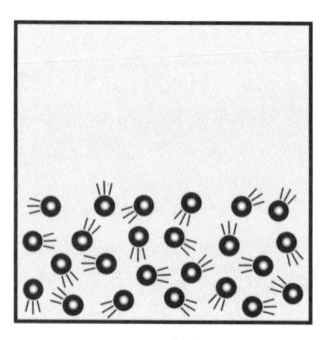

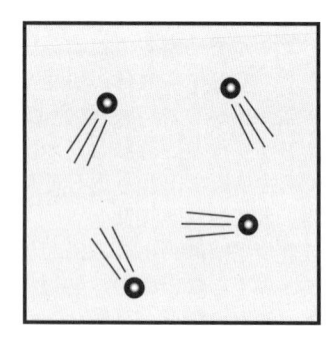

(a) 固体　　　　(b) 液体　　　　(c) 気体
図1　物質の三態

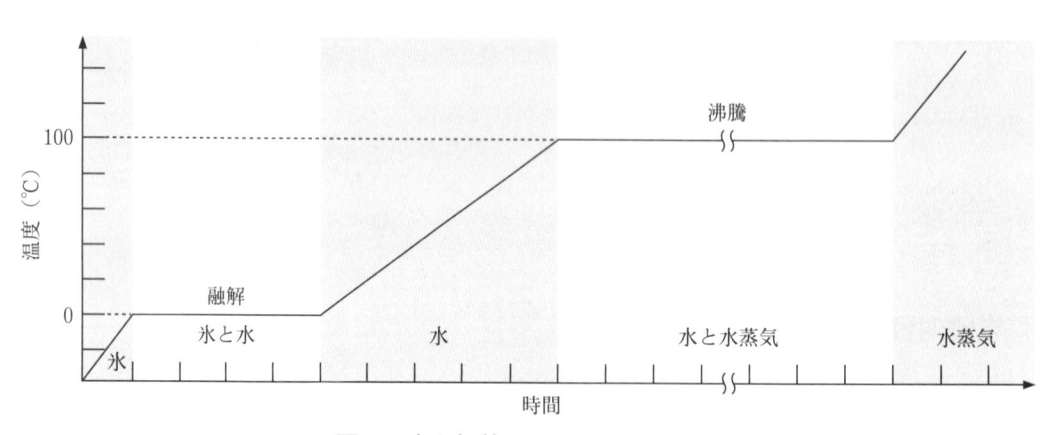

図2　水を加熱したときの状態変化

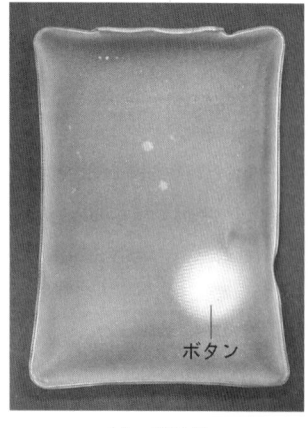

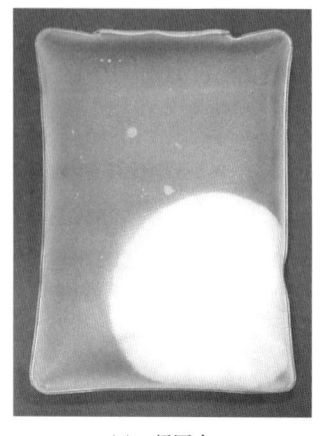

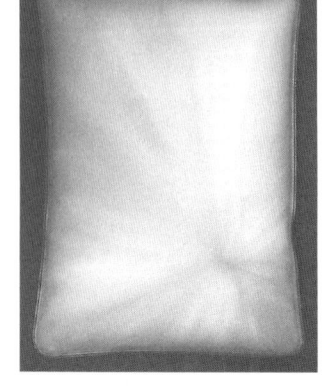

(a) 使用前　　　(b) 凝固中　　　(c) 凝固後
図3　繰り返し使えるカイロ

(a)　　　　　　　　　　　(b)

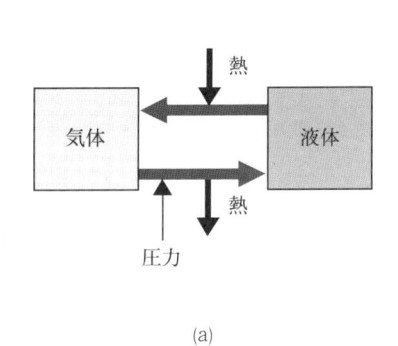

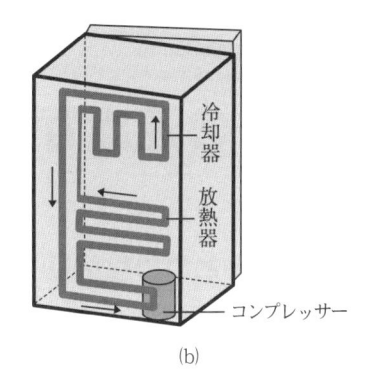

図4　冷蔵庫のしくみ

6　テーマに関連したドリル

【問題1】
　90 ℃の紅茶120 gに0 ℃の氷を入れて10 ℃にしたい。氷をどのくらい入れればよいか。ただし，氷の融解熱を334 J/g，紅茶および水の比熱を4.2 J/g・Kとする。

【問題2】
　空調機の蓄熱槽に0 ℃の氷が2.0 tある。ここに毎秒1000 Jの熱が加わったとき，全部融けるのにどのくらいの時間がかかるか。ただし，氷の融解熱を334 J/gとする。

【問題1の解答】
　紅茶が90 ℃から10 ℃に冷めるときに放出する熱量は，

$$4.2 \text{ J/g·K} \times 120 \text{ g} \times (90 \text{ ℃} - 10 \text{ ℃}) = 40320 \text{ J}$$

である。一方，氷の質量をxとすると，氷が融けて10 ℃になるまでに吸収する熱量は，

$$334 \text{ J/g} \times x + 4.2 \text{ J/g·K} \times x \times (10 \text{ ℃} - 0 \text{ ℃})$$

となる。これは紅茶が放出した熱量に等しいので，

$$x = \frac{40320 \text{ J}}{334 \text{ J/g} + 42 \text{ J/g}} = 1.1 \times 10^2 \text{ g}$$

と求められる。

【問題2の解答】
　1秒当たりに融ける氷の量は，

$$\frac{1000 \text{ J/s}}{334 \text{ J/g}} = 2.994 \text{ g/s}$$

なので，全部融けるのにかかる時間は，

$$\frac{2 \times 10^6 \text{ g}}{2.994 \text{ g/s}} = 6.68 \times 10^5 \text{ s} = 1.11 \times 10^4 \text{ min} = 1.9 \times 10^2 \text{ h} = 7.7 \text{ day}$$

となり，1週間以上かかることが分かる。

文献ナビ

① 「使い捨てないカイロ」http://g3400.nep.chubu.ac.jp/onsenkids/craft/y-heatpack/heat-pack.html，当銀優季，2005年12月15日検索
　　酢酸塩を用いたカイロの作り方が載っている。
② 「冷蔵庫の科学」http://www.keddy.ne.jp/~scitech/kitchen/mono/reizouko.htm，東工大Science Techno，2005年12月15日検索
　　冷蔵庫のしくみの解説が載っている。

(松原郁哉)

⇨関連題材 28・30・41

題材 33 電子の速度が減少して発熱する電熱線
電力とジュール熱

1　学習指導要領とのつながり

高等学校物理Ⅰ　(3) 運動とエネルギー　イ　エネルギー　(エ) 電気とエネルギー
高等学校物理Ⅱ　(2) 電気と磁気　ア　電界と磁界　(ア) 電荷と電界
（中学校理科　第1分野　(3) 電流とその利用　イ　電流の利用）

2　題材と日常現実社会のなかでの活用場面―産業・人とのつながり―

　摩擦等の抵抗が無ければ，運動エネルギーと位置エネルギーは相互に変換し，力学的なエネルギーは保存される。電気エネルギーと力学的なエネルギーは発電機あるいは電動機等を通して相互に変換し，電気エネルギーの多くは力学的なエネルギーから得られる。電気エネルギーと運動エネルギーの変換も多方面で利用され，その代表はモーターである。電位差の下で加速された電子は電子顕微鏡あるいはテレビジョン等のディスプレイに利用されている。摩擦等の抵抗があれば，力学的なエネルギーは熱エネルギーに変換する。身近な電気器具である電熱線は，電界で加速された電子が電熱線の金属原子との衝突によりその運動エネルギーを熱エネルギーに変換する材料である。電気抵抗線中では電位差の下で加速された電子の速度が極限にまで低下し，電子の運動エネルギーは完全に熱エネルギーに変換される。電気とエネルギーの学習は電気ポットあるいは電気炊飯器等の電熱器具に活かされている。

3　題材の解説

1　電界（電場）によって加速された電子のエネルギー

　距離dだけ離れた位置Aおよび位置Bの電位V_AおよびV_Bと電位差Vおよび一様な電界（電場）Eの関係および電荷eの粒子が受ける力Fは次式で与えられる。

$$E = \frac{V}{d} = \frac{V_A - V_B}{d} \tag{1}$$

$$F = Ee \tag{2}$$

　また，この電荷eの粒子を力Fに逆らって移動するのに必要な仕事Wは次式で与えられる。

$$W = Fd = eV \tag{3}$$

　式(3)は電荷eの粒子が電位差Vにおいて持つ電気力による位置エネルギーWを与える。
　電界（電場）Eで加速される電荷e，質量mの粒子の運動は，図1のように重力下で自由落下する質点の運動と同じであり，その一定加速度aは次式で与えられる。

$$a = \frac{F}{m} = \frac{Ee}{m} = \frac{Ve}{md} \tag{4}$$

　したがって，初速度$v_0 = 0$の粒子の時間tにおける速さv_1および移動距離dは次式で与えられる。

$$v_1 = at \tag{5}$$

$$d = \frac{1}{2}at^2 \qquad (6)$$

式(5)に，式(4)および式(6)を代入すると次式を得る。

$$v_1 = \sqrt{\frac{2Ve}{m}} \qquad (7)$$

したがって，この電荷 e，質量 m の粒子が電位差 V で加速されることによって得られる運動エネルギー E_k は式(7)より次式で与えられる。

$$E_k = \frac{1}{2}mv_1^2 = eV \qquad (8)$$

式(8)は電位差 V の下での位置エネルギー eV が運動エネルギーに変換した（式(3)）ことを示す。

2 電気抵抗線中の電子の速度と発熱

摩擦がなければ，電荷 e の電子が電位差 V で加速されて得られる電子の重心の運動エネルギー E_k は，$E_k = eV$ である。金属線中では電界（電場）で加速された電子は，図2のように乱れた金属原子と衝突して，電子の速さ v は極限まで低下する。すなわち，電子の重心の運動エネルギーは金属原子の振動エネルギー（熱エネルギー）に変わる。電界（電場）E の電気抵抗線の中では，式(2)の力 $F = Ee$ の他に速さ v に比例する抵抗 kv を受け，両者がつり合うために定常的な電子の速さ v は $v = (eE/k)$ で与えられる。

一方図3のように，面積 S，長さ L の金属線中に N 個（○）の電子があり，平均の速さ v_2 の電子が単位時間当たりに移動した数 n（●）は次式で与えられる。

$$n = N\frac{v_2 S}{SL} \qquad (9)$$

また，電流 I は単位時間当たりの移動数 n と電子の電荷 e の積から次式で与えられる。

$$I = ne = N\frac{v_2 S}{SL}e = \frac{Nv_2 e}{L} \qquad (10)$$

式(10)から計算される電熱線を流れる電子の平均の速さ v_2 は極めて小さいので，電気抵抗によってほとんど全ての運動エネルギーは相当する熱に変換される。式(3)より，その単位時間当たりの発熱量 Q は次式で与えられる。

$$Q = Vne = VI \qquad (11)$$

4 学習内容のポイント

1．金属中の電子は，金属格子の原子の乱れによってその速さに比例する抵抗を受ける。そのため電界に比例する電流が流れ，オームの法則を与える。
2．金属抵抗線中の電子の速さは，抵抗が無い場合に比較して無視できるほどに小さくなり，電子の運動エネルギーのほとんど全てが熱エネルギーに変換される。
3．電気抵抗線の単位時間当たりの発熱量は，抵抗にかかる電圧 V と電流 I の積 IV で与えられる。

5 授業に役立つ図・表

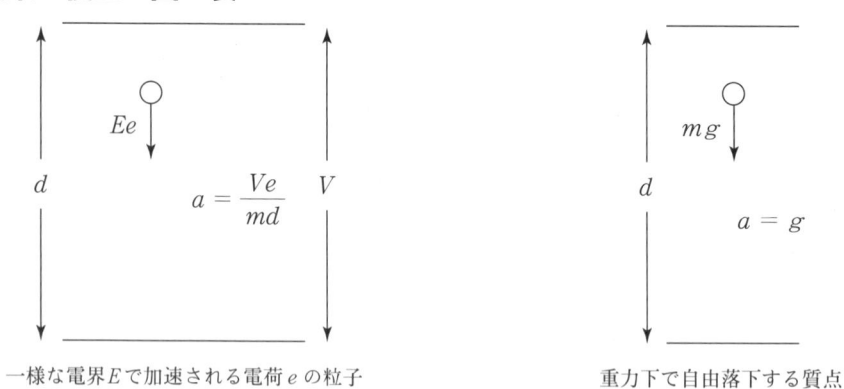

図1　一様な電界Eで加速される電荷eの粒子の運動と質点の重力下での自由落下運動

（左：一様な電界Eで加速される電荷eの粒子、Ee、$a = \dfrac{Ve}{md}$、d、V）

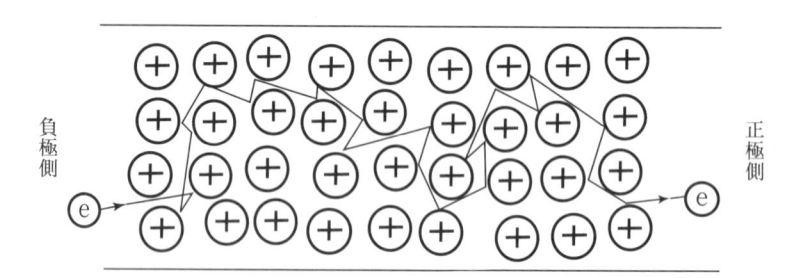

（右：重力下で自由落下する質点、mg、$a = g$、d）

図2　電界で加速された電子ⓔと熱運動による乱れた金属原子⊕との衝突

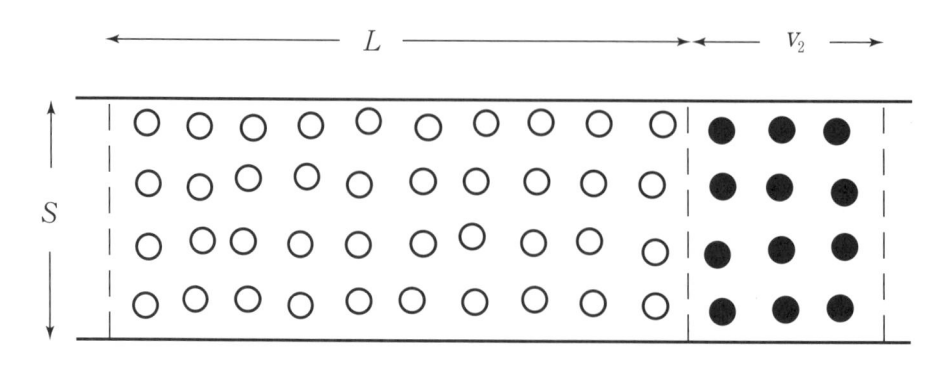

（負極側　正極側）

図3　平均の速さv_2の電子による単位時間当たりの移動電子（●）

（L、v_2、S）

6 テーマに関連したドリル

【問題1】

断面積$S = 1\text{mm}^2 = 1\times 10^{-6}\text{ m}^2$および長さ$L = 10\text{ m}$の金属線中に質量$m = 9.1\times 10^{-31}\text{ kg}$,電気素量(電子の電荷の絶対値)$e = 1.6\times 10^{-19}\text{ C}$の電子が$N = 1.0\times 10^{24}$個ある。次の問いに答えなさい。

(1) この電子が全く抵抗を受けないで,電位差$V = 100\text{ V}$で加速されて得られる速さv_1を式(7)より計算しなさい。

(2) この金属線の電気抵抗を$R = 10\text{ Ω}$として,この金属線中の電子の平均の速さv_2を式(10)より計算しなさい。

(3) 最初の電子の運動エネルギーの内で,摩擦熱にならなかった割合rはいくらか計算しなさい。

【問題1の解答】

(1) 式(7)より次式を得る。

$$v_1 = \sqrt{\frac{2eV}{m}} = \sqrt{\frac{2\times 1.6\times 10^{-19}\text{ C}\times 100\text{ V}}{9.1\times 10^{-31}\text{ kg}}} = 5.9\times 10^6\text{ m/s} \qquad (12)$$

(2) 電位差$V = 100\text{ V}$および抵抗$R = 10\text{ Ω}$であるので,電流$I = 10\text{ A}$である。したがって,式(10)より次式を得る。

$$v_2 = \frac{IL}{Ne} = \frac{10\text{ A}\times 10\text{ m}}{1.0\times 10^{24}\times 1.6\times 10^{-19}\text{ C}} = 6.3\times 10^{-4}\text{ m/s} \qquad (13)$$

(3) (1)および(2)で得た電子の速さv_1およびv_2を使って,摩擦熱にならなかった割合rは次式で与えられる。

$$r = \frac{\frac{1}{2}mv_2^2}{\frac{1}{2}mv_1^2} = \frac{v_2^2}{v_1^2} = 1\times 10^{-20} \qquad (14)$$

すなわち,ほとんど全てが熱エネルギー(金属原子の振動エネルギー)に変換したことが分かる。

文献ナビ

① 「金属の電気伝導の機構」http://w3p.phys.chs.nihon-u.ac.jp/~takizawa/tex/resist2/node3.html,2005年8月2日検索
　電子の速さに比例する抵抗が働く場合の定常電流,金属原子と電子との衝突回数あるいは衝突と衝突の間に電子が進む距離等と電気抵抗の解説

② 「超電導体とは」http://www.umekkii.jp/college/syllabus/03w_denzi/denzi8.pdf,2005年8月2日検索
　電気抵抗の対極にある超電導の基礎と特性の解説である。超電導体の温度特性を含む基礎的な特性と,写真入りの多くの超伝導体の応用例の紹介

(鈴木　勲)

⇒関連題材 9・28・30

題材 34 海水の熱から電気をつくる
海の温水と冷水を用いる発電・海洋温度差発電

1 学習指導要領とのつながり

高等学校物理Ⅰ　(3) 運動とエネルギー　イ エネルギー　(オ) エネルギーの変換と保存
高等学校物理Ⅱ　(3) 物質と原子　ア 原子，分子の運動　(イ) 分子の運動と圧力
高等学校理科総合A　(2) 資源・エネルギーと人間生活　ア 資源の開発と利用　(ア) エネルギー資源の利用
　（中学校理科　第1分野　(7) 科学技術と人間　ア エネルギー資源）

2 題材と日常現実社会のなかでの活用場面—産業・人とのつながり—

　私たちが日常生活において利用している電気や力学的エネルギーの多くは，石油の燃焼，あるいは原子核反応によって生じる熱エネルギーから得ている。例えば，火力発電や自動車のガソリンエンジンなどでは，石油などの燃料から得られる高温の燃焼ガスを熱源としている。熱エネルギーを力学的，あるいは電気的エネルギーに変換する装置は熱機関と呼ばれるが，これらの身近な例に見るように，普通，熱機関の熱源としては高温度のものが用いられる。しかし，熱エネルギーから仕事を取り出すのに熱源は必ずしも高温である必要はない。例えば，この題材で示す海洋温度差発電のように，常温の熱源からエネルギーを取り出すことも可能である。海洋は地球表面積の約7割を占め，膨大なエネルギーを有している。この海洋の持つ膨大な熱エネルギーを発電に利用する技術の開発に「エネルギーの変換と保存」や「熱機関と熱効率」についての学習が繋がっている。

3 題材の解説

　自動車のエンジンや火力，あるいは原子力発電所の蒸気タービンなどの動力装置では，高温の燃焼ガスや高温の水蒸気が持っている熱エネルギーを利用している。これらは高温の熱源を利用する熱機関の代表的な例である。熱力学の法則によれば，熱エネルギーから仕事を取り出すためには，温度の異なる2つの熱源があればよいとされている。したがって，例えば適当な冷水と組み合わせることによって，海水のような常温の物体からも仕事を取り出すことができる。
　図1に，徳之島とパラオ，ナウルにおける年間平均海水温度の深度分布を示した。この図から分かるように，これらの赤道に近い熱帯あるいは亜熱帯地方の海面付近の水温は，1年を通して25～29℃と温かく，また，深さ800 m以下の深層の海水温度はほぼ一定で4～6℃と冷たい。この海洋表層の温かい海水と深層の冷水との温度差を利用して，海水の熱エネルギーから電気エネルギーを取り出す発電方法を海洋温度差発電という。
　海洋温度差発電には種々の方式が考案されている。図2には，最も基本的な方式の原理図を示した。この発電装置は，蒸発器，タービン，凝縮器，発電機などから構成されている。蒸発器，および凝縮器は，内部に細管や薄い板を持つ熱交換器である。蒸発器は海洋表層の温水で暖められ，一方の凝縮器内は深層の冷水で冷やされている。これらの構成要素はパイプで連結され，その内部をアンモニアやフロンなどの比較的低温で気体になる物質（作動流体）が循環する。蒸発器に入った液体の作動流体は，温水の熱エネルギーを得て気化する。気体になった作動流体はタービンに入りタービンの羽根を回転させる。このタービンには発電機が連結されており，そこで電気が生み出される。タービン部

で仕事を行い温度が低下した作動流体は凝縮器に入り，ここでさらに冷たい深層水で冷やされ液化し再度循環サイクルに送られる。

　このような仕組みの海洋温度差発電はクローズド・サイクル方式と呼ばれるが，この方式の実験プラントは南太平洋のナウル共和国（120 kW）や徳之島（50 kW）などに建設され発電に成功している。さらに，日本の技術協力のもとに，パラオ政府の3,000 kW級の発電プラントの建設計画や，インド政府の1,000 kWの実証プラントの建設計画などがある。

　しかし，この海洋温度差発電には熱効率が低いという欠点がある。加えられた熱エネルギーのうち，力学的仕事に変換される割合を熱効率と呼ぶが，ある熱源の間で動作する熱機関の最大熱効率は，一般に2つの熱源の温度差を高温熱源の絶対温度で割った値に等しくなる（図3）。したがって，海洋温度差発電で用いられる2つの熱源の温度差，すなわち，海洋表層と深層との温度差は，せいぜい数十度程度であり，高温燃焼ガス，あるいは高温の水蒸気を用いる火力発電などに比べると，海洋温度差発電の熱効率は低く，発電プラント単体だけで経済的な価値を見いだすことはかなり困難であると考えられている。

　そこで，海洋温度差発電の発電コストを下げる種々の試みや，海洋温度差発電で生み出される電気エネルギー以外の"副産物"を活用するなどして，その経済性を高める試みがなされている。例えば，表層の温海水を低圧力下で蒸発させるオープン・サイクル方式と呼ばれる発電方法では，発電と同時に海水から真水を得ることができる。海水の淡水化は，水不足地域での飲料水供給としての経済的価値を持っている。また，海洋深層水にはウランやリチウムのような金属が含まれており，これらの貴重な資源の採取も可能であると考えられている。その他にも，深層水を利用して，ミネラルウォーターや化粧水，薬品などの生産が考えられている。

　また，外部にエネルギーを取り出す目的の装置ではないが，常温の熱エネルギーだけで動作し続ける製品が1928年にすでに実用化されている。それは図4に示す機械式の置時計で，この時計は電池もいらず，手で巻き上げる必要もなく，一日のうちの気温の寒暖差をうまく利用して動作し続ける。時計に取り付けられた小さなカプセル内の気体が，一日のうちの気温の温度差に応じて，膨張，収縮を繰り返すことによりゼンマイを巻き上げる仕組みになっている。海洋温度差発電では，空間的に離れた場所にある熱源間の温度差を利用するが，この置時計は，時間的に隔てて現れる熱源間の温度差を巧みに利用している。さらに，"水飲み鳥"と呼ばれる図5に示すような玩具があるが，これも常温の熱エネルギーで動作する装置である。"水飲み鳥"は，腰の部分にある水平な軸に支えられて，そのまわりに前後に揺れ続け，やがて，くちばしがコップに入るまで大きく傾き，あたかも水を飲むような動作を繰り返し行う。一見したところ動力源は分からないが，これも常温の熱エネルギーを力学的なエネルギーに変えながら動作し続ける熱機関である。

4　学習内容のポイント

1. 熱機関が熱源の熱を仕事に変えるためには，温度の異なる2つの熱源が必要である。
2. 高温熱源は高温度である必要はない。
3. 熱帯，亜熱帯地方の海洋表層の温度は1年を通じて暖かく，また，深層の温度はほぼ4〜6℃と一定である。
4. 海洋温度差発電は，海洋が持っている熱エネルギーを電気エネルギーに変換する。
5. 海洋温度差発電の熱効率は低く，実用化には経済的な問題を解決する必要がある。
6. 常温の熱エネルギーを利用する装置や玩具は，すでに身の回りに存在している。

5 授業に役立つ図・表

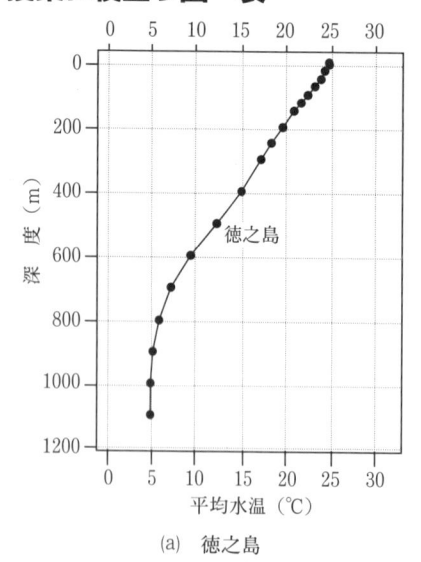

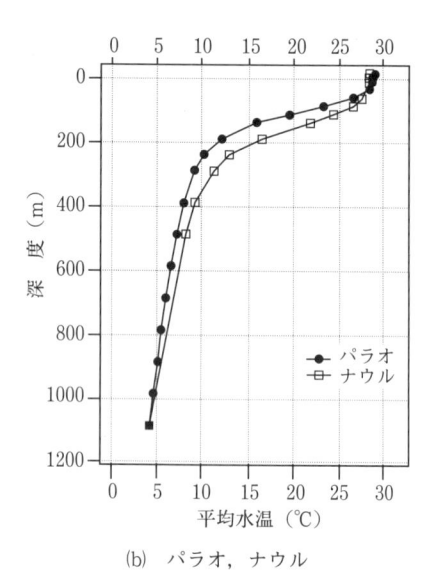

(a) 徳之島

(b) パラオ，ナウル

図1　年間平均海水温の深度分布の例 (海上保安庁海洋情報部「水温統計データ」より作成)

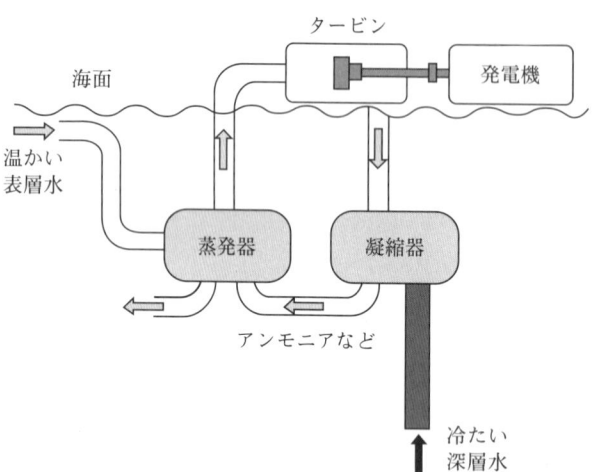

図2　海洋温度差発電の仕組み

図3　熱機関の概念図

熱効率 $= \dfrac{W}{Q_H} \leq \dfrac{T_H - T_L}{T_H}$

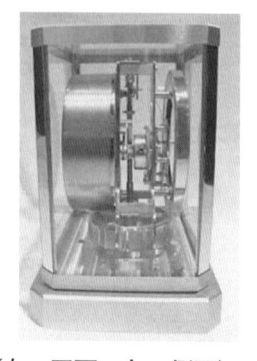

図4　温度差で動く時計（左：正面，右：側面）
(http://www.geocities.co.jp/Stylish/4388/atmos.htm より)

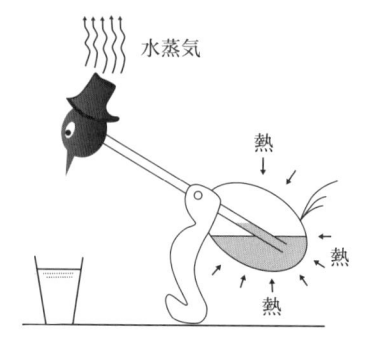

図5　水飲み鳥

6 テーマに関連したドリル

【問題1】
　地球全体の海洋にある海水の温度が1K低下したときに放出されるエネルギーはどれだけか。ただし，海洋の表面積を3.6×10^8 km^2，平均深度を3.8 kmとする。なお，海水の密度は1.0 g/cm^{3}および比熱は4.2×10^3 J/kg・Kとする。

【問題2】
　27 ℃の温水と5 ℃の冷水を用いて熱機関を働かせた場合，最大熱効率はいくらになるか。

【問題1の解答】
　与えられた海洋の面積と平均深度の数値を用いると，地球上の海水の全体積は約1.4×10^9 km^{3}と求められる。質量にすると，1.4×10^{21} kgとなる。これに比熱4.2×10^3 J/kg・Kを乗じて，全熱容量は5.9×10^{24} J/Kとなる。すなわち，海洋温度が1K低下したときに放出されるエネルギーは5.9×10^{24} Jとなる。
　ちなみに，100万kWの発電所が1年間に生み出す電気エネルギーは

$$(100 \times 10^7 \text{ W}) \times (3600 \times 24 \times 365 \text{ s}) = 3.2 \times 10^{16} \text{ J}$$

であるから，例えば，100万kWの発電所1万基分の年間発電量（これは，ほぼ世界の年間エネルギー消費量に匹敵する）は，全海洋の温度変化

$$(3.2 \times 10^{16} \times 10000 \text{ J}) / (5.9 \times 10^{24} \text{ J/K}) = 5.4 \times 10^{-5} \text{ K} = 54 \mu \text{K}$$

に相当する熱量となる。

【問題2の解答】
　理想的な熱機関の熱効率は，高温熱源の温度，低温熱源の温度を，それぞれT_H，T_Lとすると

$$e = \frac{T_H - T_L}{T_H}$$

となることが分かっている。したがって，27 ℃の温水と5 ℃の冷水の間で働く熱機関の最大熱効率は

$$(27 - 5) / (27 + 273) = 0.07$$

すなわち，約7％である。

文献ナビ

① 茅陽一監修（2002）『新エネルギー大事典』pp.636－660，工業調査会
② 通商産業省資源エネルギー庁編（1999）『新エネルギー便覧 平成10年度版』pp.71－72，通商産業調査会
③ 「海洋温度差発電　温度差が生む電力に世界が注目」日経エコロジー2004年7月号，p.45
④ 戸田盛和（1987）「水飲み鳥」『エントロピーのめがね』pp.77－80，岩波書店
　　エントロピーについて，やさしく解説している。身近な例からはじめ，エネルギーとの関係，生命とは何かといった話，さらには社会現象にまで及んでいる。
⑤ 「アトモス by ジャガールクルト」http://www.geocities.co.jp/Stylish/4388/atmos.htm，Men's Cafe，2005年7月20日検索
⑥ 「海洋速報＆海流推測図・水温統計データ」http://www1.kaiho.mlit.go.jp/KANKYO/KAIYO/qboc/ index.html，海上保安庁海洋情報部，2005年7月20日検索

（山本郁夫）

⇒関連題材 5・30・31

題材
35
火が消えるとガスが止まる
熱電対によるエネルギー変換

1 学習指導要領とのつながり
高等学校物理Ⅰ　(3) 運動とエネルギー　イ エネルギー　(オ) エネルギーの変換と保存
（中学校理科　第1分野　(7) 科学技術と人間　ア エネルギー資源）

2 題材と日常現実社会のなかでの活用場面—産業・人とのつながり—
　エネルギーは，いろいろな手段によって形をさまざまに変えることができる。たとえば電熱器で電気エネルギーを熱に変えられるし，エンジンで熱を仕事に変えることができる。熱電対もエネルギーを変換するものの一つで，2種類の導線を組み合わせて作られており，両端の温度差に応じて起電力が生じる。つまり熱を電気エネルギーに変えることができる。大きな電力を得るには，発電所のように熱機関と発電機を組み合わせた方が適しているが，熱電対は構造が単純で小型にできるという利点がある。また，主に，熱電対の起電力は，その両端の温度差によって変化するので，温度を測るときにも使われる。
　したがって，熱電対の学習は，宇宙探査機や腕時計の電源，あるいは温度計を作ることなどに活かされている。

3 題材の解説
1 熱電対
　図1のように，A，B 2種類の導線をつないでその2つの接点の温度に差を与えると，端子p，q間に電位差を生じる。この現象は1821年に発見され，発見者の名をとってゼーベック効果と呼ばれる。また，このような導体対を熱電対，ゼーベック効果によって起きる電位差を熱起電力という。
　ゼーベック効果の生じるメカニズムは，金属を例にとると，つぎのように考えられる。図2のように，金属内部に温度差があると，温度の高い部分の自由電子は運動エネルギーが大きくなって温度の低い部分へ拡散していく。つまり温度の高い部分の自由電子は希薄になり，低い部分は濃密となる。自由電子の集まった部分はマイナス，自由電子が減った部分はプラスとなるので，高温部がプラス，低温部がマイナスとなって電位差が生じる。
　もし図1のA，Bが同じ種類の導線だとすると，Aの両端で電位差が生じても，Bでも同じ起電力が起きるので，打ち消し合ってp，q間には電位差が生じない。AとBで熱起電力が異なれば，その差を外部に取り出すことができる。
　ある導体両端に生じる単位温度差あたりの熱起電力を熱電能あるいはゼーベック係数と呼ぶ。導体A，Bのゼーベック係数をS_A，S_Bとすると，図1における2つの接合部の温度がそれぞれθ_1，θ_2となったとき，端子p，q間に生じる熱起電力E_{AB}は，

$$E_{AB} = \int_{\theta_1}^{\theta_2}(S_A - S_B)d\theta \tag{1}$$

で与えられる。金属の場合ゼーベック係数はおよそ温度の一次関数で表されるので，$S_A - S_B = \alpha + \beta\theta$（$\alpha$，$\beta$：定数）とおくと，

$$E_{AB} = \alpha(\theta_2 - \theta_1) + \frac{1}{2}\beta(\theta_2^2 - \theta_1^2) \tag{2}$$

となる。

2 熱電温度計
　熱電対の片側の接合部の温度を一定にすれば，もう片方の接合部の温度で起電力が定まる。あらか

じめこの温度と起電力の関係を求めておけば，起電力から逆に温度を知ることができる。つまり熱電対は温度計として使えることになり，このような温度計を熱電温度計という。組み合わせる導体としては，銅とコンスタンタン（Ni 45％，Cu 55％の合金）やクロメル（Ni 90％，Cr 10％の合金）とアルメル（Ni 94％，Al 3％，Si 1％，Mn 2％の合金）などがよく用いられる。液体温度計に比べると熱電温度計にはつぎのような利点がある。
- 測定温度範囲が広い。銅―コンスタンタンで$-200 \sim 400$ ℃，クロメル―アルメルで$-200 \sim 1300$ ℃
- 出力が電圧なので，自動計測や温度制御に利用しやすい。
- 接合部は小さくできるので，細かい部分の温度を測定できる。

3　熱起電力の利用
発電所では石油を燃やしたり核分裂を起こしたりして発生した熱で水を蒸気に変え，この蒸気でタービンを回して発電機を動かすなど，いくつもの装置と過程を経て電気を得ている。熱電対を使えば，2つの接合部の温度に違いを与えるだけで発電することができる。構造も簡単なので，小型化が容易であるし，保守もほとんど必要ない。このため熱電対はつぎのようなところで発電用に使われている。

(1) 宇宙探査機

　　太陽から遠く離れて星を探査する場合，太陽電池では十分な電力が得られない。そこで，核の崩壊で発生する熱を利用して発電する装置が使われる。たとえば，1997年に打ち上げられたカッシーニ土星探査機（図3）には底部にプルトニウム238を熱源とする3台の発電機が備えられている。それぞれ図4のような長さ1.1 m，直径43 cmの円筒形をしており，その中心に熱源，外周に放熱器がある。円筒内外の温度差によって，この間につなれたSi－Ge熱電対に熱起電力が発生し，電力を取り出すことができる。発射されてから10年以上にわたって必要な電力を供給できるようになっている。

(2) 腕時計

　　通常の使用時には腕時計の裏側は体温で暖められ，表側は外気で冷やされる。この温度差で動く腕時計がある（図5(a)）。この内部には，図(b)のように熱電対があり，表裏の温度差によって起電力が生じるようになっている。ただし，温度差は小さいので，必要な電圧を得るために1,000対以上の熱電対が直列につながれている（図(c)）。これで1 ℃当たり0.5 Vの起電力が得られ，およそ3 ℃の温度差で時計を動かすことができる。

(3) ガス立ち消え安全装置

　　ガスレンジの火が吹きこぼれや風などで消えたとき，コックが開いたままだとガスが出てしまい危険である。このため最近のガスレンジには立ち消え安全装置がついている。これは図6(a)に示したようなもので，この熱電対の先端を図(b)のようにバーナーの近くにおき，火で熱せられると熱起電力によって電磁石に電流が流れてその磁力によって弁が開くようになっている。直接電磁弁を作動できるように熱電対はいくつか直列につながれており，たとえば，24対を接続して先端温度が600 ℃のとき0.4 Vの出力がえられるものが使われる。火が消えると電磁石には電流が流れなくなり，バネによって弁は閉じられる。

4　学習内容のポイント
1. 熱電対
　　　　2種類の導体を組み合わせると，温度差によって起電力が生じるようになる。
2. 熱電温度計
　　　　熱電対を利用して温度を測ることができる。
　　　（利点）測定温度範囲が広い。
　　　　　　　自動計測，制御に利用しやすい。
　　　　　　　細かい部分の温度を測ることができる。
3. 熱起電力の利用
　　　　熱電対を発電素子として利用できる。

（例）宇宙探査機のRI発電機
　　　腕時計の電源
　　　ガスの立ち消え安全装置

5 授業に役立つ図・表

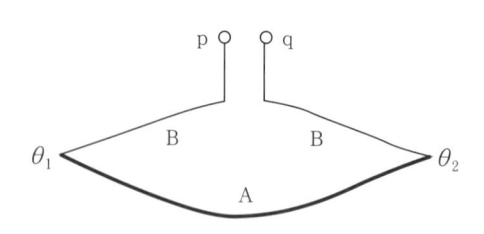

図1　熱電対

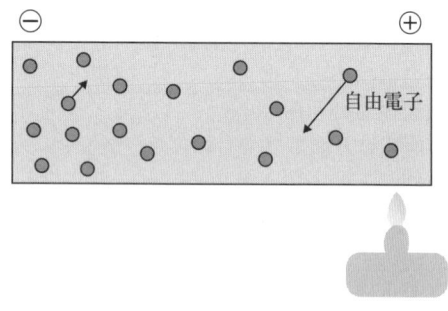

図2　ゼーベック効果

図3　カッシーニ土星探査機
（Courtesy NASA/JPL-Caltech）

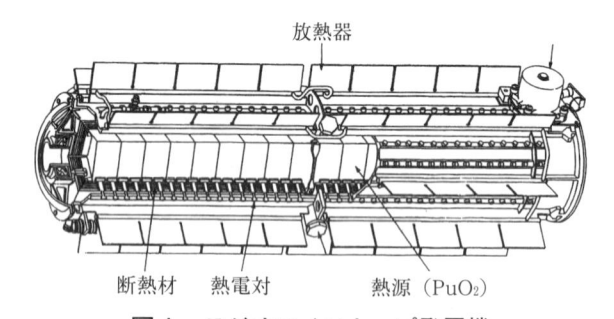

図4　ラジオアイソトープ発電機
（ウェッブサイト「American Nuclear Society」より）

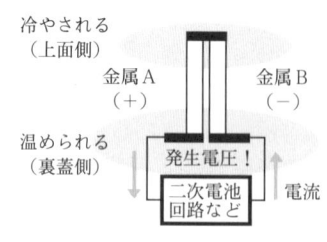

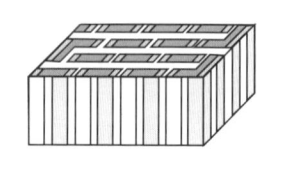

(a) 製品例　　(b) 原理　　(c) 熱電素子

図5　熱電対を利用した腕時計（ウェッブサイト「CITIZEN」より）

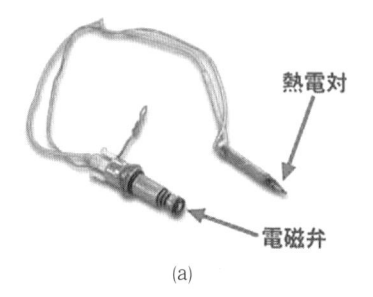

図6　立消え安全装置
((a)：日東ライフサービス（株）(b)：大多喜ガス（株）提供）

6 テーマに関連したドリル

【問題1】
　下図のように，抵抗が24Ωの熱電対の両端を氷水に入れて0℃とし，接合部を試料につけて電圧計で熱電対の両端の電圧を測定したところ，3.0 mVであった。つぎに熱電対だけを，同じ種類で抵抗が15Ωのものに換えたところ，測定値が3.2 mVとなった。この電圧計の内部抵抗Rと，熱電対の熱起電力Eを求めよ。

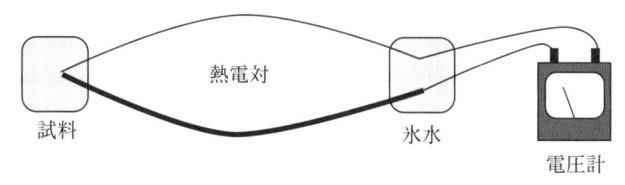

【問題1の解答】
　熱電対の抵抗をrとすると，測定した回路は下図のようになっていると考えられるので回路を流れる電流Iは，

$$I = \frac{E}{R+r}$$

で与えられる。したがって，熱電対両端の電圧Vは，

$$V = IR = \frac{R}{R+r}E$$

となる。これに与えられた数値を入れると，

$$\begin{cases} 3.0 \text{ mV} = \dfrac{R}{R+24\,\Omega} \cdot E \\ 3.2 \text{ mV} = \dfrac{R}{R+15\,\Omega} \cdot E \end{cases}$$

が得られる。これを解けば，

$$\begin{cases} R = 120\,\Omega \\ E = 3.6 \text{ mV} \end{cases}$$

と求められる。

文献ナビ

① 「ゼーベック効果」http://www.kokukagaku.jp/06_science/064e_zee.html，青森県立三沢航空科学博物館，2005年11月15日検索
　　ゼーベック効果の解説と簡単な実験の紹介がある。
② 「カッシーニ探査機による土星探査」http://astro.ysc.go.jp/cassini-images.html，横浜こども科学館，2005年11月15日検索
　　カッシーニの解説や土星探査の様子などが載っている。

（松原郁哉）

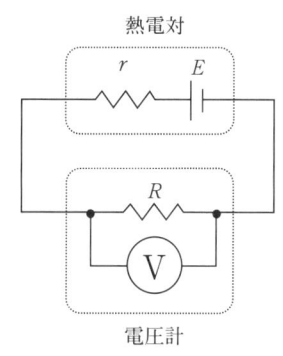

⇒関連題材 21・22

題材 36

『宇宙旅行』を"リアルに"体験する方法
重力と視覚でつくり出す体感的仮想現実

1 学習指導要領とのつながり

高等学校物理Ⅱ　(1) 力と運動　ア 物体の運動　(ｱ) 円運動と単振動
高等学校物理Ⅰ　(3) 運動とエネルギー　ア 物体の運動　(ｳ) 運動の法則
（中学校理科　第1分野　(5) 運動の規則性　ア 運動の規則性）

2 題材と日常現実社会のなかでの活用場面―産業・人とのつながり―

　遊園地のアトラクションのなかには，自らの五感がだまされる（錯覚する）ことによって，参加者が仮想的な『宇宙旅行』や『暴走する乗り物』をかなり現実に近い感覚を伴って体験できるものがある。これらの疑似体験型アトラクションの基礎になっているのは，仮想現実，あるいはバーチャルリアリティと呼ばれるものである。
　バーチャルリアリティの技術は，もともと自動車の運転技術習得のための運転シミュレーター（図1），航空機のパイロット訓練用のシミュレーター，いわゆるフライトシミュレーターなどに使われていたもので，遊園地のアトラクションは，これらの産業用シミュレーター技術を応用することにより登場してきた。コンピューターや映像技術の進歩に伴い，近年のバーチャルリアリティ技術の進展はめざましく，医療における外科手術や各種工業製品の開発など多くの分野で重要なものになってきている。このバーチャルリアリティ技術のなかの，特に加速感の疑似体験を伴うシミュレーターの原理，応用技術開発には「みかけの力と慣性力」の学習が活かされている。

3 題材の解説

　バーチャルリアリティ（仮想現実）とは，映像や音響，触覚などにより構築された仮想的な環境のなかで，あたかもその場にいるかのような感覚を体験することを言う。例えば，パイロットの操縦訓練に使われているフライトシミュレーターはその代表的な例である。ある遊園地の人気アトラクションの1つに，仮想的な『宇宙旅行』をかなりの現実感を伴って体験できるというものがあるが，これもバーチャルリアリティ技術の応用例である。参加者は大型建物のなかに特設された小部屋に誘導され，シートベルト付きの椅子に着席する。部屋の前方には大型のスクリーンが設置されている。やがて部屋の照明が暗くなり，スクリーンに，例えば宇宙船のコックピットからの風景といったようなものが映し出され，音響が流れると，あたかも部屋全体が動き始めたように感じる。その動きは，急激な加速・減速運動，上昇・下降運動，さらには急カーブを描く運動と様々である。その体感は，あたかも部屋ごとジェットコースターのレール上を走っているかのようである。
　このような仮想的な運動を体感させるシミュレーション装置は図2に示すような構造をしている。アトラクションの参加者が入っている部屋を前後中央から伸びてる棒が支えている。その棒は油圧シリンダーにより伸び縮みをし，部屋全体を前後左右，および上下方向に激しく動かすことができる。すなわち，大画面の映像に連動して部屋全体が3次元的に動き，映像と運動感を一体化させて仮想運動状態を実現している。
　次に，どうして部屋を単に揺することで，リアルな加速感が得られるのか，その力学的原理につい

て考えてみる。このことを考える上で重要な点は，我々自身が移動している，あるいは運動していると感じるのは，主に視覚と力の感覚（触覚）を通してであるということである。これらの感覚器官に錯覚を引き起こすことができれば，人は実際に運動しているのと同じ体験をすることになる。

　等速運動をしている場合，外力は働いていないので，特別な運動なしに映像効果だけで運動しているような錯覚を引き起こすことができる。例えば，川の流れをずーっと眺めていると，水が止まっていて，こちらが動いているような気がしてくるという錯覚がそうである。これは，力学的に見ると，互いに等速運動をする座標系は等価であるということに他ならない。すなわち，どちらが運動をし，どちらが静止しているとは言えないのである。

　それでは加速感を生じさせる錯覚についてはどうであろうか。このことを考える前に，加速度運動と慣性力，みかけの力について考察する必要がある。

　例えば，電車が走り始めると乗客は後ろ向きに押されるように感じ，また，電車が急に停車すると前に倒れそうになり，前方へ力を受けたように感じる。これは，乗客のもつ慣性によるものであり慣性力と呼ばれる。図3に示すように，はじめ停止していた電車が，一定の加速度aで動き出した場合，滑らかな床におかれた質量mの物体は，慣性のためその場に残る。したがって，地上に静止している観測者Aから見ると物体は静止して見える。一方，物体は床に対して後方に移動するから，車内の観測者B（電車とともに加速度aで運動している観測者）に対して$-a$の加速度で運動するように見える。したがって，観測者Bには，物体にaと反対向きの力$-ma$が働いているように感じられる。すなわち，加速度運動をする観測者Bには，加速度と反対向きの慣性力というみかけの力が働く。また，電車内のBにとっては，重力やばねの力などの"本当の力"と"みかけの力"との間には何の区別もない。区別を付けるのは，視覚から入る"運動しているかどうか"という情報である。したがって，窓がなく一定の加速度で走る電車に乗っている場合，慣性力と重力を合成した力を，現実の重力であると錯覚する可能性がある。そのとき，電車の床は水平から傾き斜めになったように感じられる。例えば，電車が走り出したとき，電車内を前方に向かって歩くのは，普段よりきつく感じるが，これは，慣性力と重力の合力の方向がみかけの鉛直方向となり，電車の床が水平でなく前方に向かって高くなるような傾斜面になるためとも言える（図4）。

　この考えを推し進めて，みかけの力と重力との間に本質的な区別はないとしたのがアインシュタインの一般相対性理論における等価原理である。この原理によれば，みかけの力を重力による力とみなしてよく，また，逆に重力をみかけの力と考えて，重力の働く座標系を一様な加速度運動系としてもよい。したがって，例えば，適当な視覚情報によって，重力の一部を加速度運動によって生じた慣性力であるかのように錯覚させることも可能になるということである。具体的には，水平面上を加速している乗り物から見える風景を映しながら，座席を後方に傾けると，座席の背もたれから受ける圧迫感は，まさに，実際の加速運動時に生じるものと同じであり，運動していないのにもかかわらず加速しているという錯覚を引き起こす（図5）。これが，フライトシミュレーターの基本原理である。

4　学習内容のポイント

1．遊園地のアトラクションのなかには，加速感の疑似体験を伴うシミュレーターの原理に基づくものがある。
2．このような仮想現実を作り出す装置は，映像と連動しながら，部屋全体を3次元的に激しく動かせる仕組みを持っている。
3．みかけの力と重力との間に本質的な区別はなく，座席を傾けるタイミングを映像と同期させることで，参加者に実際の加速運動と同じ感覚を引き起こしている。

5 授業に役立つ図・表

図1　運転シミュレーター
（三菱プレシジョン（株）提供）

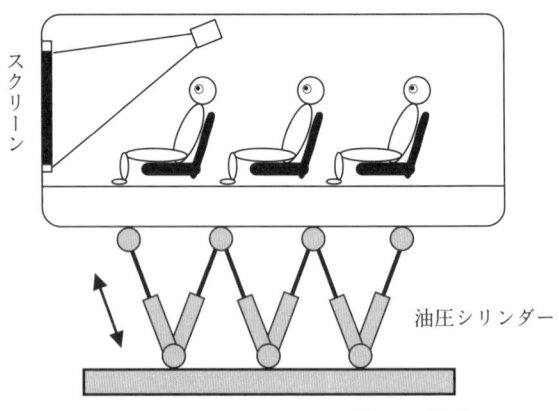

図2　シミュレーション装置の構造

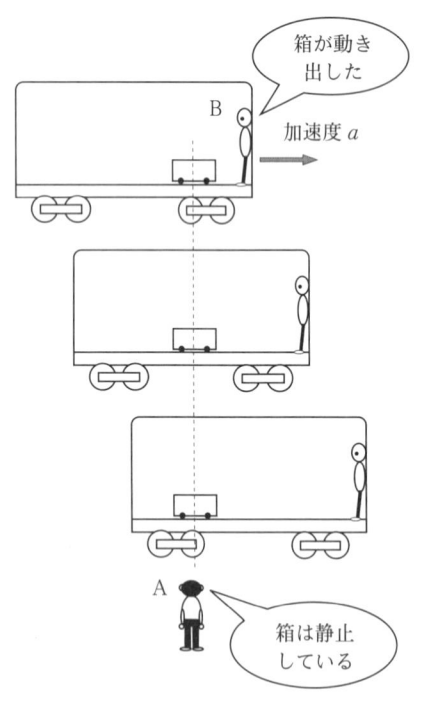

スクリーン

油圧シリンダー

図3　電車内での物体の運動

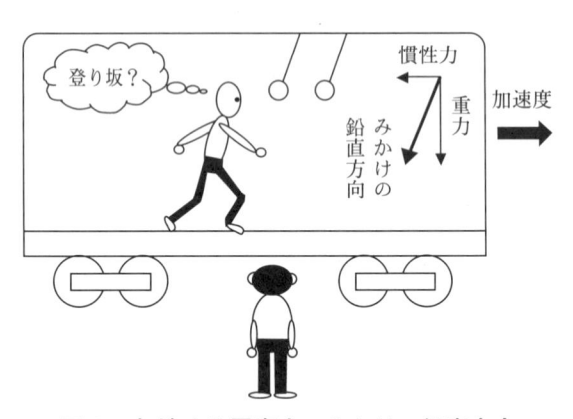

箱が動き出した

加速度 a

B

A

箱は静止している

図4　加速する電車内のみかけの鉛直方向

登り坂？

慣性力

重力

みかけの鉛直方向

加速度

実際に加速した場合

座席の傾斜で加速感をだす場合

水平方向

視覚の錯覚により認識した水平方向

慣性力

重力

みかけの慣性力

みかけの重力

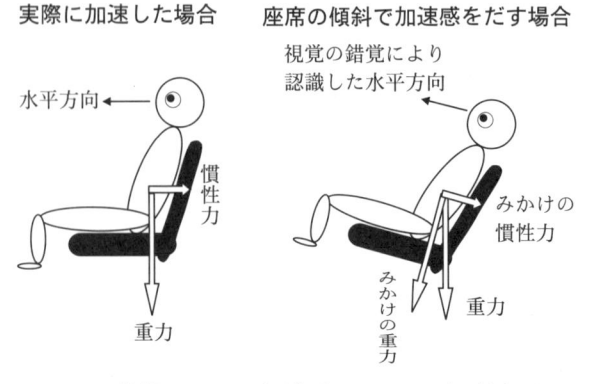

重力

図5　錯覚によって加速感をつくりだす仕組み

6 テーマに関連したドリル

【問題1】

スペースシャトルの上部から質量 m のおもりが，ばね定数 k のばねによってつり下げられている。

(1) スペースシャトルが地上に対して垂直に一定の加速度 a で上昇しているとき，地上に固定した座標系から見たおもりの運動方程式を立てよ。

(2) 上記の場合を，スペースシャトルの中にいる人から見たつりあいの問題として式を立てよ。どちらの座標系で考えても結果が等しいことを示せ。

【問題2】

走り出してから7.0秒で時速100 km/hに達することができるスポーツカーがある。これと同じ加速感を図5の仕組みのシミュレーターで再現したとする。このとき座席の傾きはどれだけになるか。また，みかけの体重はどうなるか。

【問題1の解答】

(1) ばねの伸びを x とする。地上の人から見ると，おもりはばねの弾性力 kx と重力 mg との合力によって，上向きに加速されている。よって，おもりの運動方程式は $ma = kx - mg$ となる。

(2) スペースシャトル内の人から見ると，おもりには上向きのばねの弾性力と，下向きの重力および慣性力 ma とが働き，全体でつり合って静止して見える。したがって，つり合いの式は $kx = mg + ma$ となる。これは，(1)で得た運動方程式と同じである。

【問題2の解答】

スポーツカーの運動を等加速度運動とすると，最大加速時の加速度は

$$a = (100 \times 10^3 / 3600 \text{ m/s}) / (7.0 \text{ s}) = 4.0 \text{ m/s}^2$$

座席全体を水平から角度 θ 傾け，この等加速度運動に相当する慣性力を重力の分力でつくり出したとすると

$$\sin \theta = \frac{a}{g} = \frac{4.0}{9.8} = 0.41, \quad \cos \theta = \frac{g'}{g}$$

の関係がある。ただし，g' はみかけの重力加速度の大きさを表す。これより

$$\theta = \sin^{-1}(0.41) = 24.2°, \quad g' = g \cos 24.2° = 0.91 g$$

すなわち，スポーツカーの加速感を味わうのと同時に，みかけの体重は実際の91％に減少したように感じる。

文献ナビ

① 八木一正（1996）『遊園地のメカニズム図鑑』日本実業出版社

遊園地は物理的思考法を身につける最高の実験室であるとして，ジェットコースターは乗る位置によって印象が違うのはなぜか，ループコースターが落ちない理由などを解説している。

② 「東京ディズニーランド：スター・ツアーズ」http://www.tokyodisneyresort.co.jp/tdl/japanese/7l and/tomorrow/atrc_tours.html，東京ディズニーランド，2005年7月30日検索

③ 瀬谷正男訳（1971）『アインシュタインの相対性原理』M. ボルン・W. ビーム著, pp. 306-311, 講談社

（山本郁夫）

題材
37 コンピューター用小型コンデンサーと誘電率
クーロン引力と誘電率

⇒関連題材 38・40

1 学習指導要領とのつながり
高等学校物理Ⅱ　(2) 電気と磁気　ア 電界と磁界　(ア) 電荷と電界
高等学校化学Ⅱ　(1) 物質の構造と化学平衡　ア 物質の構造　(ウ) 液体と固体
高等学校理科総合A　(3) 物質と人間生活　ア 物質の構成と変化　(ア) 物質の構成単位
中学校理科　第1分野　(2) 身の回りの物質　イ 水溶液

2 題材と日常現実社会のなかでの活用場面―産業・人とのつながり―
　一対の平行導体板に電位差 V が与えられた場合にその導体板のそれぞれに $+Q$ および $-Q$ の電荷が蓄えられる。これらの電荷は互いのクーロン引力によってその導体板（極板）の向かい合った面に集まり，電源を切っても電荷は保持され，このような構造をコンデンサーと呼ぶ。その電極板の間に電気絶縁体（誘電体とも呼ぶ）を入れると，蓄えられる電気量が増加する。電気絶縁体の電荷が偏る（分極する）ためであり，物質を入れた場合に蓄えられる電気量と真空の場合の電気量の比を誘電率と呼び，大きな物質では1000以上の大きな値となる。コンデンサーはメモリーにも使われ，大きな誘電率を持つ物質を入れることにより携帯電話あるいはコンピューター用の小型コンデンサーを可能にした。また，水中に入れた塩化ナトリウムが溶解するのは水の誘電率が真空の誘電率の約80倍であるために，水中でのクーロン引力が真空中の約1／80になるためである。誘電率の学習はコンピューター用コンデンサーの容量増加やイオン結晶の水への溶解につながっている。

3 題材の解説
1　コンデンサーの電荷量
　コンデンサーの極板の一方に $+Q$ が帯電すると他の極板には必ず $-Q$ の電荷が帯電し，このコンデンサーは電気量 Q を蓄えたことになる。次式のように，コンデンサーに蓄えられる電気量 Q は加える電位差 V に比例する。

$$Q = CV \tag{1}$$

ここに比例定数 C はこのコンデンサーの静電容量と呼び，電気量 Q として C（クーロン），電位差 V として V（ボルト）を採れば，静電容量 C の単位は $F \equiv C/V$（ファラッド）である。真空中に置かれた面積 S，極板間距離 d の平行金属板からなるコンデンサー（平行板コンデンサー）の静電容量 C は次式で与えられる。

$$C = \varepsilon_0 \frac{S}{d} \tag{2}$$

ここに，ε_0 は真空中の誘電率と呼ばれ，$\varepsilon_0 = 8.854 \times 10^{-12}$ F/m $= 8.854 \times 10^{-12}$ C^2 N^{-1} m^{-2} である。クーロンの法則の定数 k_0 とは，$k_0 = 1/(4\pi\varepsilon_0)$ で結ばれている。コンデンサーに蓄えられる電気量は極板の面積に比例するので，小型化すると蓄えることができる電気量が減少する。一般に絶縁体に電場を加えると，その電荷分布が変化し，それを分極と呼ぶ。したがってコンデンサーの極板間に絶縁

体（誘電体）を入れると誘電体の分極により静電容量は大きくなり，その静電容量Cは次式で与えられる（図1）。

$$C = \varepsilon_r \varepsilon_0 \frac{S}{d} = \varepsilon \frac{S}{d} \tag{3}$$

ここに，ε_rおよびεはそれぞれ真空を基準にした比誘電率およびその物質の誘電率である。表1に種々の物質の比誘電率を示した。

2　イオン結晶のクーロン引力

典型的なイオン結合結晶である塩化ナトリウムは，ナトリウムイオンNa^+と塩化物イオンCl^-のクーロン引力による結合である。塩化ナトリウムNaClは無数のNa^+とCl^-の組が結晶を構成するが，簡単のために一組のNa^+Cl^-を考察する。それらを互いに$r = 0.25$ nm離れた電荷$+e$と電荷$-e$とみなすと，真空中での引力F_Vは次式で与えられる。

$$F_V = k_0 \frac{e^2}{r^2} \tag{4}$$

ここに，k_0は比例定数であり，真空中（空気中）では$k_0 = 9.0 \times 10^9$ N m^2/C^{2}である。この一組のイオン対が水の中に入ると水（誘電体）の分極により，そのクーロン引力は大幅に減少し，水の比誘電率をε_r（≒80）とすると水中でのクーロン引力F_Wは次式で与えられる。

$$F_W = \frac{1}{4\pi\varepsilon_r\varepsilon_0} \cdot \frac{e^2}{r^2} = \frac{k_0 e^2}{\varepsilon_r r^2} \tag{5}$$

すなわち，真空中では強いクーロン力で結ばれていたNa^+とCl^-間の引力は，水中では真空中の約1／80になる（図2）。すなわち結合が弱くなれば，図3のようにより広い空間（乱雑さ）を求めてイオン結晶は水に溶解する。式(5)のクーロン引力で引かれた距離rにある電荷を無限遠の遠方に引き離す仕事は，式(5)をrから∞まで積分することにより得られるので，その仕事E_Qは次式で与えられる。

$$E_Q = \frac{k_0 e^2}{\varepsilon_r r} \tag{6}$$

式(6)は真空中でのNa^+とCl^-間のクーロン引力による結合エネルギーが水中では約1／80になることを示している。すなわち，塩化ナトリウムNaClは真空中では約550 kJ/molの大きなクーロン結合エネルギーで安定化しているが，水中では氷の融解熱程度の7 kJ/molに減少する。したがって，0 ℃以上で氷（融解熱は約6 kJ/molである）がその結晶構造を断ち切って，乱雑さを求めて容易に水になると同様に，食塩NaClも小さくなったクーロン引力を断ち切り，乱雑さを求めて水に溶解する（図3）。

4　学習内容のポイント

1. 平行板コンデンサーの静電容量Cは，極板に入れた物質によって静電容量が異なり，真空中での静電容量と物質を満たした場合の静電容量の比をその物質の比誘電率と呼ぶ。
2. コンデンサーの極板間に大きな誘電率を持つ物質を入れることにより携帯電話あるいはコンピューター用の小型コンデンサーが可能になった。
3. 水の比誘電率は約80であるので，イオン結晶の正負の電荷に働くクーロン引力は水中では真空中の約1／80になる。したがって，真空中で大きなクーロン引力で結ばれていたNa^+とCl^-の正負の電荷は水中では乱雑さを求めてNa^+とCl^-の正負のイオンに分かれてばらばらになり（電離と呼ぶ），溶解する。

5 授業に役立つ図・表

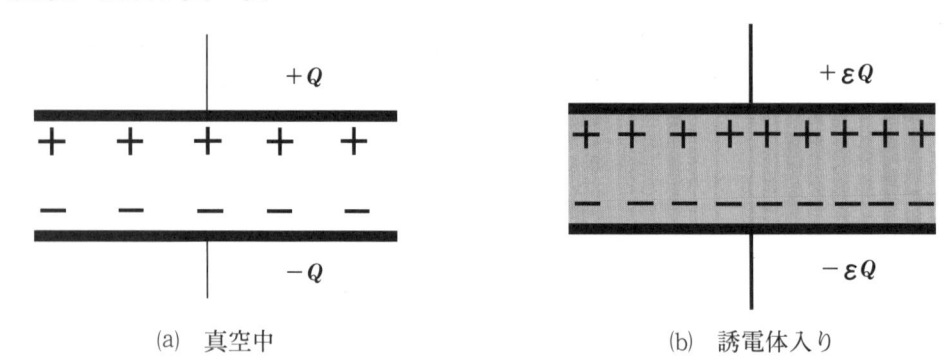

(a) 真空中　　　　　　　　　　(b) 誘電体入り

図1　平行板コンデンサー

表1　物質の比誘電率

物　　質	比誘電率
空気（20 ℃）	1.0005
水（10 ℃）	84
水（25 ℃）	78
エチルアルコール（25 ℃）	24.3
アセトン（25 ℃）	20.7
アルミナ（20 ℃）	8.5
チタン酸バリウム	5000
パラフィン（20 ℃）	2.2
ソーダガラス（20 ℃）	7.5

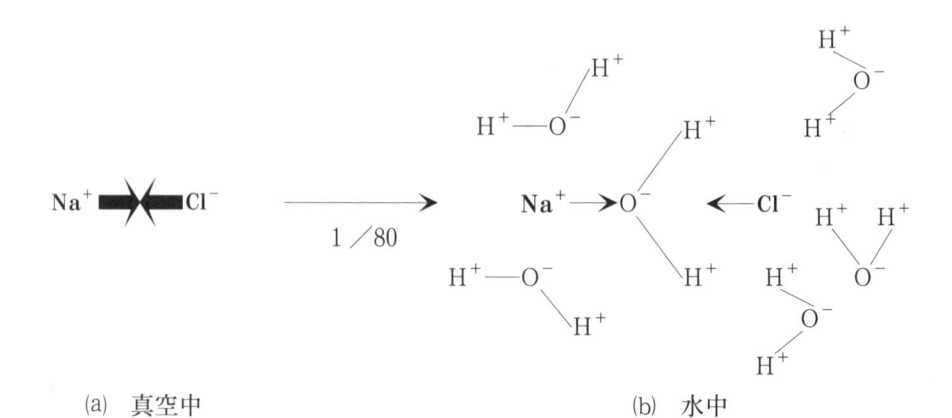

(a) 真空中　　　　　　　　　　(b) 水中

図2　Na^+とCl^-の間のクーロン引力

Cl⁻ Na⁺ Cl⁻ Na⁺ Cl⁻ Na⁺	Cl⁻ Na⁺ Cl⁻ Na⁺
Na⁺ Cl⁻ Na⁺ Cl⁻ Na⁺ Cl⁻	
Cl⁻ Na⁺ Cl⁻ Na⁺ Cl⁻ Na⁺ →	Na⁺ Na⁺ Cl⁻
Na⁺ Cl⁻ Na⁺ Cl⁻ Na⁺ Cl⁻	
Cl⁻ Na⁺ Cl⁻ Na⁺ Cl⁻ Na⁺	Cl⁻ Cl⁻
Na⁺ Cl⁻ Na⁺ Cl⁻ Na⁺ Cl⁻	Cl⁻ Na⁺ Na⁺

図3　(a)　真空中での大きな安定化と小さな乱雑さ　　(b)　水中での小さな安定化と大きな乱雑さ

6 テーマに関連したドリル

【問題1】

塩化ナトリウムNaClを正（Na⁺）と負（Cl⁻）の電荷（$e = 1.6 \times 10^{-19}$ C）が互いに$r = 0.25$ nm離れて，クーロン引力で引かれている物質とみなす。

(1) 真空中で1 molのNa⁺とCl⁻を無限遠の遠方に引き離す仕事（結合エネルギー）を計算しなさい。

(2) 水中で1 molのNa⁺とCl⁻を無限遠の遠方に引き離す仕事を計算しなさい。ただし，水の比誘電率ε_rは$\varepsilon_r = 80$としなさい。

【問題1の解答】

(1) 式(6)に，$k_0 = 9.0 \times 10^9$ N m²/C²，$e = 1.6 \times 10^{-19}$ C，$\varepsilon_r = 1$ および$r = 0.25$ nm $= 0.25 \times 10^{-9}$ mを代入すると次式を得る。

$$E_Q = \frac{k_0 e^2}{\varepsilon_r r} = \frac{9.0 \times 10^9 \text{ N m}^2 \text{ C}^{-2} \times (1.6 \times 10^{-19} \text{ C})^2}{1 \times 0.25 \times 10^{-9} \text{ m}} = 0.92 \times 10^{-18} \text{ J} = 550 \text{ kJ/mol} \quad (7)$$

(2) 式(6)に，$k_0 = 9.0 \times 10^9$ Nm²/C²，$e = 1.6 \times 10^{-19}$ C，$\varepsilon_r = 80$ および$r = 0.25$ nm $= 0.25 \times 10^{-9}$ mを代入すると次式を得る。

$$E_Q = \frac{k_0 e^2}{\varepsilon_r r} = \frac{9.0 \times 10^9 \text{ N m}^2 \text{ C}^{-2} \times (1.6 \times 10^{-19} \text{ C})^2}{80 \times 0.25 \times 10^{-9} \text{ m}} = 1.2 \times 10^{-20} \text{ J} = 7 \text{ kJ/mol} \quad (8)$$

文献ナビ

① 「コンデンサー」http://www.hobby-elec.org/cond.htm，2005年8月2日検索

電解コンデンサー，チタン酸バリウム等の高誘電率物質を使った直径3 mm程度のセラミックコンデンサーあるいは積層セラミックコンデンサー等の種々のコンデンサーの写真入り解説

（鈴木　勲）

⇒関連題材 37・40

題材 38 きれいに人形へ植毛する方法
電荷の間で働く引力と斥力

1 学習指導要領とのつながり
高等学校物理Ⅱ　(2) 電気と磁気　ア　電界と磁界　(ア) 電荷と電界
（中学校理科　第1分野　(3) 電流とその利用　ア　電流）

2 題材と日常現実社会のなかでの活用場面―産業・人とのつながり―
　電荷どうしの間で働く力を静電気力という。天体に働く力は万有引力が支配的だが，分子などの小さいものでは，万有引力より静電気力の方がけた違いに大きくなる。たとえば，原子核とそのまわりの電子，あるいは陽イオンと陰イオンなどを結びつける働きをするのは静電気力である。また，静電気力は引力だけでなく斥力もあるため，人形などの表面に均一に植毛したり，複写機などに利用されている。したがって静電気力の学習は，原子・分子の成り立ちを理解する助けとなるだけでなく，複写機などの開発などに活かされている。

3 題材の解説
1　静電気力と電荷
　コハク（琥珀）を毛皮でこすると羽毛などを引き寄せるようになる（図1）ことは，ギリシャ時代から知られていた。これは静電気によるもので，このような力を静電気力，あるいはクーロン力という。

　静電気力と同じように物体間に働く力としては，万有引力が知られており，これは質量が源となっている。これに対して，静電気力の元を電荷とよぶ。質量間に働く力は引力だけであるので，質量は1種類だが，静電気力には引力と斥力があるので電荷は2種類あることになる。これをフランクリンは1747年に正電気，負電気と名づけた。電荷の単位はC（クーロン）で，1Cは1Aの電流が1秒間に運ぶ電荷である。

2　電荷を担うもの
　クルックスは真空放電の際に陰極から負の電気を帯びた粒子が出ていることを1874年に発見した。これは電圧を加えていれば流れ続けることなどから，物質にもともと含まれたものと考えられた。つまり，物質を構成する粒子が電荷をもっていることが分かってきたのである。今日では，原子は正の電荷をもつ原子核のまわりを負の電荷をもつ電子が回っていることが知られている。

　原子核の電荷とそのまわりにある電子全部の電荷の大きさは等しいので，打ち消し合って原子全体としては電荷をもたない。ふつう物質が電気をもっていることが感じられないのはそのためである。ところが，たとえば図2のように紙（図のA）でストロー（図のB）をこすると，紙の電子の一部がストローに移動する。すると，電子が過剰となったストローが負に，電子が不足した紙が正に帯電することになる。物質によって電子の放出のしやすさは異なっており，電子がどちらに移動するかは，こすり合わせる物質の組み合わせで決まる。

3　クーロンの法則
　1785年にクーロンは，精密なねじり秤によって電荷の間に働く力を測定し，つぎの結果を得た。

- 同種の電荷の間では斥力が，異種の電荷の間では引力が働く。（図3）
- 力の大きさFは，それぞれの電荷q_1，q_2の積に比例し，電荷の距離rの2乗に反比例する。

これをクーロンの法則といい，式で表すとつぎのようになる。

$$F = k_0 \frac{q_1 q_2}{r^2} \quad \left(k_0 = 9.0 \times 10^9 \text{ N·m}^2/\text{C}^2 \right)$$

なお，電荷どうしは直接ではなく，電界を介して力を及ぼし合う。すなわち電荷があると電界が生じ，電界の中の電荷には力が働く。力の向きは，正の電荷では電界と同じ向き，負の電荷では電界と逆向きとなる。（図4）

4 静電気力の応用

静電気力を利用したものには，たとえばつぎのようなものがある。

(1) 静電気植毛

人形や家具などに短い繊維を表面に垂直に，また均一に植え付けるのに静電気植毛という方法がある。図5(a)のように，パイルとよばれる短い繊維を電極の間の強い電界の中におくと，繊維の両端に正負の電荷が生じる（これを分極という）。この電荷が電界から力を受けるので，パイルは電界に平行になる。また同じ電荷どうしは反発し合うので，パイルは一部に密集することなく均一に分布する。ここに接着剤を塗った人形(b)をおけば，(c)のようにきれいに植毛される。

(2) 静電複写

セレンなどの感光性半導体は，光を当てると電気を通すようになる。そこで，図6のように，感光性半導体でできた感光ドラムを帯電させ，これに文字などの画像を照射すると，白く明るい部分は放電し，文字など黒い部分だけ電荷が残る。ここにトナーとよばれる着色した鉄粉を感光ドラムにふりかけると，電荷のある部分だけに付着する。これを紙に転写し，加熱して定着させれば，元の像が紙に写される。

4 学習内容のポイント

1. 静電気力と電荷
   (1) 電荷どうしの間では力が働く。
   (2) 電荷には正と負がある。
2. クーロンの法則

   力の大きさFは，それぞれの電荷q_1，q_2の積に比例し，電荷の距離rの2乗に反比例する。

   $$F = k_0 \frac{q_1 q_2}{r^2}$$

3. 静電気力の応用
   (1) 静電気植毛
   (2) 静電複写

5 授業に役立つ図・表

図1 羽毛を引き寄せるコハク
（コーベット・フォトエージェンシー提供）

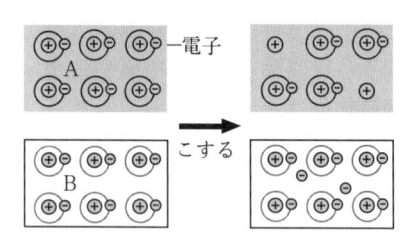

図2 摩擦による帯電

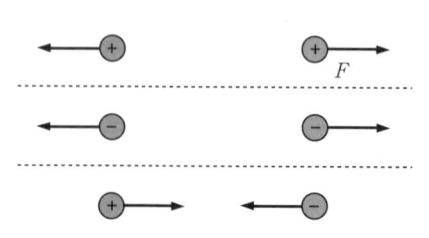

図3 電荷の間で働く力

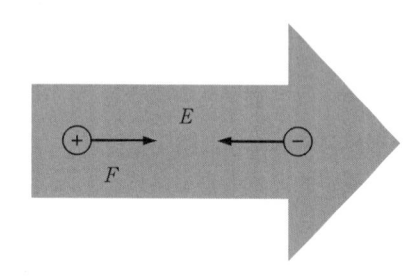

図4 電荷が電界から受ける力

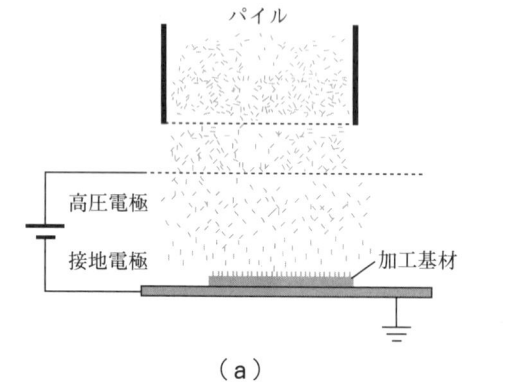

図5 静電植毛の原理
（藤企画提供）

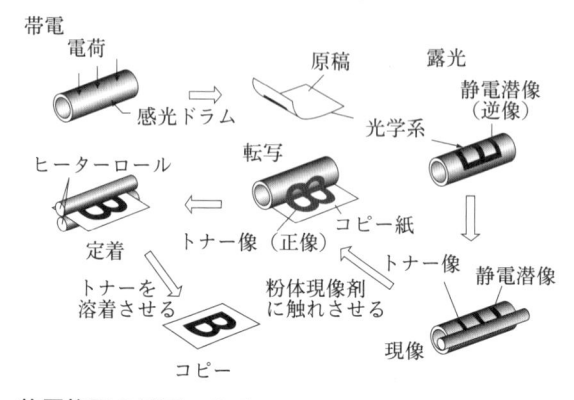

図6 静電複写の原理 （堤井信力（1998）『静電気のABC』講談社より）

6 テーマに関連したドリル

【問題1】
　水素原子における陽子と電子の間に働く静電気力と万有引力の大きさを求めよ。ただし，陽子と電子間の距離を5.3×10^{-11} m，陽子の電荷を1.6×10^{-19} C，電子の電荷を-1.6×10^{-19} C，クーロンの法則の比例定数を9.0×10^9 N·m^2/C^2，陽子の質量を1.67×10^{-27} kg，電子の質量を9.11×10^{-31} kg，万有引力定数を6.67×10^{-11} N·m^2/kg^{2}とする。

【問題1の解答】
　静電気力は，

$$F = k_0 \frac{q_1 q_2}{r^2} = \frac{9 \times 10^9 \text{ N·m}^2 \cdot \text{C}^{-2} \times 1.6 \times 10^{-19} \text{ C} \times (-1.6 \times 10^{-19} \text{ C})}{(5.3 \times 10^{-11} \text{ m})^2}$$

$$= -8.2 \times 10^{-8} \text{ N}$$

となるので，大きさは8.2×10^{-8} Nである。なお，マイナスは引力であることを表している。
　一方，万有引力は，

$$F = -G \frac{m_1 m_2}{r^2} = -\frac{6.67 \times 10^{-11} \text{ N·m}^2 \cdot \text{kg}^{-2} \times 1.67 \times 10^{-27} \text{ kg} \times 9.11 \times 10^{-31} \text{ kg}}{(5.3 \times 10^{-11} \text{ m})^2}$$

$$= -3.6 \times 10^{-47} \text{ N}$$

であるから，大きさは3.6×10^{-47} Nである。これも当然，引力である。
　このように，分子・原子のレベルでは，静電気力に比べて万有引力は桁違いに小さいので，完全に無視することができる。逆に，天体どうしなどでは静電気力はほとんど働かず，万有引力が主役となっている。これは，正負の電荷は引きつけ合い，同種の電荷は反発し合うので，大きな物体では正負の電荷はほぼ等しくなっているためである。

文献ナビ

① 堤井信力（1998）『静電気のABC』講談社
　摩擦帯電から，静電気の応用，雷などの害まで書かれている。
② 永田一清（1987）『静電気』培風館
　静電気の科学史も詳しく載っている。
③ 佐藤道幸監修，浅尾泰翻訳（1993）『ザ・サイエンス・ヴィジュアル　1電気』スティーブ・パーカー著，東京書籍
　クーロンの捩り秤の写真など，図版が豊富にある。
④ 「フロッキィファッションケース」http://www.robinkikaku.co.jp/frockuy/index.htm，藤企画，2005年9月20検索
　静電気植毛の説明などが載っている。

（松原郁哉）

⇒関連題材 4・33

題材 39 / 磁場と電場で原子・分子の重さを量る
磁場中のイオンの運動

1 学習指導要領とのつながり
高等学校物理Ⅱ　(2) 電気と磁気　ア 電界と磁界　(イ) 電流による磁界
（高等学校理科総合A　(3) 物質と人間生活　ア 物質の構成と変化　(ア) 物質の構成単位）
（中学校理科　第1分野　(3) 電流とその利用　ア 電流）

2 題材と日常現実社会のなかでの活用場面—産業・人とのつながり—
　世の中のものは分割していくと「原子・分子」という構成単位に行き着く。周期表を見ると、今までに発見された元素がほぼ質量の順番に並べられている。通常、質量を量るときには天秤やバネ秤といった重力を利用した装置が用いられるが、原子レベルではそのような装置は無い。原子・分子の質量測定法は、基本的にそれらをイオンにして運動させ、電場や磁場との相互作用を利用し、質量の違いを時間や位置の違いとして検出するのである。原子レベルの測定では、質量に限らず大きさや形状といった情報も目で見るようなわけにはいかず、電場や磁場、電子や光との相互作用を通じて初めて得ることができる。荷電粒子と電場、磁場との相互作用の学習が、原子レベルの世界の探求に活用されている。

3 題材の解説
1 質量分析概要
　物体の質量を量るには、通常、その物体に作用する重力の大きさを評価する。軽いものや精密な測定の時には電子天秤などを使用し、小学校などでも 1 mg 程度の秤量が気軽に行えるようになっている。しかし、タンパク質などの高分子やコロイド、更には、分子や原子に働く重力を検出することは難しい。それらの質量を決定するためには、イオンと電場・磁場との相互作用を利用した様々な手法が開発されている。ここでは、最も一般的な磁場による質量分析法について述べる。
　図1に原子・分子の質量を測定するプロセスを示す。イオン化、電場による加速、電場・磁場による選別、検出、に分けられる。ここで、粒子個々の質量を量るためにはバラバラの状態、すなわち気体でなくてはならない。また、電場や磁場との相互作用を利用するためには荷電粒子、即ちイオンであることが必要である。さらに、イオンどうしが衝突などして電場や磁場の効果を乱さないように、10^{-3} Pa 程度の高真空が必要となる。蒸気圧の高い液体・固体や気体は、気体の形で高真空のイオン化室に導入し、電子線やレーザーを照射するなどしてイオン化する。蒸気圧の低い物質は、レーザーアブレーション法やマトリクス支援レーザーイオン化法などで、細分化とイオン化とが同時に行われる。電子線でイオン化する場合にはイオン化室のすぐ下流に電場による加速部がある。レーザーでイオン化する場合にはイオン化室内に電場がかけられていて、イオン化された原子・分子は直ちに加速され、分析部へ導入される。

2 磁場による質量分析
　磁場を利用する場合、分析部は大きく分けて、①位置による質量選別、②磁場の走引による選別、の2タイプがある。①の構造を模式的に図2に示す。E [V] の電場で加速された質量 m [kg]、q 価の陽イオン M^{q+} が分析室内に入ってくる。この時、入射イオンのエネルギーは qE [eV] であり、イオン

はその質量に応じた速度 v[m/s]

$$v = \sqrt{2qE/m} \tag{1}$$

を持つ。分析室内には紙面に垂直上向きに磁束密度B[T]の磁場がかけられている。そうするとイオンはローレンツ力を受け，質量に応じた回転半径r[m]

$$r = mv/qB = \sqrt{2mE/qB^2} \tag{2}$$

の円運動を行い，分析室内に設置された検出器に到達する。質量が大きくなるほど（$m_1 \to m_3$）回転半径が大きくなるので（$r_1 \to r_3$），どの場所に到達したのかを調べることにより，イオンの質量を求めることができる。加速電位を2kV，磁場の強さを0.2Tとした場合，ネオンイオンNe$^+$の回転半径は14.5cm，ナトリウムイオンNa$^+$の回転半径は15.5cmとなる。ところで，式(1)，式(2)に現れるm/qは質量電荷比と呼ばれ，全ての質量分析計において，選別できるのはmではなくm/qの異なる物質ということになる。つまり，質量がmで電荷が$+q$のイオンと質量が$2m$で電荷が$+2q$のイオンとの区別は不可能である。

イオンの検出には写真乾板や光電子増倍管などが用いられる。写真乾板では広範囲の質量分布を同時に得ることができるが感度はそれほど高くなく，光電子増倍管では高感度の検出が可能であるが同時に検出できるのは1つの質量だけである。高分解能で広範囲の質量分布を測定するために②の磁場を走引する方法がある。式(2)を変形すると

$$m/q = r^2 B^2 / 2E \tag{3}$$

となる。検出器に光電子増倍管を用いてその位置を固定した状態でも，式(3)からBを変えることによりいろいろな質量電荷比のイオンを分析することができることが判る。

3 磁場の持つ方向収束性

実際の質量分析部は有限の大きさの開口部を持つので，分析室内への入射方向にはある程度の幅がある。したがって，同じm/qのイオンでも検出器への到達位置にズレが生じ分解能の低下を招くように考えられる。しかし，磁場型の質量分析部ではこのばらつきによる分解能の低下は無視できる程度である。図3の①で示す軌道が質量分析部に対しての中心軌道とする。②や③で示すように入射方向が少しずれたとすると，分析室内でのイオンの軌道は円になるので，入射方向が入射位置での接線の方向となるように円軌道がずれる。このとき，図から判るように，①に対して内側に向かって入ってきた②のイオンは分析室内で移動する距離が短くなり曲がりも小さくなる。一方，①に対して外側に向かって入ってきた③のイオンは分析室内で移動する距離が長くなり曲がりも大きくなる。その結果，両方の軌道とも検出器の位置付近で①の軌道と交わる。この性質を磁場による方向収束性と言い，質量分析計を設計する際の重要な要素の1つとなっている。

4 学習内容のポイント

1. 通常の質量測定
    物体に作用する重力を利用する
2. 原子・分子レベルの質量測定
    同じ電位差で加速したイオンの，磁場中での回転半径が質量によって異なることを利用
    →到達位置などの違いとして質量を検出
3. 方向収束性
    入射方向のばらつき→磁場中の運動距離の違い→検出器位置付近で収束

5 授業に役立つ図・表

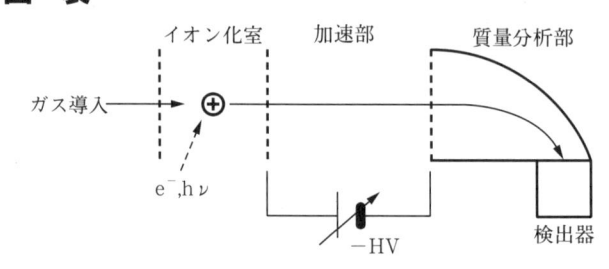

図1 質量分析器概略図

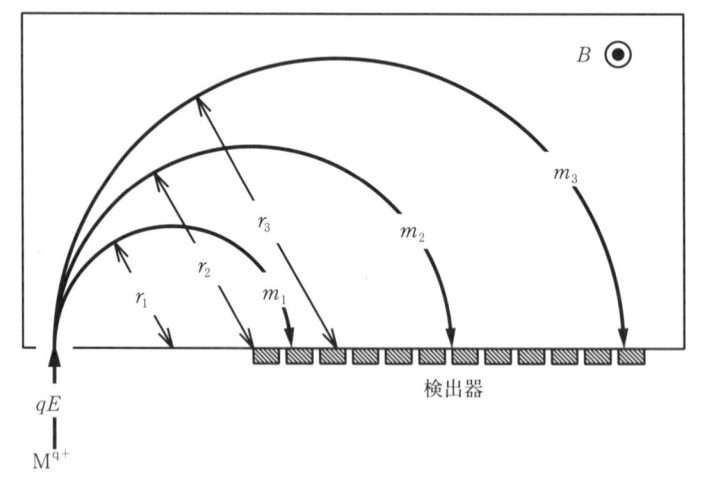

図2 磁場による質量選別の仕組み

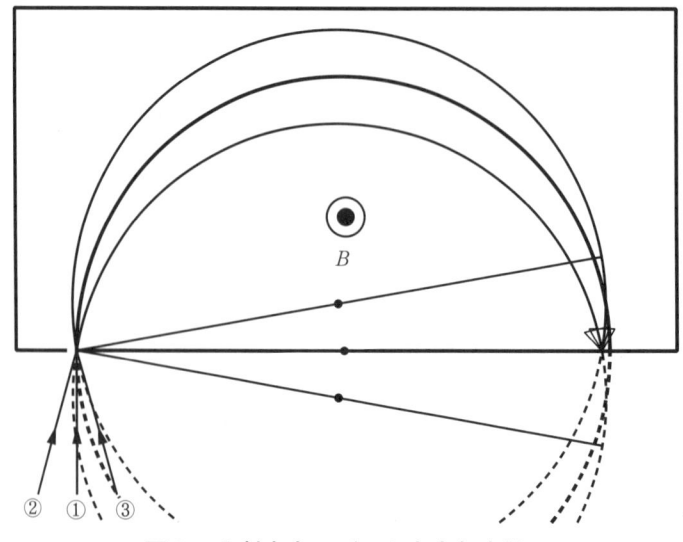

図3 入射方向のズレと方向収束性

6 テーマに関連したトピック　～電場を利用した高分解能化～

　質量分析部に入ってくるイオンは一定の電位差で加速されているが，初めに持っていた運動エネルギーの違いなどにより，それぞれが持つエネルギーに幅が生じる。そうすると，式(3)でBを固定してもEの幅に応じて異なるm/qのイオンも検出されてしまう。これを防ぐためには，質量分析部に入る前にエネルギー選別を行う必要がある。このとき利用されるのが電場とイオンの相互作用を利用したフィルターである。フィルター電極の形状はエネルギー分解能や収束性を考慮して同心半球型，共軸円筒型などいろいろ用いられているが，ここでは平行平板電極を例に取り電場によるフィルター機能の原理を説明する。図に平行平板電極の概略を示す。電極間には追い返し電場E_r[V/m]がかけられており，イオンの入射スリットと出射スリットが開けてある。質量電荷比m/qで電位差Eにより加速されたイオンがスリットから電極にθの角度で入射したとする。イオンは電極内で放物運動し出射スリットから再度電極外へ出る。スリット間の距離をL[m]とすると，入射したイオンが出てくる条件は次式で表される。

$$L = \frac{2E}{E_r} \sin 2\theta \tag{4}$$

　この式からE_r，L，θを決めるとある決まった電位差Eにより加速されたイオンのみを選別できることが判る（軌道①）。加速エネルギーの小さいイオン（軌道②）はスリットの手前に落ち，大きいイオン（軌道③）はスリットを越えてしまい，外にでてくることはできない。このような，電場によるフィルターを用いた高分解能化により，N_2とCOといった同じ質量数（共に28）の分子が容易に分離できるようになった。なお，上式にm/qが入っていないことからも判るように，異なるqの異なるエネルギーqEを持つイオンも同様にパスしてしまう。つまり，このフィルターはイオンの持つエネルギーではなく，加速電圧に対するフィルターとしてのみ機能するのであり，質量選別能力は有しない。

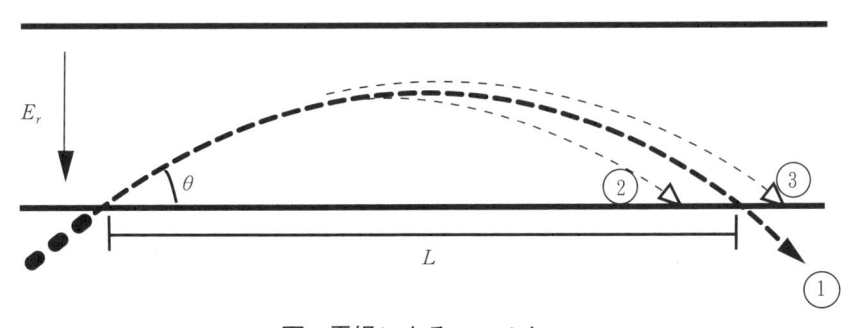

図　電場によるフィルター

文献ナビ

① 日本化学会編（1977）『化学総説No.16 電子分光』東京大学出版会
　　磁場型フィルター，電場型フィルターの概説。

（南　伸昌）

⇨関連題材 37・38

題材 40 "超"大容量を可能にするスーパーコンデンサー
電解液と活性炭で電荷をためる

1 学習指導要領とのつながり
高等学校物理Ⅱ 　(2) 電気と磁気　ア 電界と磁界
高等学校理科総合A 　(3) 物質と人間生活　ア 物質の構成と変化　イ 物質の利用
（高等学校物理Ⅰ 　(1) 電気　イ 電気に関する探求活動）
（中学校理科 　第1分野 　(3) 電流とその利用　ア 電流）

2 題材と日常現実社会のなかでの活用場面―産業・人とのつながり―

　近年，大気汚染への対策や，石油代替エネルギーを活用する観点から，ハイブリッドカーや電気自動車が実用化され，徐々に普及しつつある。また，自動車以外の分野でも，太陽光や風力等の自然エネルギーを活用した機器が開発されている。いずれもエネルギーを一時的に電気として蓄えるデバイスが必要である。このとき，共通の課題となるのは，電気をいかに蓄積するかである。従来は蓄電池（バッテリー）が用いられてきたが，電解液の経年劣化や，過放電や過充電に弱いという，デメリットがあった。そこで，最近注目されているのは，スーパーコンデンサー（スーパーキャパシター）である。従来のコンデンサーでは静電容量が極めて小さいので，とても蓄電池の代わりにはならなかった。しかし近年，スーパーコンデンサーとよばれる電気二重層コンデンサーが実用化され，静電容量が飛躍的に大きくなった。ハイブリッドカーをはじめとして，効率的にエネルギーを活用する機器に使われ始めている。電解液中のイオンや，静電気力に関する学習は，スーパーコンデンサーの構造上の工夫に繋がっている。

3 題材の解説

1 コンデンサーの構造

　コンデンサーの歴史をさかのぼると，1745年ごろに発明されたライデン瓶（図1）にたどり着く。ライデン瓶は静電気をためる器具であり，ガラスを挟んだ2枚のすず箔に異符号の電荷をためる。このように，絶縁体を極板で挟んだものがコンデンサーの基本構造である。極板間に電位差Vを与えると，両極板はそれぞれ逆の符号の電荷によって帯電する。このとき両極板の電荷間には，互いに引き合うクーロン力がはたらくので，電荷は安定して蓄えられる。蓄えられる電気量Qは，両極板間の電位差Vと比例することが知られており，比例定数をCとして，次のように書ける。

$$Q = CV \tag{1}$$

2 静電容量を増加させる工夫

　(1)式の比例定数Cはコンデンサーの性能を表す量で，静電容量とよばれ，単位はF（ファラド）である。Cは極板の面積Sに比例し，極板間隔dに反比例するので

$$C = \varepsilon \frac{S}{d} \tag{2}$$

と書ける。ここで，比例定数εは，極板間に挟んだ物質の誘電率とよばれる。(2)式より，静電容量C

を増加させるためには，Sを大きくし，dを小さくすればよいことがわかる。そのために実際の製品では，フィルム状の極板と絶縁体を重ねたものを巻物のようにする構造上の工夫もみられる（図2）。また絶縁体に誘電率の高い物質を使うと，(2)式より静電容量が増加するので，それを利用して大きな静電容量を得ているものもある。

3 電気二重層とスーパーコンデンサー

従来のコンデンサーの静電容量は大きなものでも数万μFであった。しかしスーパーコンデンサーとよばれる電気二重層コンデンサーの開発により，極端に大きな静電容量をもつコンデンサーが実現した（図3）。今までのコンデンサーでは静電容量を表示する単位としてpFやμFを用いることがほとんどだったが，スーパーコンデンサーではFで表示される。極めて静電容量が大きいことがわかる。

スーパーコンデンサー実現の鍵は，電気二重層である。この電気二重層は活性炭と電解液の界面につくられる電荷の層のことを指す（図4）。電気二重層の厚さは数分子の大きさの程度なので，(2)式においてdが極めて小さいことになる。また，活性炭の表面には非常に多くの細孔が構成されているため，見かけ上の表面積に比べて，実際の表面積はきわめて大きい。そのため(2)式におけるSは非常に大きいことになる。こうして，極端に大きな静電容量Cが実現する。

なお，電解液の耐電圧（電気分解しない電圧）は，水系の電解液で1.1V程度，有機系の電解液でも3.5〜4Vにとどまる。したがって，実際の製品では複数直列に配置し，全体としての耐電圧を増す工夫をしているものもある。

4 蓄電池との違い

スーパーコンデンサーの静電容量はきわめて大きいので，従来の蓄電池（バッテリー）の代わりに用いることも可能になりつつある。実用上，スーパーコンデンサーと蓄電池の役割は似ているのだが，そのしくみは全く違うことに注意したい。ここであらためて，両者のしくみや特性の違いを説明する。

スーパーコンデンサーでは電解液中のイオンが移動し，電極との界面に吸着・脱離することで，充電・放電される（図5）。すなわち，イオンの移動という物理的な変化のみによって電荷を蓄える。そのため，急速充放電が可能で，寿命も長いという利点がある。

それと比べて蓄電池では，両極において，酸化や還元反応といった化学変化が必ずおこる。たとえば鉛蓄電池に充電する場合を図6に示す。このため蓄電池はスーパーコンデンサーと比べて，充電・放電に時間がかかることや，電解液が劣化しやすいという問題がある。しかし，ほとんどの蓄電池は，エネルギー密度（単位質量あたりの取り出せるエネルギー）がスーパーコンデンサーよりも大きい。

5 電気二重層コンデンサーを用いた製品

身の回りのデジタル機器においては，メモリーのバックアップ用に用いられている。また，太陽光発電で得た電気を蓄えておき，夜間にそれを使う機器もある。たとえば，交通標識や案内表示装置である。また，燃料電池を用いた自動車の補助電源として用いられたり（例：ホンダの燃料電池車「FCX」），ハイブリッドカーのモーターを駆動させるための電源として利用されたりしている（例：日産ディーゼルのキャパシターハイブリッドトラック）。

4 学習内容のポイント

1. 活性炭と電解液の界面にできる電気二重層を利用した，きわめて静電容量の大きなスーパーコンデンサーが開発された。
2. スーパーコンデンサーを用いると，蓄電池に匹敵する電気量を蓄えることもできる。大電流を取り出せることや，経年劣化が少ないという特性は，蓄電池よりも優れている。

5 授業に役立つ図・表

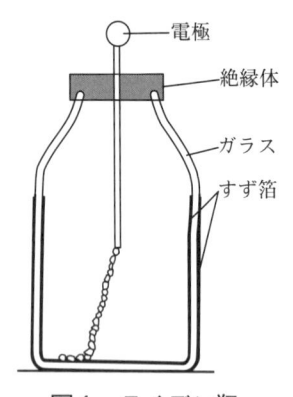

図1 ライデン瓶

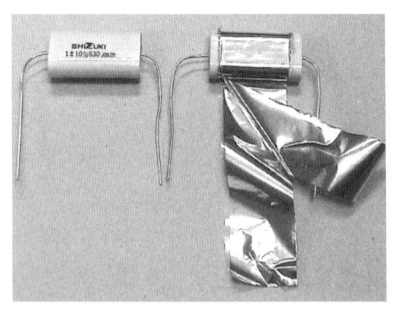

図2 フィルムコンデンサーの内部

図3 スーパーコンデンサー
（左：1.0F，右：150F）

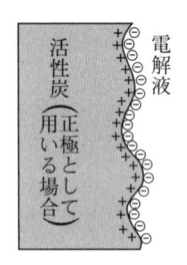

図4 電気二重層

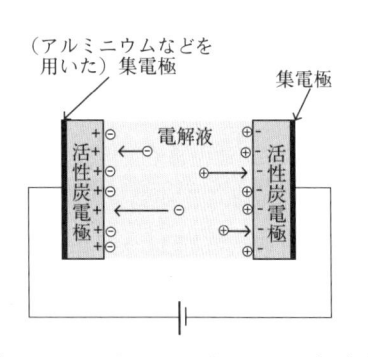

図5 スーパーコンデンサーのしくみ

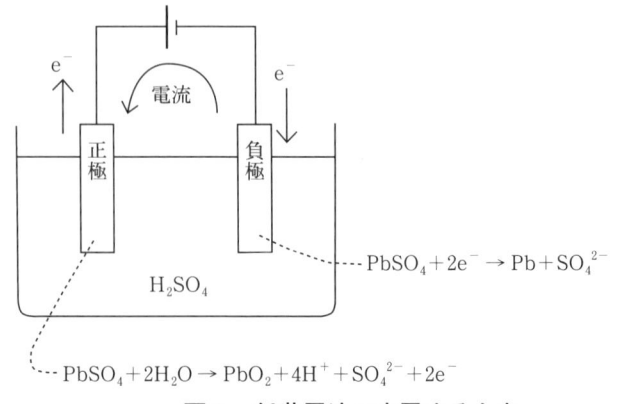

図6 鉛蓄電池に充電するとき

$PbSO_4 + 2e^- \rightarrow Pb + SO_4^{2-}$

$PbSO_4 + 2H_2O \rightarrow PbO_2 + 4H^+ + SO_4^{2-} + 2e^-$

6 テーマに関連したドリル

【問題1】
スーパーコンデンサーの図5の構造をさらに単純化すると，回路図記号を用いて次のように表すことができる。このときの合成静電容量Cを求めなさい。

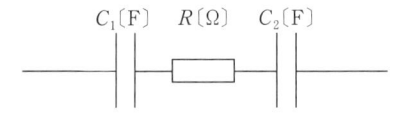

$$C_1\text{[F]} \quad R\text{[}\Omega\text{]} \quad C_2\text{[F]}$$

【問題2】
充電されたスーパーコンデンサーに蓄えられている電気量を，次の回路を用いて，実験で測定したい。どのようにして電気量を求めればよいか。

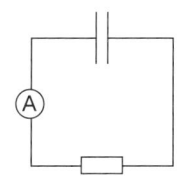

【問題1の解答】
中央に抵抗があるものの，充電が完了した後はそこを電流が流れることはなく，抵抗の両端の電位差は0になるので，ただコンデンサーを2つ直列につないだときと，合成静電容量は等しくなる。したがって

$$C = \cfrac{1}{\cfrac{1}{C_1} + \cfrac{1}{C_2}}$$

である。

【問題2の解答】
充電されたコンデンサーを，この問題で与えられた回路で放電させる。このとき時間経過tに対する電流Iを記録して，グラフを描く。I-tグラフの面積が，初めにコンデンサーに蓄えられていた電気量に相当する。

文献ナビ

① 岡村廸夫（2005）『電気二重層キャパシタと蓄電システム－第3版－』日刊工業新聞社
電子回路とスーパーコンデンサーを組み合わせた蓄電装置についての解説。

② 霜田光一（1993）『電磁気ハンドブック』聖文社
エレクトロニクスについてコンパクトに総合的な解説がされている。

③ 「FCX」http://www.honda.co.jp/factbook/auto/fcx/200212/05.html，本田技研工業，2005年11月14日検索
燃料電池車FCXに用いられている電気二重層コンデンサーについての説明。

④ 「低公害車への取組み」http://www.nissandiesel.co.jp/low-env/capacitor.html，日産ディーゼル，2005年11月14日検索
キャパシターハイブリッドトラックの紹介。

（小澤　啓）

題材 41

電磁誘導で調理する
電磁誘導と渦電流

⇒関連題材 4・33

1　学習指導要領とのつながり
高等学校物理Ⅱ　(2) 電気と磁気　イ 電磁誘導と電磁波　(ア) 電磁誘導
高等学校理科基礎　(2) 自然の探求と科学の発展　ウ エネルギーの考え方　(イ) 電気エネルギーの利用
(中学校理科　第1分野　(3) 電流とその利用　イ 電流の利用)

2　題材と日常現実社会のなかでの活用場面─産業・人とのつながり─
　最近は火を使わなくても加熱できる機器が各家庭に普及してきた。電気ポットは，ヒーターを流れる電流によって生じる熱を使って水を加熱する。電子レンジは，食品に含まれる水分子を電磁波で直接振動させて加熱する。IH調理器（誘導加熱;Induction-Heatingを用いた調理器）は，変化する磁界を鍋に与え，電磁誘導で生じた電流が鍋自体を流れることで熱を生じ，加熱する。このように，火を使わずに加熱する機器は，操作が簡便で火災の原因にもなりにくい。タイマーやセンサーなどを用いてコントロールすることが容易である。また，高齢者や手先の不自由な方にも扱いやすい。このような利点がとくに注目されている。
　この題材ではIH調理器のような電磁誘導を用いた加熱について考える。日頃利用している電気製品の中にも，電流による発熱や電磁誘導を利用した機器があり，我々の生活に役立っている。

3　題材の解説
1　電磁誘導の法則
　回路を貫く磁力線が変化すると電圧が生じることは「ファラデーの電磁誘導の法則」として知られている（図1）。変化する磁力線は磁石の運動によってもつくれるが，別のコイルAに変化する電流を流すことでも可能である（図2）。時刻 t に，コイルAを流れる電流を $I_A(t)$ とすれば，そのときにコイルBを貫く磁束 Φ_B とは次の関係がある。

$$\Phi_B(t) \propto I_A(t) \tag{1}$$

$\Phi_B(t)$ が変化すると，電磁誘導によってコイルBには誘導電流 $I_B(t)$ が流れる。その電流の強さは，コイルを貫く磁束の時間変化に比例するので

$$I_B(t) \propto \frac{d\Phi_B(t)}{dt} \tag{2}$$

である。したがって，(1)(2)より

$$I_B(t) \propto \frac{dI_A(t)}{dt} \tag{3}$$

である。コイルBに大きな電流を流すためにはコイルAに周波数の大きい交流電流（高周波電流）が必要なことがわかる。

コイルBの代わりに鍋をおいたものがIH調理器にあたる（図3）。コイルAに交流電流が流れると，鍋はコイルの形状をなしてはいないが，鍋の材質である金属がコイルのはたらきをして電流が流れる（図4）。これを渦電流とよぶ。現在普及しているIH調理器には20 kHzの高周波電流が使われていて，鉄製やステンレス製の鍋を加熱することができる。

2　電流と発熱

抵抗に電流が流れると発熱する。この熱をジュール熱とよぶ。抵抗Rの導線に電圧Vがかかって電流Iが流れたときに，単位時間あたり発生するジュール熱Pは

$$P = IV \tag{4}$$

である。オームの法則を用いて，電圧の変数を消去すれば

$$P = I^2 R \tag{5}$$

である。したがって，同程度の電流が流れるならば，抵抗の大きい材質の方が単位時間あたりの発熱量は大きい。それゆえ，従来は抵抗の小さなアルミニウムや銅（図5）でできた鍋は十分な発熱量を得られないので，IH調理器に用いることはできなかった。

3　オールメタル対応のIHクッキングヒーターにみられる工夫

世界で最初にIH調理器が実用化されたのは1974年である。その後，この原理を用いたIH炊飯ジャーや，キッチン台に組み込まれたIHクッキングヒーターのような製品に応用範囲は広がった。しかし，アルミニウムや銅の鍋が使えない欠点は長い間改善されず，IH機器の普及を妨げる要因の1つであった。しかし，2002年にはこのような鍋でも使えるオールメタル対応のIHクッキングヒーターが製品化された。これが実現できたポイントは2つある。

●コイルに流す電流のさらなる高周波化

アルミニウムや銅でも渦電流で十分な発熱を得るため，コイルを流れる電流の周波数を従来の3倍である60 kHzにする技術を開発した。その結果，(3)式からわかるように，鍋に大きな電流を流すことができる。

●コイルの低損失化

高周波電流は導線の内部よりも表面を流れやすい。これを表皮効果とよぶ。周波数が高くなるにつれて表皮効果は大きくなるので，結果としてコイルを流れる電流の断面積が小さくなり，抵抗が大きくなる。それゆえ，ふつうIH機器のコイルを構成する導線は，複数の素線を撚って作られる。一般的なIH調理器では直径0.3 mmの素線を50本撚った線が使われていたが，2002年に製品化されたオールメタル対応のIHクッキングヒーターには，直径0.05 mmの素線を約1600本撚った線が用いられている（図6）。

4　学習内容のポイント

1. 電磁誘導と渦電流

   金属内部を貫く磁束が変化すると，電磁誘導によって渦電流が流れる。

2. ジュール熱

   金属を電流が流れると，ジュール熱とよばれる熱が生じる。

3. IH機器のオールメタル化

   コイルに流す電流の周波数を大きくして，大きな誘導電流が流れるようにする。

5 授業に役立つ図・表

図1　電磁誘導

図2　磁石をコイルAに取り替える

図3　コイルBを鍋に取り替える

図4　渦電流

銅　1.7
アルミニウム　2.7
鉄　9.8
ステンレス（SUS304）　72

図5　金属による電気抵抗の比較
（抵抗率：$\mu\Omega\cdot$cm）

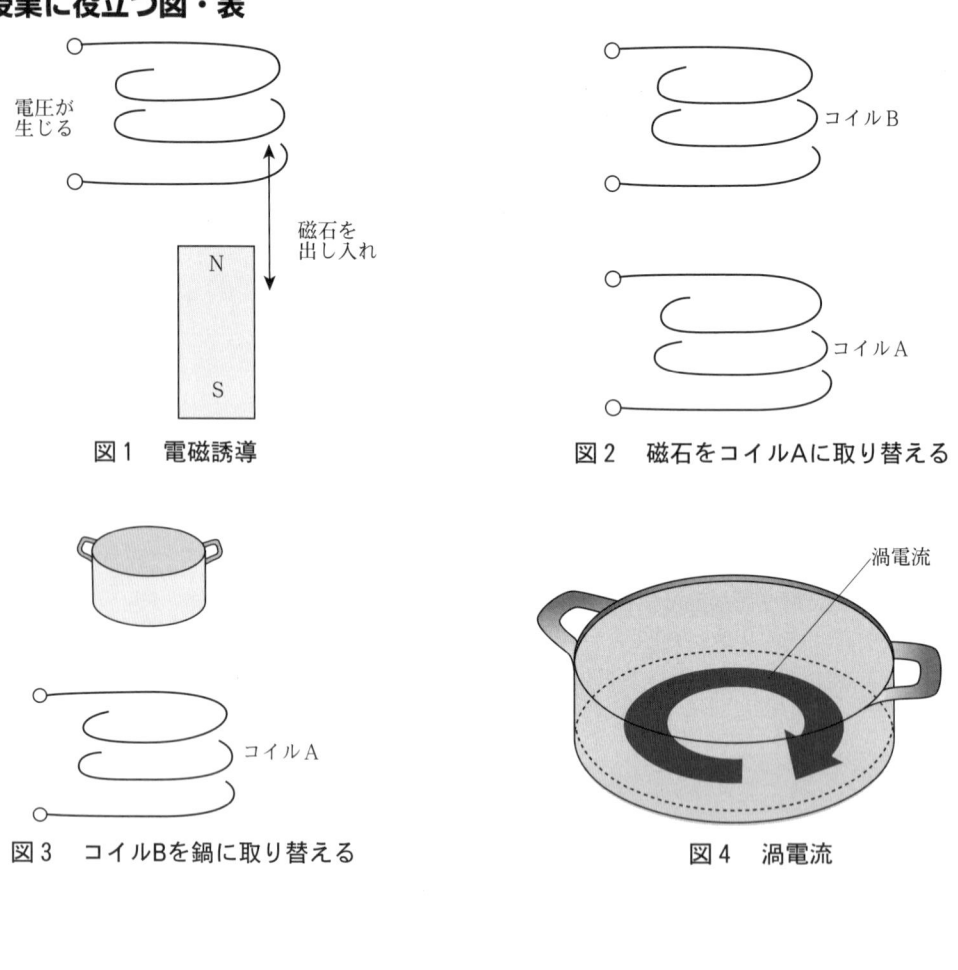

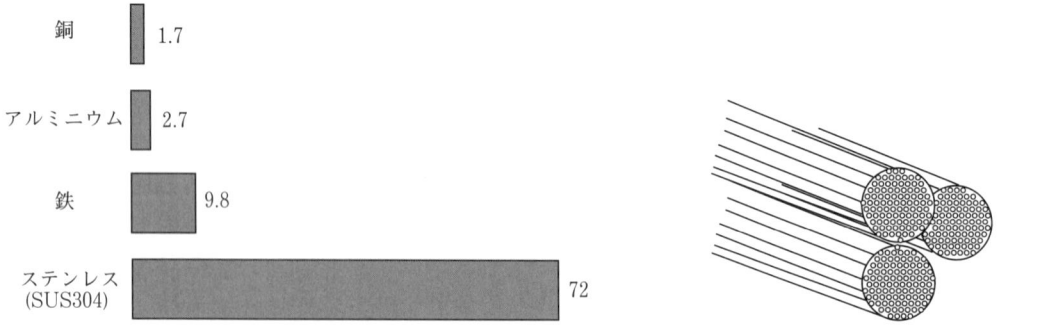

図6　素線を撚って作られるコイルの導線

6 テーマに関連したドリル

【問題1】
家庭で用いられている，電気を使った加熱器具の例をいくつかあげ，そのしくみの違いによって分類した表を作成せよ。

【問題2】
最近，乾電池が無くても使える，下図に示すような非常用の懐中電灯が販売されている。数分間振ると電気がたまって使えるようになる。この懐中電灯のしくみを考えよ。

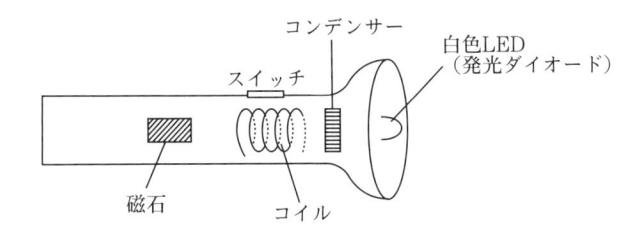

【問題1の解答】

器具の名称	しくみ
トースター，ホットプレート アイロン，電気ストーブ	電熱線を流れる電流によるジュール熱によって加熱する。
電子レンジ	電磁波で，食品中の水分子を振動させて加熱する。
電磁調理器（IH調理器） IH炊飯ジャー	高周波電流で変化する磁界つくり，電磁誘導で金属鍋に生じる渦電流によるジュール熱によって加熱する。

【問題2の解答】
筒の中を磁石が往復すると，コイルを貫く磁束が変化するので，電磁誘導によってコイルには誘導電流が流れる。その電流によって運ばれた電荷をコンデンサーに充電する。スイッチをコンデンサーと白色LEDをつなぐように切り替えると，懐中電灯として使用することができる。

文献ナビ

① 「独創性を拓く先端技術大賞」http://www.business-i.jp/sentan/jusyou/2003/pana/index.html，日本工業新聞社，2005年7月10日検索
「オールメタル対応IHクッキングヒータの開発と商品化」という論文が掲載されている。アルミニウムや銅の鍋も使えるIH機器の開発に関わる技術が紹介されている。

（小澤　啓）

⇒関連題材 20・30・43

題材 42
空気圧で支える東京ドーム
圧力と大気圧

1 学習指導要領とのつながり
中学校理科　第1分野　(1) 身近な物理現象　イ 力と圧力
高等学校物理Ⅱ　(3) 物質と原子　ア 分子，原子の運動　(イ) 分子の運動と圧力

2 題材と日常現実社会のなかでの活用場面―産業・人とのつながり―

　大きさを持った材料の変形は力ではなく，単位面積当たりの力に依存し，それを圧力と呼ぶ。形が自由に変わる液体・気体などに対しては，圧力が意味のある物理量であり，力ではない。空気の圧力を大気圧と呼び，私たちは日常的に等方的な大気圧を受けているのでその存在とともにその大きさを意識することはほとんどない。この空気層の厚さは約8000 mもあるので，その1 cm^{2}当たりの質量は約1 kgに達し，私たちは大気の底に住む。東京ドームの天井は，その内部と外部のわずか0.3 ％の圧力差で支えている（空気膜構造と呼ぶ）。大気の圧力が大きいので，それを受ける面積が大きくなると，わずかな圧力差でも支える力は大きい。圧力および大気圧の学習は空気膜構造の大きな建造物の設計にも活用されている。

3 題材の解説
1　力・圧力と大気圧

　大きさを無視できる物体（質点と呼ぶ）あるいは全く変形しない物体（剛体と呼ぶ）に対する外部からの作用としては力fが重要な量であり，国際的に推奨される力の単位（SI単位と呼ぶ）はN ≡ kg m/s^2（ニュートン）である。地上で同一のバネにつけた同一のおもりの鉛直下方への伸びは，おもりの数に比例する（図1）。すなわち，地上の物体の鉛直下方に働く力fはその質量mに比例し，比例定数をgとすれば$f = gm$であり，通常は$f = mg$と記す。この比例定数gは，近似的に$g = 9.8$ m/s^{2}である（この比例定数gを重力の加速度と呼ぶ）。したがって，地上の質量$m = 100$ g $= 0.1$ kgの物体の鉛直下方に働く力f（重力と呼ぶ）は$f = mg = 0.1$ kg×9.8 m/s^2 $= 0.98$ Nであるので，近似的に1 Nに等しい。

　一方，スポンジのように大きさを持った材料の変形は作用する力fによるのではなく，単位面積当たりの力fに依存する（図2）。この単位面積当たりの力fを圧力pと呼び，そのSI単位はPa ≡ N/m^{2}である。すなわち圧力pは次式のように力f(N)とそれを受ける面積A(m^2)の比で与えられる。

$$p = \frac{f}{A} \tag{1}$$

　断面積Aおよび高さhの容器中に入った密度ρの液体の底の圧力pを考察する。この容器の体積Vは$V = Ah$であり，この液体の質量mは$m = \rho V = \rho Ah$である（図3）。したがって，この液体の底に加わる力fは$f = mg = \rho Ahg$であるので，この液体の底の圧力pは式(1)より，次式で与えられる。

$$p = \frac{\rho Ahg}{A} = \rho hg \tag{2}$$

標準的な大気の圧力を標準大気圧p_0と呼び，水銀（密度$\rho_M = 13.6$ g cm^{-3} = 13.6×10^3 kg m^{-3}）の高さ$h_M = 0.76$ m = 760 mmの圧力に等しい。それは，式(2)から，$p_0 \equiv 1$ atm = 1.013×10^5 Pa = 1013 hPaである。高さ$h_M = 0.76$ m，面積$A = 1$ cm^2 = 1×10^{-4} m^{2}当たりの水銀の質量mは$m = 1.033$ kgであるので，標準大気圧p_0は地上で1 cm^{2}当たり約1.0 kgの質量に働く重力による圧力pに等しい。あるいは，1.0 kgに働く力fは$f \fallingdotseq 10$ Nであるので，式(1)から面積$A = 1$ cm^2 = 1×10^{-4} m^{2}に対する圧力pは$p = (f/A) = (10$ N$/1 \times 10^{-4}$ m$^2) = 1 \times 10^5$ Pa $\fallingdotseq p_0$である。

2　自転車の空気圧と空気入れ

自転車のタイヤ内部の圧力と外部の大気の圧力の差は約3×10^5 Pa($= 3000$ hPa $\fallingdotseq 3$ atm)である。自転車用の単純な構造の円筒型空気入れの内断面積Aは約 7 cm^2 = 7×10^{-4} m^{2}であるので，約3×10^5 Paの圧力の空気を入れるためには，地上で近似的に質量$m = 21$ kg（体重）による重力f（約 210 N）を必要とする（図 4）。実際には種々の抵抗等があるので，子供ではその全体重をかけて空気を入れる必要がある。

3　東京ドーム

東京ドームは日本で最初（1988年）に建設された縦横が約180 m，高さが約56 mの巨大な空気膜構造のドームである。この内部の圧力を外部の圧力よりわずかに高く保つことにより，1本の柱もなしに屋根の構造材を支持することができる。東京ドームの屋根はテフロン（4フッ化エチレン）で被覆したガラス繊維のパネルの2枚組みであり，その総質量が約52 t(5.2×10^4 kg)である。このパネルおよび100 t(1×10^5 kg)以上の骨組みを含む構造材を1本の柱も使わずに支えるのは，内部の圧力を外部の圧力よりわずかに高くした圧力差である。通常は，東京ドームの地上付近での内部と外部の圧力差Δpは$\Delta p = 300$ Pa（通常の大気圧の0.3 %）に保たれている。屋根の断面積Aは$A = 3 \times 10^4$ m^{2}であるので，天井付近でもこの圧力差Δpが保たれていれば，天井を支持する力fは式(1)から，次式のように計算される（図 5）。

$$f = A\Delta p = 300(\text{N/m}^2) \times 3 \times 10^4 \text{ m}^2 = 9 \times 10^6 \text{ N} \tag{3}$$

この力$f = 9 \times 10^6$ Nは近似的に$m = 9 \times 10^5$ kg = 900 tの質量に働く重力mgに相当する。すなわち面積$A = 3 \times 10^4$ m^{2}に加わった300 Pa（標準大気圧の0.3 %）の圧力が，東京ドームの天井および骨組み材を充分支えることができる大きな力となる。実際には高度の増加に伴い圧力は小さくなるので，天井付近における圧力差は地上における圧力差の半分程度であり，式(3)の半分程度の力でしか支えることができない。この300 Pa（通常の大気圧の0.3 %）は子供が膨らますゴム風船の圧力の約1/10程度である。東京ドームの加圧は送風機で行い，その圧力は回転ドアで維持する。台風のように風が強い場合には，その風による構造変化を防ぐために，さらに加圧する。

4　学習内容のポイント

1. 地上の物体の鉛直下方に働く力fはその質量mに比例し，質量$m = 100$ g = 0.1 kgの物体の鉛直下方に働く力f(重力と呼ぶ) は近似的に1 Nに等しい。
2. 標準大気圧p_0は，$p_0 \equiv 1$ atm = 1.013×10^5 Pa = 1013 hPaであり，面積$A = 1$ cm^2 = 1×10^{-4} m^{2}当たり，$m = 1.0$ kgの質量に働く重力（約10 N）による圧力pに近似的に等しい。
3. 大気の圧力は大きいので，標準大気圧のわずか0.3 %($=0.003$)だけ内部の圧力を高くすることにより，東京ドームの天井および構造材を支えることができる。

5 授業に役立つ図・表

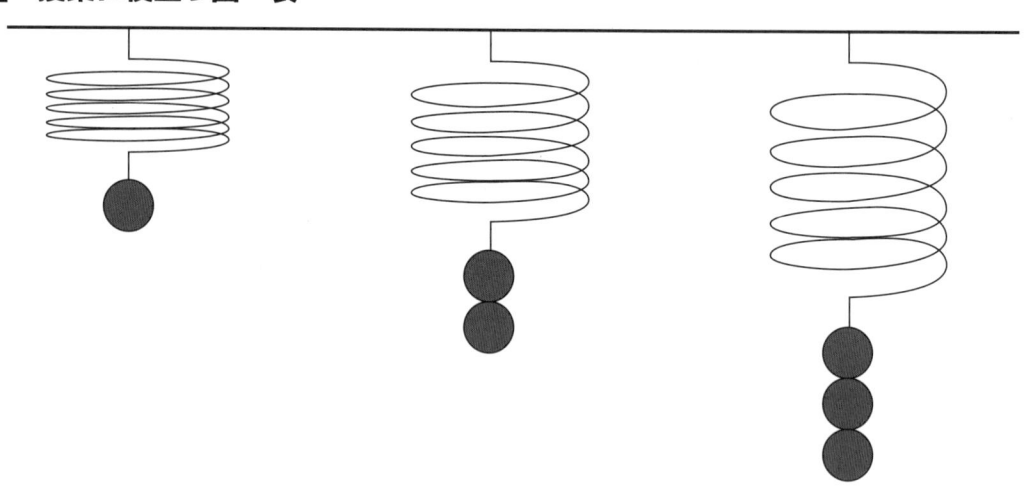

図1 地上で同一のバネに同一の複数のおもりをつるした場合の鉛直下方のバネの伸び

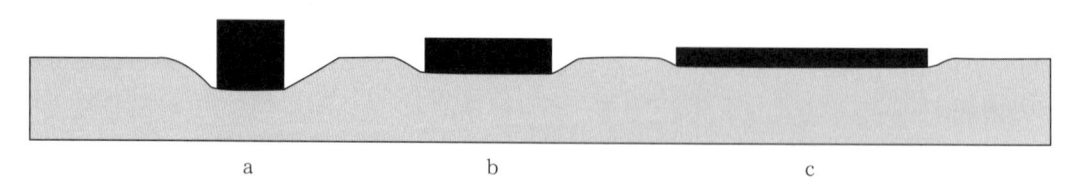

図2 同じ力（同じ質量の金属への重力）によるスポンジの変形（面積がa, bおよびcの順に大きくなる）

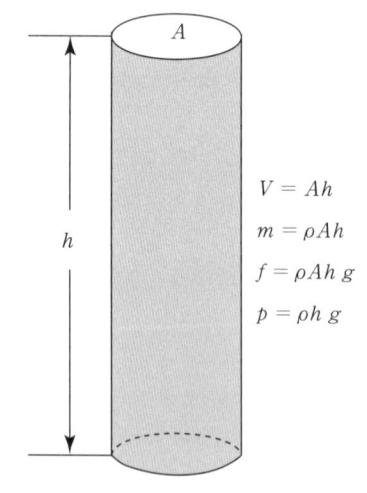

$V = Ah$
$m = \rho Ah$
$f = \rho Ah g$
$p = \rho h g$

図3 面積Aおよび高さhの液体（密度ρ）の圧力p

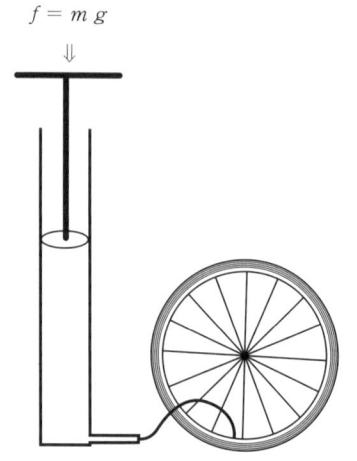

$f = mg$

図4 空気入れ（$A = 7 \text{ cm}^2$）による質量$m = 21 \text{ kg}$の重力f（約210 N）による圧力p

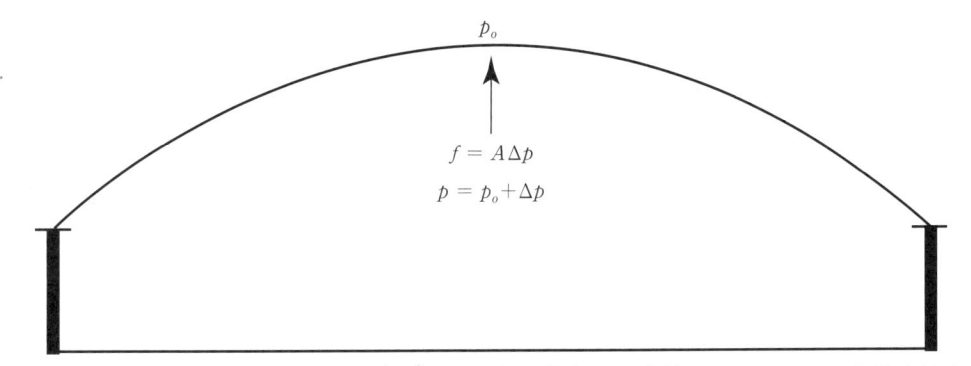

図5　東京ドーム（面積 $A = 3 \times 10^4 \text{ m}^2$）の内部と外部の圧力差 $\Delta p = 300 \text{ Pa}$ による支持力 f

6　テーマに関連したトピック　～回転ドア～

　東京ドームの内部を外部より300 Paだけ加圧しただけでは，ドアの開閉によりドームがしぼんでしまうどころか骨組みの落下の危険もある。東京ドームでは加圧送風機によりドーム内に常に空気を送り込むと共に，ドーム内からできるだけ空気を逃がさないようにするために回転ドアを使っている。すなわち，3枚羽根あるいは4枚羽根の回転ドアを使うことにより，出入口のドアが同時に開いた状態にならないようにすることができる。簡単のために3枚羽根および4枚羽根の回転ドアの模式図をそれぞれ(a)および(b)に示した。3枚羽根では壁の部分が240度（2×120度）であり，出口と入口の最大開口角度は各60度である。4枚羽根では壁の部分が180度（2×90度）であり，出口と入口の最大開口角度は各90度である。

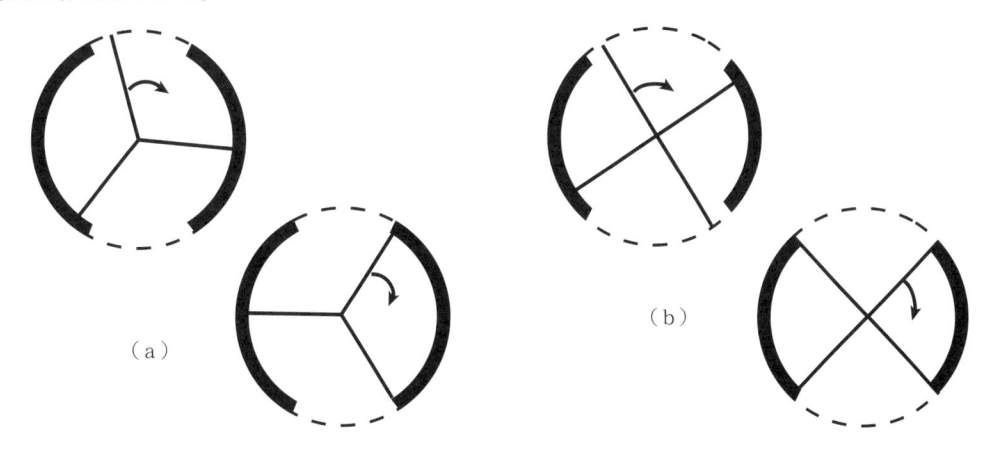

文献ナビ

① 「施設概要（不思議な屋根）」　http://www.tokyo-dome.co.jp/dome/shisetu/02.htm
　東京ドームの屋根膜，エアー・サポーテッド・ドーム，加圧送風ファン，回転ドア・バランスドア等の東京ドームを支える物理機構についての簡単な解説である。

（鈴木　勲）

⇒ 関連題材 20・30・42

題材 43 水を高温に保つ圧力鍋

水の温度の蒸気圧

1 学習指導要領とのつながり

高等学校物理Ⅱ　(3) 物質と原子　ア 原子，分子の運動　(ｱ) 物質の三態
高等学校化学Ⅱ　(1) 物質の構造と化学平衡　ア 物質の構造　(ｳ) 液体と固体
高等学校理科総合A　(2) 資源・エネルギーと人間生活　イ いろいろなエネルギー　(ｱ) 仕事と熱
（中学校理科　第1分野　(2) 身の回りの物質　ア 物質のすがた）

2 題材と日常現実社会のなかでの活用場面―産業・人とのつながり―

圧力が1.013×10^5 Pa = 1013 hPa（1 atm = 1気圧）の場合には，水は100℃で沸騰する。外から加えた熱は水の蒸発に使われるので，水温は一定になり，その温度を沸点と呼ぶ。また水の蒸発熱は大きいので，全ての水が蒸発するまで長時間一定の温度を保つことができる。圧力が1013 hPa（1 atm）以上であれば，水の温度が100℃になっても水は沸騰しない。鍋の蒸気穴に錘を載せて加圧するだけで，水温を高温に保つ鍋（圧力鍋）となる。このような圧力鍋を使うことによって調理時間を短くして必要な熱量を抑えることができるとともに，魚の骨あるいは豆は短時間で柔らかくなる。逆に，液体は減圧下では，標準沸点より低い温度で沸騰する。石油から通常の蒸留によりガソリンを得た後に残った成分（残渣油と呼ぶ）から軽油を取るために，より高い温度で蒸留すると分解されたり酸化されたりする。そこで残渣油は減圧蒸留して，軽油や潤滑油の材料を得る。嗜好品では高い温度での酸化あるいは分解を抑制するために減圧蒸留が利用されている。物質の状態図および圧力の学習は日常的な調理器具あるいは種々の製造業に活用されている。

3 題材の解説

1　1 atmと1013 hPa

重力の加速度gの下で鉛直に立てた高さh，断面積Aの容器に密度ρの液体あるいは気体が充たされた場合の底の圧力pを考察する（図1）。この液面より上部の容器中の液体あるいは気体の体積Vは$V = Ah$であり，その質量mは$m = \rho V = \rho Ah$である。この質量mへの力fは$f = mg$であるので，この容器の底の圧力pは次式で与えられる。

$$p = \frac{f}{A} = \frac{mg}{A} = \frac{\rho Ah g}{A} = \rho h g \tag{1}$$

トリチェリの実験では，水銀が降下してできた上部の空間の圧力は零である（実際は，水銀の蒸気圧による圧力はあるが，それは約10^{-6} atmあるいは0.1 Pa）ので，これをトリチェリの真空と呼ぶ。したがって水銀の密度ρとして，$\rho = 13.6$ g cm^{-3} = 13.6×10^3 kg m^{-3}，水銀の高さhおよび重力の加速度gとしてそれぞれ，$h = 0.76$ mおよび$g = 9.8$ m s^{-2}を式(1)に代入すると次式を得る。

$$p_0 = 1.013\times10^5 \text{ kg m}^{-1}\text{ s}^{-2} = 1.013\times10^5 \text{ N/m}^2 = 1.013\times10^5 \text{ Pa} = 1013 \text{ hPa} \tag{2}$$

すなわちこれが標準大気圧であり，1 atmである。この圧力は空気（$\rho_A = 1.3\times10^{-3}$ g cm^{-3} = 1.3 kg m^{-3}）柱では$h_A = 8000$ mに相当し，水（$\rho_W = 1.0$ g cm^{-3} = 1.0×10^3 kg m^{-3}）柱では$h_W =$

10 mに相当する（図2）。

2　圧力鍋による水の沸点と減圧蒸留

液体に外から熱を加えるとその温度が上がり，その蒸気の圧力（蒸気圧）が上がる。その蒸気圧が外圧（空気中では大気圧）と等しくなると液体内部からも蒸発する。これを沸騰と呼び，液体が激しく蒸発して蒸発熱を奪うためにその温度が一定に保たれ，液体が全部蒸発するまでは，液体の温度は沸点の温度を保つ。水の蒸気圧は温度とともに図3のように高くなり，外圧が1013 hPa（1 atm）における水の沸点（標準沸点と呼ぶ）は100 ℃となる。ただし，加圧下では水温を100 ℃より高い温度に保つことができ，逆に減圧下で水の温度は100 ℃に達しない。例えば，圧力が2330 hPa（約2.3 atm）では，水の沸点は約125 ℃であるので，水温を125 ℃に保つことができる。すなわち，大気圧1013 hPaに加えて，1317 hPa（約1.3 atm）の加圧をすればよい。調理用圧力鍋の加圧機構の一例を図4に示した。鍋の上蓋に開けた蒸気穴に，下部に重心を持つ錘をつけた円錐形の栓をする。その下部の左右には蒸気を抜く穴を備えると共に一対の金属線で錘が外れることを防ぐ構造を持つ。圧力鍋の蒸気穴の面積Aを$A = 3\text{ mm}^2 = 3 \times 10^{-6}\text{ m}^2$とすれば，圧力$p = 1317\text{ hPa} = 1.317 \times 10^5\text{ Pa}$を得るための錘の質量$m$は次式で得られる。

$$m = \frac{f}{g} = \frac{pA}{g} = \frac{1.317 \times 10^5\text{ Pa} \times 3 \times 10^{-6}\text{ m}^2}{9.8\text{ m s}^{-2}} = 0.040\text{ kg} = 40\text{ g} \tag{3}$$

すなわち，面積$A = 3\text{ mm}^2$の蒸気穴に約40 gの錘を取り付ければ，水の沸点が約125 ℃の圧力鍋ができる。

3　減圧蒸留

液体物質の純度を高める（精製する）には，それらの液体の沸点の違いを利用して蒸留によって分離する（分別蒸留あるいは分留と呼ぶ）方法が最も一般的である。たとえば，ガソリンは石油からその成分を分留して得る。常圧（標準大気圧）でガソリンを分留した後に残った成分を残渣油と呼び，それをより高い温度で蒸留すると分解されたり酸化されたりする。液体の蒸気圧は，温度と共に上昇するので，圧力が低ければ低温で沸騰する。そこで残渣油は減圧蒸留して，軽油や潤滑油の材料を得る。有機物の中には沸点（標準沸点）付近で分解したりあるいは酸化されたりする物質も多くあるので，減圧蒸留は化学実験室で日常的に行われている。図3に示したように，101 hPa（0.1 atm）では標準沸点が100 ℃の水も約48 ℃で沸騰し，標準沸点が78 ℃のエタノールも30 ℃で沸騰する。嗜好品等では高い温度での酸化あるいは分解を抑制するために減圧蒸留が利用されている。穀類原料の焼酎は約0.1 atmで減圧蒸留して，その40 ℃～50 ℃の留分を得ている。

4　学習内容のポイント

1．液体の蒸気圧は温度の上昇と共に高くなる。水の100 ℃での蒸気圧は1013 hPa（約1.0 atm）であり，125 ℃では2330 hPa（約2.3 atm）である。したがって，大気圧の1013 hPaに加えて，1317 hPa（約1.3 atm）の加圧をすれば，水の沸点は125 ℃となる。

2．調理鍋の蒸気穴を3 mm^{2}とすれば，約40 gの錘でその穴を塞げば，加圧が1317 hPa（約1.3 atm）となるので，調理鍋の水温を125 ℃に保つことができる。

3．減圧下では沸点が低くなるので，酸化あるいは分解等を避けるためには大気圧より低い温度で蒸留を行う（減圧蒸留とよぶ）。工業的には，穀類原料の焼酎および原油の常圧蒸留でガソリンを得た後の残渣油からの軽油あるいは潤滑油は減圧蒸留によって得ている。

5 授業に役立つ図・表

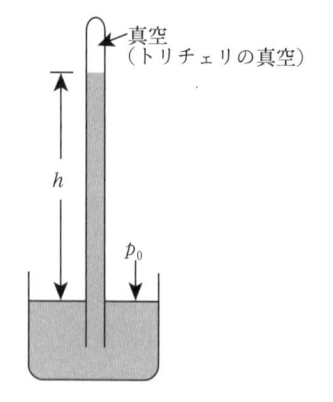

図1 トリチェリの実験と大気圧 p_0

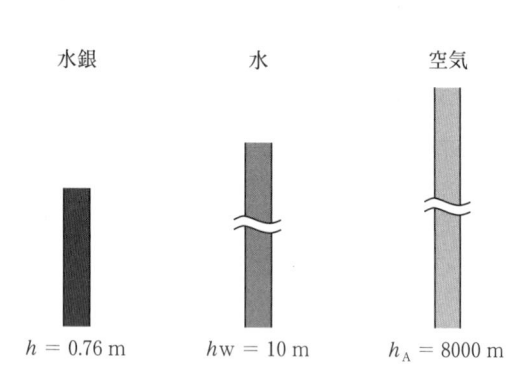

図2 標準大気圧に相当する水柱と空気柱
$h = 0.76$ m　　$h_W = 10$ m　　$h_A = 8000$ m

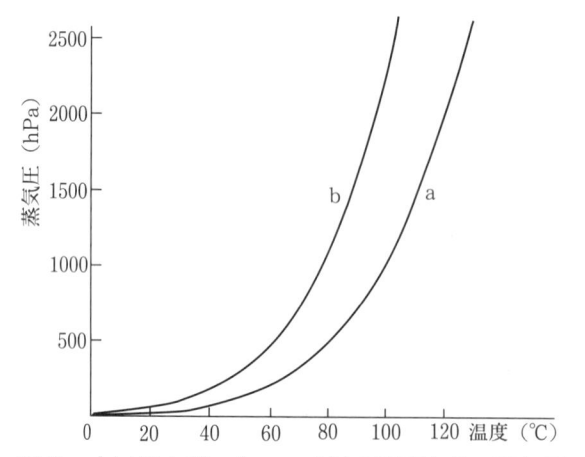

図3 水(a)およびエタノール(b)の温度とその蒸気圧

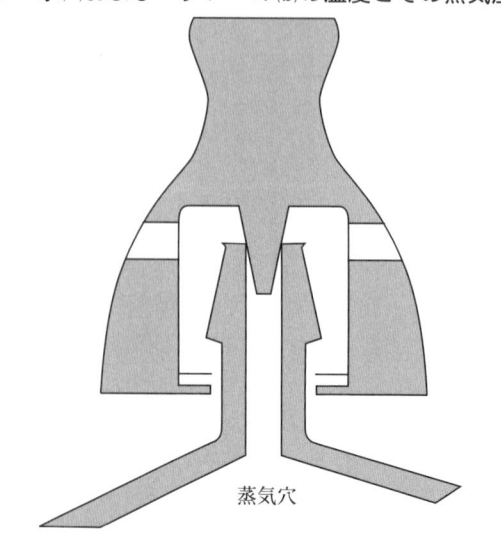

図4 調理用圧力鍋の蒸気穴と加圧用錘の模式図

6 テーマに関連したドリル

【問題1】
富士山の頂上の大気圧は約640 hPa(0.63 atm)である。次の問いに答えよ。

問1　富士山の頂上における水の沸点は約何℃か。

問2　富士山の頂上で，水の沸点が100 ℃となる圧力鍋を作るためには，蒸気穴の断面積Aを$A = 3\text{ mm}^2 = 3\times 10^{-6}\text{ m}^2$として，必要な錘の質量$m$は何gか。

【問題2】
図5のように，面積$A = 1.5\text{ m}\times 0.6\text{ m}(0.9\text{ m}^2)$の板の下に密封できる大きな袋（風船等）を配置して，その中に大気圧より加圧した空気を吹き込み，自分自身を浮かすために必要な空気の加圧圧力pを求めよ。ただし，自分の体重と板の総質量は$m = 80\text{ kg}$である。

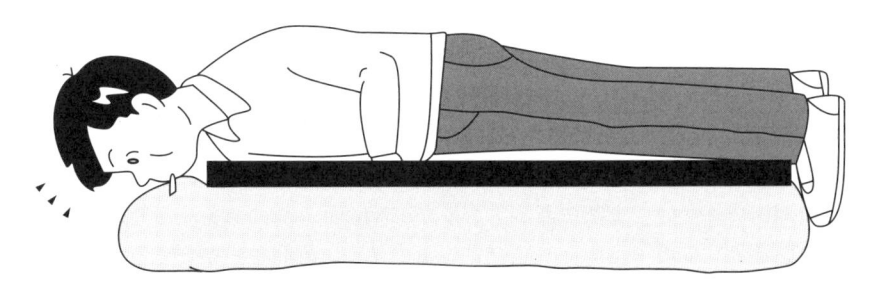

図5　板の上の自分を持ち上げるために吹き込む空気の加圧圧力p

【問題1の解答】
問1　図3から，水の蒸気圧が640 hPaとなる水の温度は約88 ℃である。したがって，約640 hPa (0.63 atm)の下での水の沸点は約88 ℃である。

問2　1013 hPa(1 atm)と640 hPa(0.63 atm)の差圧に相当する$373\text{ hPa} = 3.73\times 10^4\text{ Pa}$を錘で加圧すればよい。したがって，式(3)と同様に必要な錘の質量mとして次式を得る。

$$m = \frac{f}{g} = \frac{pA}{g} = \frac{3.73\times 10^4\text{ Pa}\times 3\times 10^{-6}\text{ m}^2}{9.8\text{ m s}^{-2}} = 0.011\text{ kg} = 11\text{ g} \tag{4}$$

【問題2の解答】
式(3)から，必要な圧力pは，$p = (mg/A)$であるので，次式を得る。

$$p = (mg/A) = 80\text{ kg}\times 9.8\text{ m s}^{-2}/0.9\text{ m}^2 = 871\text{ N/m}^2 = 8.71\text{ hPa} = 0.0086\text{ atm} \tag{5}$$

私たちは，約50 hPa = 0.05 atm以上の圧力を加えて空気を吐き出すことができるので，充分自分自身を持ち上げることができる。

文献ナビ
① 「液体の温度と蒸気圧」http://www.s-ohe.com/Vp_cal/ , 2005年6月20日検索

50以上の物質の温度と蒸気圧の関係が得られる。すなわち，物質と温度を入力するとその物質の各温度での蒸気圧を出力する。

（鈴木　勲）

⇒関連題材 29・30

題材 44

上方・下方置換法は気体の混合速度の差
対流と拡散

1　学習指導要領とのつながり
高等学校物理Ⅱ　⑶ 物質と原子　ア 原子，分子の運動　㋑ 分子の運動と圧力
高等学校理科総合A　⑴ 自然の探求　ア 自然の見方
中学校理科　第1分野　⑵ 身の回りの物質　ア 物質のすがた
中学校理科　第1分野　⑵ 身の回りの物質　イ 水溶液

2　題材と日常現実社会のなかでの活用場面—産業・人とのつながり—
　塩化水素HClあるいはアンモニアNH_3等の水に溶解し易い気体は，それぞれ下方置換あるいは上方置換で捕集する（図1）。塩化水素HClは空気に比較して密度が大きく，アンモニアNH_3は空気に比較して密度が小さいからである。ただし，長時間放置すれば空気と均一に混合するので，この捕集法の選択は平衡上の理由ではない。上部にあるアンモニアNH_3と下部にある空気では対流が起こらないので拡散（分子の熱運動）によって均一に混合するまでに長い時間を必要とするだけである。ドラム缶のような深い容器の底で酸素の濃度の小さな空気と外部の酸素の濃度の高い空気が拡散によって混合する速さは小さいので，ドラム缶の底で物を燃やし続けることができない。下部に開けた小さな穴から温度の低い空気を供給すれば，熱せられた気体は軽いのでその穴から空気が対流によって速く供給されるので，物を燃やし続けることができる。対流による気体あるいは液体の混合速度は拡散による混合速度より格段に大きいからである。対流と拡散の学習は気体の捕集法あるいは物の燃焼法に活用されている。

3　題材の解説
1　拡散
　図2aのように，等容積の容器を隔膜で隔ててその両側に2種の分子（A：○とB：●）を配置する。液体あるいは気体の分子はその熱運動によって移動するので，左側のA分子（○）も右側のB分子（●）も上・下・左・右に移動し，互いの分子の位置が入れ替わる。中心線（点線）の隔膜を取り除いた場合に，たまたま中心付近の左側にあるA分子（○）が右側に，右側にあるB分子（●）が左側に移動すれば，それらの分子は入れ替わるので2種の分子は混合する（図2b）。このような熱運動によって起こる分子移動による混合を拡散と呼び，コロイド溶液のブラウン運動の機構と同じである。ただし，左側のA分子（○）と右側のB分子（●）が正面から衝突すれば位置の入れ替えもないし，分子間の衝突によって分子の移動が妨げられるので，拡散は遅い過程である。特に，液体中での拡散は，気体中での拡散に比較して遅い。すなわち，液体では分子の衝突と衝突の間に1nm未満の移動しか起こらないし，気体に比較して格段に高密度に詰まった環境であるので，互いの位置を入れ替わるためにエネルギーを必要とするからである。分子は衝突による抵抗を受けながら移動するので，隔膜を取り除いた直後には2種の分子の濃度に差のある中心付近でのみ拡散が起こる（図2b）。時間の経過とともに，中心付近だけではなく，右側に移動したA分子（○）が熱運動によってさらに右側に移動し，左側のB分子（●）も熱運動によってさらに左側に移動することにより，拡散による分

子の混合が進む（図2c）。長時間経過すると，平均的にA分子（○）とB分子（●）は全く乱雑に混合して，見かけは変化がなくなり，これが平衡である（図2d）。図2b～図2dにはA分子（○）とB分子（●）の濃度の時間経過（$t=0<t_1<t_2<t=\infty$）を模式的に描いた。

時間 $t=0$ においてA分子（○）の左端での濃度 $c_L(t)$ とB分子（●）の右端での濃度 $c_R(t)$ が共に $c_0(c_L(t=0)=c_R(t=0)=c_0)$ とすれば，それらの濃度の時間変化（$c(t) \equiv c_R(t)=c_L(t)$）は図3のように表される。それぞれ平衡濃度 $(1/2)c_0$ への近づき方は容器の断面積Sに依存する。同じ条件で断面積が20倍になると平衡への近づき方が速く，濃度の均一化が速いことが分かる。このような拡散による濃度の均一化はその断面積Sに比例し，濃度の勾配に比例するので，形式的には熱伝導と全く同じ式で表される。アンモニアNH_3の上方置換捕集，塩化水素HClの下方置換捕集した後のそれらの濃度変化は上記した図2あるいは図3と同様に表すことができる。すなわちこの場合には対流が起こらないので濃度の均一化は拡散によって起こるからである。ただし，拡散の速度は断面積に比例するので，太いガラス管では短時間で均一化するが，細いガラス管では均一化に長い時間が必要である。アンモニアNH_3を上方置換するのはあたかも空気に比較してアンモニアNH_3が上部に留まる印象を与えるが，地上でのわずか20 cm高の捕集容器では，平衡時におけるアンモニアNH_3と空気の濃度差は 10^{-5} しか異ならない。富士山の頂上（3776 m）でも地上の約63％の気体が存在することからも理解できる。

2 対流

アンモニアNH_3を下方置換で捕集したり，塩化水素HClを上方置換で捕集すると，それらは空気と速やかに混合する。すなわち，アンモニアNH_3の密度は空気より小さく，塩化水素HClの密度は空気の密度より大きいので，それらの間で対流が起こり速やかに混合する。深い密閉した缶（例えばドラム缶）の底に燃料を配置して，上部からの拡散によって底にある燃料付近に酸素が供給される速度は，燃焼に必要な酸素の供給速度より格段に小さい。したがって，このような密閉容器では底に置いた燃料を燃焼し続けることはできない。通常は，新しい空気が入るように下に穴を開けて，外から入った冷たい空気が暖められて上昇し（対流），酸素濃度の高い空気が常に供給されるので，燃焼を継続することができる。まきを燃やす場合にもまきとまきの間にすきまができるように空気の通り道を作る。

ビーカーの底に硫酸銅やコーヒーシュガーのような着色した固体を入れておき，水を静かに入れると，1日後には固体は全て溶解する（図4a）。ただし，色の濃い場所は底の一部に限られ，ビーカーの上部はほとんど着色していない。2日後（図4b）および3日後（図4c）でも着色した部分が上部に広がるが，明らかに上部と下部では濃度の差がある。すなわち，水の中での拡散による混合が非常に遅いことが分かる。ここで，ビーカーの底をバーナーで暖めると対流が起こり，直ちに濃度が均一となる（図4d）。一旦対流によって混合した溶液は，バーナーから出して，元の冷たい場所においても，均一な状態を保つ。すなわち，平衡上は濃度が均一であることが実験的にも証明できる。

4 学習内容のポイント

1．物理・化学変化には，長時間後における平衡状態に関する現象と，その平衡に近づく過程に関する現象（速度）の2つの側面がある。
2．空気より重い気体を下方置換で捕集し，空気より軽い気体を上方置換で捕集するのは，平衡上の選択ではない。それらの方法で捕集した気体では対流が起こらないので，拡散による空気との混合に長い時間を必要するからである。
3．物質の混合は拡散と対流の2つの過程で起こるが，拡散過程による混合速度は小さい。特に液体中での拡散は気体中での拡散より格段に遅いので，長時間後の状態である平衡を予想することが難しいことがある。

5 授業に役立つ図・表

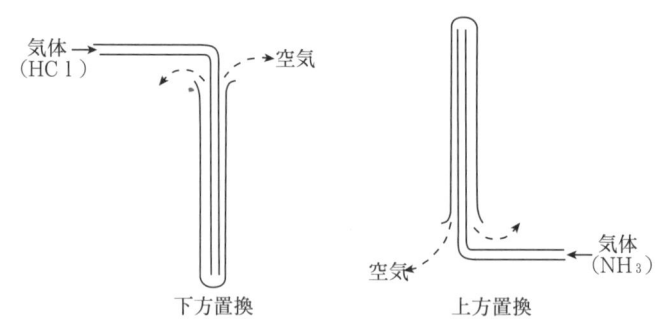

図1 塩化水素HClの下方置換とアンモニアNH_3の上方置換による気体捕集

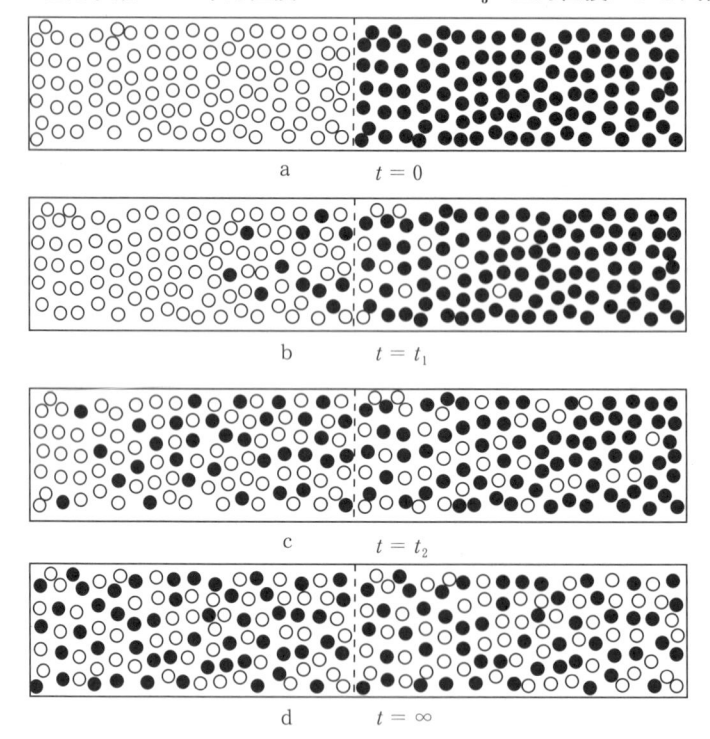

a $t=0$

b $t=t_1$

c $t=t_2$

d $t=\infty$

図2 左右に配置したA分子（○）とB分子（●）の拡散の模式図（$0 < t_1 < t_2 < \infty$）

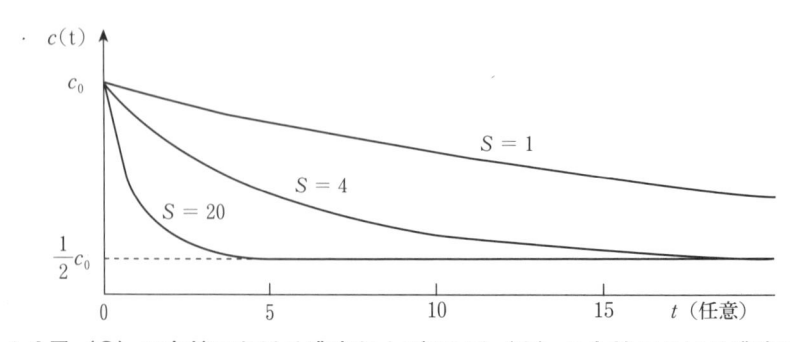

図3 A分子（○）の左端における濃度およびB分子（●）の右端における濃度の時間変化

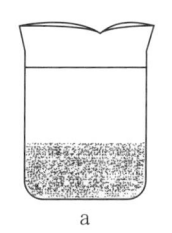

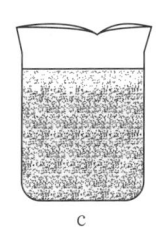

図4 硫酸銅溶液の拡散（a：1日後，b：2日後　c：3日後）による混合と対流（d）による混合

6　テーマに関連したトピック　～宇宙船の中ではマッチも燃えない～

　人工衛星（宇宙船）内は無重力であるので，対流は起こらない。したがって，マッチに火がついても空気の供給が遅いので燃え続けることができないだろう。対流を大幅に抑制する状況は下図のように，横に配置したガラス管の中での燃焼（a）である。このような状況では，対流が抑制されるので，空気の供給が遅くて燃え続けることができない。一方縦に配置した同じ構造のガラス管の中に入れた燃料（b）は燃え続ける。

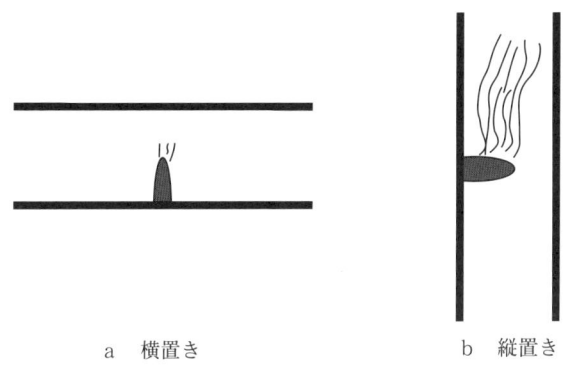

a　横置き　　　　b　縦置き
ガラス管内の燃焼の比較

文献ナビ

① 「上方置換と下方置換」http://www.tnmt.net/chem/gas/，2005年8月2日検索
　　集気瓶にヘリウムあるいはブタンを入れて，上方に口を向けた場合（上方置換と同じ配置）と下方に口を向けた場合（下方置換と同じ配置）に逃げる気体量を電子天秤で測定した結果

（鈴木　勲）

題材
45 **デジカメで写真を撮る仕組みは？**

⇒関連題材 1・46

半導体，フォトダイオード，CCD

1 学習指導要領とのつながり

高等学校物理Ⅱ （3）物質と原子　イ 原子，電子と物質の性質　(イ) 固体の性質と電子
（中学校理科　第1分野　(7) 科学技術と人間　イ 科学技術と人間）

2 題材と日常現実社会のなかでの活用場面―産業・人とのつながり―

　フォトダイオードは代表的な光センサーのひとつである。その仕組みは単純なpn接合ダイオードとほぼ同じであり，基本的なダイオードの動作原理を理解することによりフォトダイオードの動作原理も理解することができる。

　最近ではほとんどの携帯電話がカメラ機能を持っており，また，本家のカメラの世界でもデジタルカメラが主流になりつつある。デジタルカメラの受光素子であるイメージセンサーの受光部にもフォトダイオードが使われている。イメージセンサーは非常に多くのフォトダイオードを昆虫の複眼のように平面的に配置したものである。CCDイメージセンサーでは，この多数のフォトダイオードがつくったピクセル毎の情報をCCDという仕組みを用いて効率的に読み出している。

　半導体やフォトダイオードの学習は，デジタルカメラをはじめ，日常生活の様々な場面で使われている光センサーに活用されている。

3 題材の解説

1　フォトダイオード

　こんにちでは，日常生活の様々な場面で多種多様な光センサーが使われている。例えば，自動ドアの開閉を制御するのも光センサーである。最も多く使われている光センサーがフォトダイオードである。フォトダイオードは，一般のダイオードと同様に正孔をキャリアとして持つp型半導体と電子をキャリアとするn型半導体とを組み合わせたpn接合からなる。異なるのは接合部に光が当たりやすいような構造を持っている点である。

　図1はフォトダイオードの動作原理を表した模式図である。接合部のごく近傍では電子と正孔が混ざり合い，キャリアがない空乏層ができ，p側が－にn側が＋に帯電しその間に電位差が生じている。この接合部に光が当たると，光電効果により電子と正孔が新たに発生する（図2）。接合部に生じている電位差のため，正孔はp型半導体に，電子はn型半導体に移動し，結果として逆電流（n→p）が流れる。流れる電流の量は光の強さに依存するので，光の強さを電気信号として取り出すことができるのである。太陽電池も同様の仕組みで起電力を得ている。

　精度の高い光センサーとして利用するときには，図3のような回路を作りフォトダイオードに逆電圧V_Cをかけておく。光が当たらないときはふつうのダイオードと同じく逆電圧がかかっているので電流は流れないが，光が当たるとフォトダイオードに逆電流が流れ，その電流の強さに応じて出力電圧V_{OUT}が変化する。

2　デジタル写真とは

　携帯電話やデジタルカメラで撮影される画像はデジタル画像である。デジタル画像はピクセルと呼ばれる非常に小さな点の集まりで構成されており，各点ごとに光の3原色である赤，緑，青のそれぞれの明るさが数値で表されている。例えば300万画素の画像とは，その点の数が300万個あるという意

味である。これは縦横にそれぞれ1000ないし2000個の点を碁盤の目のように並べたものに対応する。デジタル画像ファイルはこのような膨大な数の数字の羅列からなる。例えば、約1600万色を再現できるデジタル画像の場合、赤、緑、青のそれぞれの色の明るさは1ピクセル毎に0から255までの数字で表されている。1ピクセルの色を表すのに文字でいえば3文字分の情報が必要となる。従って1600万色の色調を持ち300万画素の分解能を持つデジタル画像は、900万字分の情報が必要になるのである。インターネットなどで画像をダウンロードしようとすると、文字の場合に比べて非常に時間がかかるのは、このように膨大な量のデータを転送しなければならないからである。

3 イメージセンサー

デジタルカメラにはデジタル画像を作るためのイメージセンサーが搭載されている（図4）。イメージセンサーとは、約1cm四方のICの上に数百万個もの光センサーを平面的に並べたものである。デジタルカメラでもフィルム式のカメラと同様に、レンズを通して撮影するものの像が作られる。フィルム式カメラの場合には、像はフィルムの上に作られフィルムが感光して画像が記録されるが、デジタルカメラではフィルムの代わりにイメージセンサーが置かれており、像はイメージセンサーの上に作られる。そして1つ1つの光センサーに当たった光の強さをそれぞれ電気信号に変換し、さらに数字に直してデジタル画像を作るのである。ひとつのセンサーがひとつのピクセルに対応する信号を検出し、全体としてひとつの画像になる。これは、ちょうど昆虫の複眼と同じような仕組みであるということができる。

4 CCDって？

デジタルカメラなどで使われているイメージセンサーにはCCDとCMOSという2つのタイプがある。ここでは代表的なイメージセンサーであるCCDイメージセンサーの仕組みを解説する。

CCDとはCharge Coupled Devicesの略であり、コンデンサーをたくさん並べた構造をしている。コンデンサーに蓄えられた電荷をバケツリレーのように次々と転送する機能を持つメモリのような素子である。すなわち、CCDとはもともとイメージセンサーとは直接関係のない、電荷転送機能をもつ半導体素子の名前である。CCDイメージセンサーとは、受光部の1つ1つのフォトダイオードが作った電荷を順序よく読み出す回路にCCDの電荷転送機能を利用したものなのである。

図5はCCDイメージセンサーの模式図である。フォトダイオードが1列ごとにCCD垂直レジスターにつながれている。1つ1つのフォトダイオードに光が当たると光の量に応じた電荷が発生し垂直レジスターに蓄えられる。垂直レジスター上の電荷は周期的な信号を与えることにより順次水平レジスターに送られる。水平レジスターもCCDであり、垂直レジスターから1ピクセル分の電荷が送られてくる度に水平方向の1列分を処理系へ送る。このようにしてすべての光センサーが受け取った光信号が順次処理系に送られ、最終的に数値化された画像情報ができあがるのである。

4 学習内容のポイント

デジタルカメラで写真が撮れる仕組み
①デジタル写真は数字の羅列
　小さな点（ピクセル）の集まり—各ピクセルの色が数字で表されている。
②デジタルカメラの心臓部はイメージセンサー
　光センサーが複眼のように並んでいて、各ピクセルの光を電気信号に変換する。
③光センサーの実態はフォトダイオード
　光が当たると電流が流れるダイオードだ。
④CCDとは電荷転送機能を持つメモリ
　光センサーの出力を順番に処理系に送る働きをしている。

5 授業に役立つ図・表

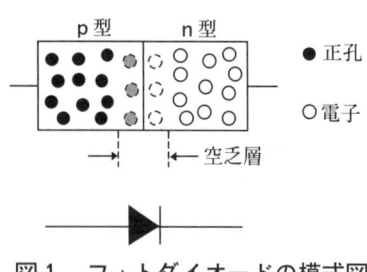

図1　フォトダイオードの模式図

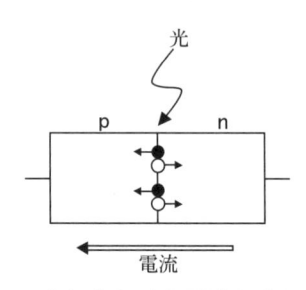

図2　光が当たると電流が流れる

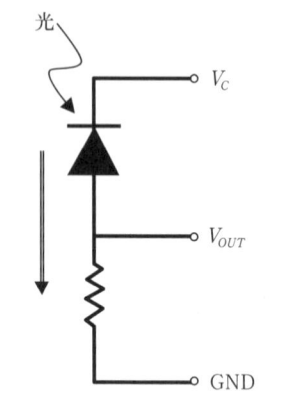

図3　フォトダイオードを用いた光検出回路

図4　CCDイメージセンサー
（浜松ホトニクス㈱提供）

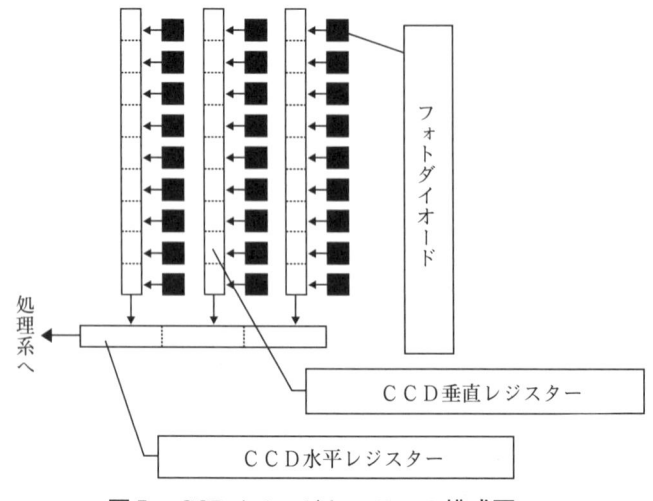

図5　CCDイメージセンサーの模式図

6 テーマに関連したドリル

【問題１】
n型半導体はSi（シリコン）にAs（砒素）など５価の不純物を混ぜて作成するが，その原子配列の模式図を描け。

【問題２】
図３のような回路を逆バイアス回路というが，接合部に光が当たって正孔と電子が発生したとき，逆電流（n→p）が流れる理由を説明せよ。

【問題１の解答】

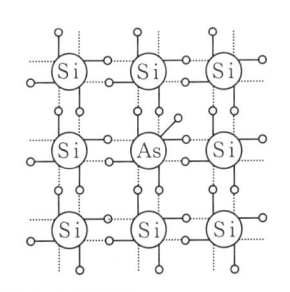

［解説］
　左図の小さな○は価電子を表す。価電子は元来実線で繋がれた原子に属しているが，結晶中では隣り合う原子（点線で繋がれた原子）と共有されている。
　Asの５番目の価電子は共有されず，負のキャリアとなる。

【問題２の解答】
　pn接合ダイオードに逆電圧をかけると，空乏層が広がり，接合部にはp型半導体側に－，n型半導体側に＋の電場ができる。このため，ふつうは電流が流れない。光が当たると電子と正孔が生じ，正孔はこの電場に引かれp型半導体へ，電子はn型半導体へ移動する。その結果，逆方向（n→p）に電流が流れる。

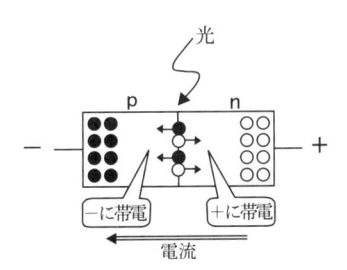

文献ナビ

① http://www.sony.co.jp/Products/SC-HP/imagingdevice/guide/ccd/ ，ソニー
　CCDイメージセンサーについて，アニメーション入りの詳しい解説を見ることができる。
② フリー百科事典「ウィキペディア（Wikipedia）」http://ja.wikipedia.org
　CMOSイメージセンサーについての解説を見ることができる。
③ 米本 和也（2003）『CCD/CMOSイメージ・センサの基礎と応用』，CQ出版
　CCDイメージセンサー，CMOSイメージセンサーの基本的な仕組み，使い方などが分かりやすく解説されている。

（伊東明彦）

⇒関連題材 **1**・**5**・**45**

題材 46 暗闇でものを見る
光電効果で微弱な光を測る

1 学習指導要領とのつながり
高等学校物理Ⅱ　(4) 原子と原子核　ア 原子の構造　(ア) 粒子性と波動性
（中学校理科　第1分野　(7) 科学技術と人間　イ 科学技術と人間）

2 題材と日常現実社会のなかでの活用場面—産業・人とのつながり—
　普通，光は波として扱われることが多いが，物質による光の吸収あるいは発生をともなう諸現象においては，光の粒子性が現れる。図1に示すように，金属面に光が当たると電子が放出される光電効果も，光の粒子性が顕著に現れる代表的な例として知られている。光電効果を利用すると，人間の目では感じないような非常に微弱な光を高感度に測ることができる。この技術は，放射線医療測定，環境測定，半導体の欠陥検査，さらには宇宙からやってくるX線，紫外線，ニュートリノの観測などに用いられている。この幅広い用途を持つ技術のもとになっている微弱光の測定原理を理解するのに「光電効果」や「光電管」の学習が役立っている。

3 題材の解説
　私たちの身の回りにある多くの製品に，光を検出し電気信号に変換する素子（光センサー，あるいは光素子）が用いられている。ビデオカメラ，デジタルカメラなどの光学応用製品はもとより，自動車，自動ドア，CDプレーヤー，リモコン機能を備えたテレビやエアコンなど一見しただけでは光とは関係がないように見える製品にも光検出素子が組み込まれている。また，これらの製品だけでなく，情報通信技術，医用機器，各種分析装置，公害測定器などの中核部分にも光検出素子が用いられており，光センサーは現代社会を支える基盤技術としてなくてはならないものとなっている。
　また，光センサーと一口にいっても，検出する光の波長や強度などに応じて，いろいろな電気光学現象が利用されている。なかでも光電効果は身近に最も多く応用されている電気光学現象の代表的なものである。
　物質が光を吸収し，その結果，電子が放出される現象を一般に光電効果と呼んでいるが，これには，光によって外部へ電子が放出される外部光電効果（ふつう光電効果というと多くの場合はこれを指す）と，物質内部に伝導電子あるいはホールを生成する内部光電効果などがある。太陽電池やフォトダイオードなどの半導体光素子（図2）は内部光電効果を利用している。
　ところで，光の強度を徐々に弱くしていき，これを理想的な超高感度の光センサーで観測したとすると，最初は切れ目なく現れていたセンサーの出力信号が，しだいにとぎれとぎれになり，やがて不規則なパルス状の信号が間欠的に現れるようになる（図3）。このパルスの一つ一つは，センサーに入ってきた光が非連続的に捕らえられた光の粒子に対応する。そして，この粒子的に振る舞う光の"粒子"は光子（またはフォトン）と呼ばれる。
　身近な製品に多く応用されているフォトダイオードなどの半導体光素子では，光子1個が負の電荷1個と正の電荷（ホール）1個を生じ，これを電流として取り出している。電荷1個は1.6×10^{-19}Cの非常に小さな電荷しか持っていないので，フォトダイオードで光子一つ一つを検出することはほと

んど不可能である。半導体光センサーで光を検知するには最低でも1秒間に10^4から10^5個くらいの光子数が必要となる。

　しかし，光電効果を利用した光電子増倍管という装置を用いると，光子が一つ一つ入射するような極微弱光を測定することが可能になる。光電子増倍管は，光電管の一種で，光センサーの中でも極めて高感度の光検出器である。その構造は，図4に示すように，光電面，集束電極，電子増倍部，陽極などからなっている。光が光電面に当たると光電効果により電子が飛び出し，放出された電子は集束電極によって効率よく電子増倍部へ導かれる。電子増倍部には多段の電極が配置されていて，連続した電極の間には高電圧がかかっている。高速の電子が金属面に衝突すると，2次電子と呼ばれる複数の電子を飛び出させる現象があるが，電子増倍部に入射した電子は，この2次電子放出効果によって，多数の電子を発生させる。これらの電子は電極間に生じている強い電界で加速され次段の電極に衝突し，そこでさらに多くの2次電子を生み出す。このようにして，電極の各段を通過する過程で，つぎつぎに新たな電子が放出され，その個数を増していく。最終段を出るときには，電子の個数は数百万個にも達する。これらの電子は陽極に集められ，光電子増倍管に接続された電気回路によって電流のパルス信号として観測される。

　映画などにでてくる暗闇でも物体が見える暗視スコープにも光電効果が利用されている。暗視スコープは，図5に示すように，光電面に入射した光（あるいは赤外光）を電子に変換し，この光電子をマイクロチャンネル・プレートと呼ばれる素子で増幅し，その個数が増大した電子を蛍光面などにあてることで，明るさが増幅された光学像を得ている。光電子を増幅するマイクロチャンネル・プレートは，図6に示すように，ちょうどトンボの複眼と似たような構造をしており，電子を2次元的に検出し増倍する電子増倍素子である。暗視スコープを用いると，星明かり程度の暗闇でも，わずかな光が数万倍に増幅され，肉眼ではほとんど見えない対象物も鮮明に映し出すことが可能となる。この技術は天体観測，暗闇での動物の生態観察，内視鏡モニタなどに利用されている。

　また，光電子増倍管は光だけでなく，紫外線，X線，γ線などにも感度があるので，それらの検出素子としても利用されている。さらには，シンチレーション（注1）という現象を利用すると，各種の放射線やニュートリノといった特殊な素粒子を観測することもできる。

　光電効果は，19世紀末に発見され，1905年にアインシュタインによって理論的に説明された。このときに導入された光量子，あるいは光子の概念が，その後の量子力学の形成に結びついていったことはよく知られている。このおよそ100年前の発見が，現代社会を支える基盤技術として生かされている。

（注1）　特殊な蛍光物質を含むガラスやプラスチックなどに放射線をあてると，光を発生することがある。このような発光現象をシンチレーションといい，発光物質はシンチレーターと呼ばれ，電気を帯びた素粒子（たとえば電子）のほか，γ線，中性子などの放射線の検出・分析に使用されている。

4　学習内容のポイント

1．光電効果は19世紀末に発見された。
2．光電効果の理論的解釈がなされ，光の粒子性，光子のエネルギーなどの重要な概念を生んだ。
3．光電子増倍管は，光電効果を利用して1つの光子から多くの電子を生み出すので，非常に弱い光量でも測定できる。
4．光電効果を応用した光検出素子は，身の回りの多くの製品に見られる。

5 授業に役立つ図・表

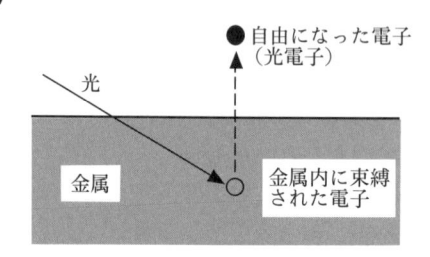

図1 光電効果

図2(a) 太陽電池 (㈱太陽工房提供)

図2(b) フォトダイオード (浜松ホトニクス㈱提供)

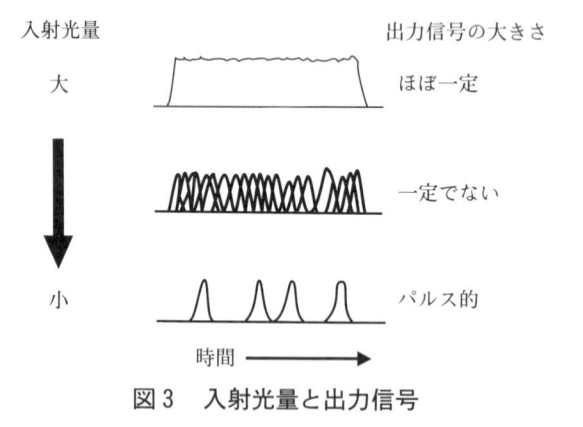

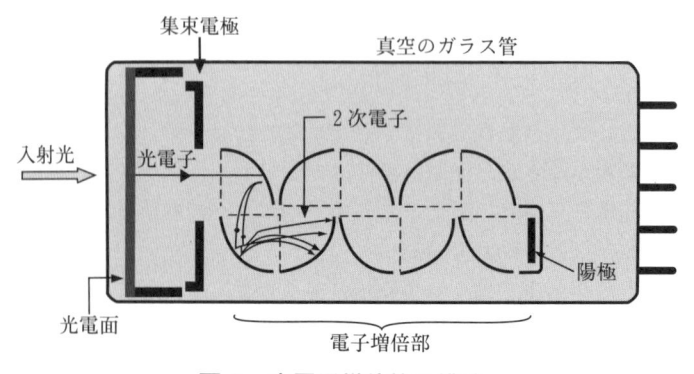

図3 入射光量と出力信号

入射光量 大 → ほぼ一定
→ 一定でない
小 → パルス的
時間 →

出力信号の大きさ

図4 光電子増倍管の構造

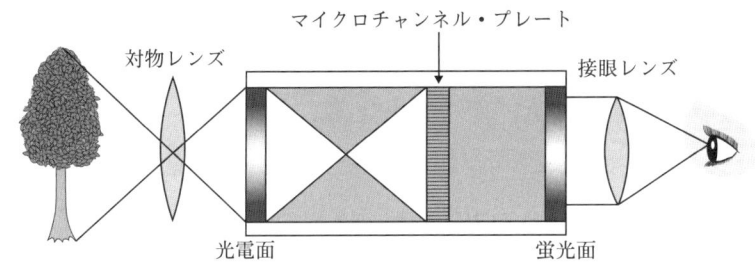

図5　暗視スコープの構造

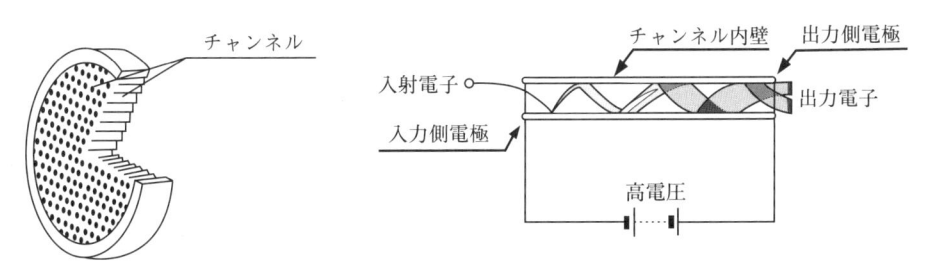

図6　マイクロチャンネル・プレートの構造と動作

6 テーマに関連したドリル

【問題1】
　光電効果を大別するとどのような種類に分けられるか。また，それぞれの特徴とその応用製品には，どのようなものがあるか。

【問題1の解答】
　光が当たることによって物質の外へ電子が飛び出す外部光電効果と，物質の内部に自由電子やホールなどのキャリアを生じる内部光電効果の2つに大別できる。外部光電効果を応用した製品には光電管，光電子増倍管などがある。内部光電効果に基づく光学素子には，太陽電池，フォトダイオード，フォトトランジスターなどがあり，CDプレーヤー，赤外線リモコンなどの製品に使用されている。

文献ナビ

① 谷腰欽司（1995）『図解でわかるセンサーのはなし』pp. 54－55，日本実業出版社
　　テレビのリモコン，自動ドア，電子体温計などの身近な製品を通して，現代社会を支えているセンサーを分かり易く解説している。
② 「光電子増倍管について」http://www.hpk.co.jp/Jpn/products/etd/pmtj/pmt_s&tj.htm，浜松ホトニクス，2005年6月10日検索

（山本郁夫）

題材
47 質量欠損と原子核の安定化
原子量の基準と^{12}Cの質量

⇒関連題材 48・50

1 学習指導要領とのつながり
高等学校物理Ⅱ　(4) 原子と原子核　イ 原子核と素粒子　(ア) 原子核
高等学校物理Ⅱ　(1) 力と運動　イ 円運動と万有引力　(ア) 円運動と単振動
高等学校化学Ⅰ　(1) 物質の構成　イ 物質の構成粒子　(イ) 物質量
高等学校理科総合A　(2) 資源・エネルギーと人間生活　ア 資源の開発と利用　(ア) エネルギー資源の利用
(中学校理科　第1分野　(4) 化学変化と原子, 分子　ア 物質の成り立ち)

2 題材と日常現実社会のなかでの活用場面―産業・人とのつながり―

　0.12 kg = 12 g（厳密）の^{12}Cに含まれる炭素原子数と同数の原子・分子を含む系を1 molと定義し，これが原子量・アボガドロ定数の基準になる。^{12}Cは6個の陽子pと6個の中性子nからなる原子核とその回りを廻る6個の電子eからなる。それらの質量和は約12.1 gであり，6個の陽子pと6個の中性子nから^{12}Cの原子核が形成される際には質量が保存されずに減少（質量欠損と呼ぶ）する。質量がほとんど保存される化学反応とは異なり，核が変化する反応では質量欠損とそれに伴い莫大な発熱がある。この発熱に伴い6個の陽子と6個の中性子から安定な原子核（^{12}C）が形成される。^{235}Uが2つの原子核に分裂（核分裂と呼ぶ）する際にも質量欠損が起こり，それに伴い発生する莫大な熱は原子力発電に利用されている。ただし，天然ウランはその99.3％を占める^{238}Uが中性子nを吸収するために，通常は天然ウラン中にわずか0.7％しか含まれていない^{235}Uを濃縮する必要がある。ウラン濃縮には遠心分離法や拡散法が使われる。遠心力および核分裂による質量欠損の学習は原子力エネルギーに活用されている。

3 題材の解説
1 炭素（^{12}C）の原子核と質量欠損

　陽子，中性子および電子の1 molあたりの質量（原子質量単位）と^{12}Cの構成粒子の質量和を表1に示した。^{12}Cの1 molは0.012 kg = 12 gであり，^{12}Cの構成粒子の質量和との差（質量欠損 Δm）は $\Delta m = 0.099$ g mol^{-1} である。互いに等速運動している系ではニュートンの運動法則が成立すること（相対性原理）と一様な媒質中での光速不変の原理から質量とエネルギーは相互に変換する（質量とエネルギーの等価性と呼ぶ）ことが明らかになり，その質量欠損は次式のようなエネルギーEを与える。

$$E = \Delta mc^2 \tag{1}$$

　ここに，cは光速であるので，一般的に式(1)は大きな値を与える。式(1)から^{12}Cの原子核の結合エネルギーは Δmc^2 で与えられる。一般的に狭い空間に閉じ込められた粒子の運動エネルギーは大きくなり，原子核の大きさである5×10^{-15} m程度の狭い範囲に閉じ込められた核の運動エネルギーをつなぎ止めるエネルギーが原子核の結合エネルギーである。通常の分子の大きさである0.5×10^{-9} m程度の範囲に閉じ込められた電子の運動エネルギーをつなぎ止めるエネルギーが化学物質の結合エネルギーであり，原子核の結合エネルギーに比較して格段に小さい。（図1）。化学反応の安定化エネルギーは

核の安定化エネルギーに比較して格段に小さいので化学反応に伴う質量欠損は測定できないほど小さい（図1）。したがって化学反応では質量保存の法則が成立する。

2 ^{235}Uの核分裂

原子力発電は^{235}Uが中性子を吸収して2つの原子核に分裂する際に約0.2 g/mol＝0.002 kg/molの質量欠損とそれに伴って発熱する莫大な熱を利用する。代表的な^{235}Uと低速の中性子nとの核反応式は次式で与えられる。

$$^{235}\text{U} + \text{n} = {}^{141}\text{Ba} + {}^{92}\text{Kr} + 3\text{n} \tag{2}$$

この反応では，左辺の中性子nの数より右辺の中性子nの数が多いので，生成した中性子nが別の^{235}Uに当たれば，連鎖反応と呼ばれる分裂が連鎖的に起こる（図2）。天然ウランはその99.3％を占める^{238}Uが中性子nを吸収するので，連鎖反応を保つには中性子が外部に漏れるのを防ぐ特別な工夫と装置を大型にする必要がある。すなわち，連鎖反応を継続するためにはある限界量以上のウラン^{235}Uを必要とし，その限界を超えると中性子nの量が加速度的に増加し爆発する可能性がある。逆に，その限界未満の^{235}Uでは継続的な核分裂は起こらない。このような限界的な状態を臨界と呼びその量を臨界量と呼ぶ。臨界量は^{235}Uの濃度が高くなると小さくなるので，原子力発電では経済性を考慮して^{235}Uの濃度を3％－5％に高めたウラン（濃縮ウランと呼ぶ）を使う。小さな臨界量で連鎖反応を継続するには，より高濃度の^{235}Uを含むウランを必要とするので，原子爆弾では50％を超える高濃度の^{235}Uを含むウラン（高濃縮ウランと呼ばれる）が使われるという。

3 ウランの濃縮

天然ウランから濃縮ウランを得るには，ウランのフッ化物であるフッ化ウラン（VI）UF$_6$（昇華性の結晶）を遠心分離法あるいは拡散法によって分離する。遠心分離法は，半径rおよび速度vで回転する質量mの質点が受ける遠心力（mv^2/r）が質量mに比例することを利用する。ただし，^{238}UF$_6$と^{235}UF$_6$の質量比は1.009であるので超高速で回転した遠心分離機（超遠心分離機）を数多く直列に配列する必要があり，莫大な電力を必要とする。また，拡散法は一定の温度での気体分子の移動速度vがその分子量の平方根に反比例することを利用する。ただし，^{238}UF$_6$と^{235}UF$_6$の気体分子の移動速度の比はわずか1.004に過ぎないので，拡散法でも数多くの拡散装置を直列に配置する必要がある。原子力発電は，化石燃料の燃焼ではないので，直接的な二酸化炭素CO_2の発生はない。しかしその燃料であるウラン濃縮の過程で多量の電気エネルギーを消費し，また放射性廃棄物等の処理に要する化石燃料の量を考慮すれば，原子力発電が地球温暖化対策の特効薬ではない。またフッ化ウラン（VI）UF$_6$は猛毒で腐食性が強いのでフッ化ウラン（VI）UF$_6$を遠心分離法あるいは拡散法で処理する工程ではテフロン被覆等の特別な装置が必要となる。ウラン濃縮の過程で，濃縮ウラン量に比較して格段に大量の^{235}U濃度の小さなウラン（劣化ウランと呼ばれる）が副成する（表2）。

4 学習内容のポイント

1. ^{12}Cの基本的な構成粒子である6個の陽子p，6個の中性子nおよび6個の電子eの質量和は約12.1 g/molであり，^{12}Cの核が形成される際に約0.1 g/molの質量欠損とそれに伴う発熱と核の安定化がおこる。
2. 原子力発電は^{235}Uが中性子を吸収して2つの原子核に分裂する際に約0.2 g/molの質量欠損とそれに伴って発生する莫大な熱を利用する。ただし，天然ウランの99.3％を占める^{238}Uが中性子を吸収するので，原子力発電では^{235}Uの濃度を高めたウラン（濃縮ウラン）を使う。
3. 濃縮ウランを得るには，ウランのフッ化物であるフッ化ウラン（VI）UF$_6$（昇華性の結晶）を遠心分離法あるいは拡散法で分離するので，大量の電力を必要とする。

5 授業に役立つ図・表

表1 ^{12}Cの構成粒子の質量と^{12}C核生成に伴う質量欠損および結合エネルギー

陽子pの質量（m_p）	1.00728 g/mol
中性子nの質量（m_n）	1.00867 g/mol
電子eの質量（m_e）	0.00055 g/mol
^{12}Cの構成粒子の質量和（$6m_p+6m_n+6m_e$）	12.099 g/mol
^{12}Cの質量	12.000 g/mol
^{12}C核の生成に伴う質量欠損（Δm）	0.099 g/mol
^{12}C核の結合エネルギー（Δmc^2）	8.91×10^{12} J/mol

$\Delta m = 6m_p+6m_n+6m_e-12.000$ g/mol
$c = 3.00\times 10^8$ m/s

E_n
- 10^{11} kJ/mol — 10^{-1} g/mol
- 10^{10} kJ/mol — 10^{-2} g/mol
- 10^9 kJ/mol — 10^{-3} g/mol
- 10^8 kJ/mol — 10^{-4} g/mol
- 10^7 kJ/mol — 10^{-5} g/mol
- 10^6 kJ/mol — 10^{-6} g/mol

E_e
- 10^5 kJ/mol — 10^{-7} g/mol
- 10^4 kJ/mol — 10^{-8} g/mol
- 10^3 kJ/mol — 10^{-9} g/mol
- 10^2 kJ/mol — 10^{-10} g/mol
- 10^1 kJ/mol — 10^{-11} g/mol

結合エネルギー（発熱エネルギー）　　質量欠損 Δm

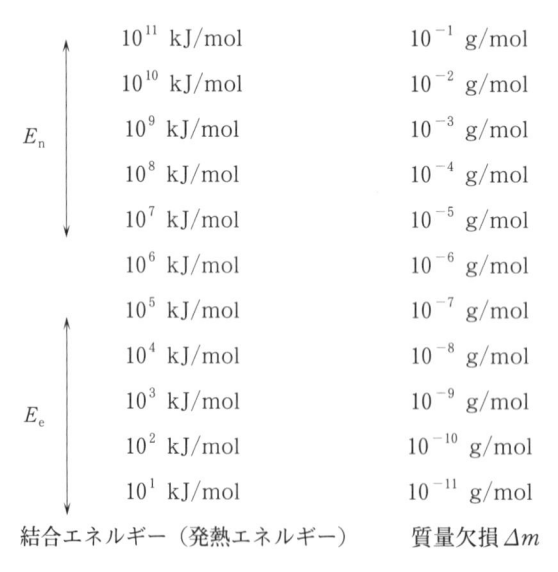

図1 化合物中の電子の結合エネルギーE_eと原子核中の核の結合エネルギーE_nおよびそれに相当する質量欠損Δm

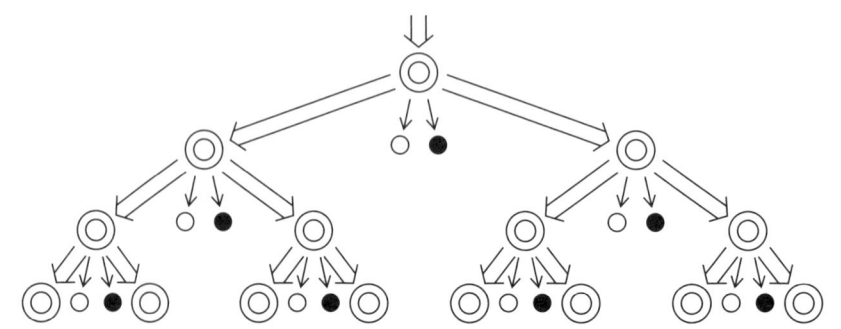

図2 ^{235}Uの核分裂と連鎖反応（◎：^{235}U，●：^{141}Ba，○：^{92}Kr，⇒：中性子n）

表2 高濃縮ウラン（50％の^{235}U）1kgを得るのに副成する劣化ウラン（0.2％の^{235}U）量の試算

天然ウラン（0.7％—^{235}U，99.3％—^{238}U）	99.6 kg
高濃縮ウラン（50％—^{235}U，50％—^{238}U）	1.0 kg
劣化ウラン（0.2％—^{235}U，99.8％—^{238}U）	98.6 kg

6 テーマに関連したドリル

【問題1】
^{235}Uが中性子を吸収して2つの原子核に分裂する際に約0.2 g/molの質量欠損がある。1kgの5％濃縮ウラン（95％の^{238}Uとの混合物）中の全ての^{235}Uが核分裂した場合の発熱量は何Jか計算しなさい。

【問題2】
1 molの水素（H_2）と（1/2）molの酸素（O_2）から，1 molの水（H_2O）が生成する際には，286 kJ/molの発熱がある。この発熱に伴う質量欠損は，1 molの水（H_2O）の約何％か計算しなさい。

【問題1の解答】
5％の濃縮ウランの1 kg中の^{235}Uの量は$(0.05×1000)/235 = 0.21$ molである。したがって，式(1)から0.21 molの^{235}Uの核分裂での発熱量は次式で計算される。

$$E = \Delta mc^2 = 0.21 \text{ mol} \times 0.2 \times 10^{-3} \text{ kg mol}^{-1} \times (3.0 \times 10^8 \text{ m/s})^2 = 0.4 \times 10^{13} \text{ J} \tag{3}$$

1 kgのプロパン等の石油系燃料の発熱量（燃焼熱）は約5×10^7 Jであるので，原子力エネルギーの大きさが理解できる。

【問題2の解答】
式(1)から質量欠損 Δm は次式で与えられる。

$$\Delta m = \frac{E}{c^2} = \frac{286 \times 10^3 \text{ J/mol}}{(3 \times 10^8 \text{ m s}^{-1})^2} = 3.2 \times 10^{-12} \text{ kg/mol} = 3.2 \times 10^{-9} \text{ g/mol} \tag{4}$$

水の質量は18 g/molであるので，質量欠損は2×10^{-10}（0.2 ppb）＝2×10^{-8}％であり，上記の質量欠損は天秤で秤量できる範囲を超えている。

文献ナビ

① 「キッズコンテスト」http://www.japc.co.jp/kids/kids_c/index.htm，2005年8月2日検索
　　日本原子力発電所のホームページの中で，原子力発電に関係した基本的な質問に答える形式で原子力発電の解説と原子力発電のエネルギー学習への手伝いとしての学習素材の紹介
② 「原子力発電」http://www.fepc.or.jp/supply/nuclear/index.html，2005年8月2日検索
　　電気事業連合会のホームページの中で，原子力発電に関係した，(1)基本原理は火力発電，(2)原子炉の基本構造および(3)核分裂の仕組みの3項目の解説である。

（鈴木　勲）

⇒関連題材 47・49・50

題材 48 100％輸入されるヘリウム
原子核のα崩壊とヘリウム

1 学習指導要領とのつながり

高等学校物理Ⅱ　(4) 原子と原子核　イ　原子核と素粒子　(ア) 原子核
高等学校物理Ⅱ　(2) 電気と磁気　ア　電界と磁界　(ア) 電荷と電界
高等学校理科総合A　(2) 資源・エネルギーと人間生活　イ　いろいろなエネルギー　(ア) 仕事と熱
高等学校化学Ⅰ　(2) 物質の種類と性質　ア　無機物質　(ア) 単体
（中学校理科　第1分野　(4) 化学変化と原子，分子　ア　物質の成り立ち）

2 題材と日常現実社会のなかでの活用場面―産業・人とのつながり―

　希ガスの内でアルゴンArは空気から分離して得られているが，空気中の存在量が小さなヘリウムHeは米国等の天然ガス中から分離され，日本で使うヘリウムはその100％が輸入されている。ヘリウムHeはウランUあるいはトリウムThの放射性壊変の過程で生成する。そのほとんどは空気中に飛散するが，天然ガス鉱床の中には飛散を免れたヘリウムを蓄えている鉱床があるので，ヘリウムHeは古い地層に偏在することになる。ヘリウムHeは分子量が小さく熱伝導率が大きいのでロケットの噴射口を守る冷却剤等の他の物質では代替できない貴重な物質である。また最も簡単な分子のために分子間の相互作用が極めて小さく，あらゆる物質中で沸点が最も低い（－269℃＝4K）。そのため液体ヘリウムは超低温冷媒として医学用MRI等の超伝導電磁石の冷媒としての利用が拡大している。原子核壊変の学習は，希ガスの製造法および利用法に活用されている。

3 題材の解説

1 原子核壊変で生成するヘリウムHeとアルゴンAr

　ヘリウムHeの空気中の存在量はわずか0.0005％（表1）のため，大気中からヘリウムHeを大量に分離するのは経済的ではない。ヘリウムHeは米国等の古い地層の天然ガス鉱床に0.4％－7％も含まれるので天然ガスから分離され，日本はアメリカからヘリウムHeを輸入している。ヘリウムHeはウランUあるいはトリウムThの放射性壊変で生成する。例えば，ウラン238（^{238}U）は約45億年の半減期で8回のα崩壊と6回のβ崩壊を経て安定な原子核である鉛206（^{206}Pb）を生成する過程でヘリウムHeを8分子放出する（図1）。α崩壊で生成したヘリウムHeのほとんどは空気中に飛散するが，天然ガス鉱床の中には飛散を免れたヘリウムを蓄えている鉱床があるので，ヘリウムHeは古い地層に偏在することになる。

　一方希ガスの中で格段に存在量の大きなアルゴンArは化学的に不活性のためにその発見はわずか110年前(1894年)であった。空気中にアルゴンArが他の希ガスに比較して格段に大量に存在するのは，次式のように，自然界に存在していた岩石中のカリウム40(^{40}K)が電子捕獲と呼ばれる原子核壊変によってアルゴン40(^{40}Ar)を生成するからである。

$$^{40}K + e^- \rightarrow {}^{40}Ar + \nu_e \tag{1}$$

ここにe^-およびν_eはそれぞれ電子およびニュートリノである。日本人物理学者の湯川氏および坂田氏によって1935年に予言された電子捕獲とは，原子核に最も近い電子が原子核に取り込まれ，原子核内

の陽子と反応して中性子となり，ニュートリノを放出する原子核壊変である。電子捕獲はβ崩壊と同じ相互作用による原子核壊変の一つであり，β崩壊とは逆に原子番号が1つ小さくなる。

2　ヘリウムの利用

　ヘリウムHeはあらゆる元素中で最もイオン化エネルギーが大きく，化学的には最も安定な元素である。また最も簡単な分子のために分子間の相互作用が極めて小さく，あらゆる物質中で沸点が最も低い。また表2の密度および熱伝導率はその分子量の大小で決まるので，ヘリウムHeの値はH_2について2番目であるが，他の特性はあらゆる物質中で1番である。化学的に不活性であるヘリウムHeは電子機器の原料であるシリコン等の保護材として，また熱伝導率が極めて大きいのでロケットの噴射口を高温から守る冷却剤等に他の物質では代替できない貴重な物質となる。身近にはその低密度と化学的な安定性から風船，広告用気球および飛行船の浮揚用気体としても利用されている。

　最近のヘリウムの大きな需要は液体ヘリウムとしての超低温冷媒の利用である。液体ヘリウムは最も代表的な低温冷媒である液体窒素（沸点78 K ＝ －196 ℃）に比較して100倍程度の高価な冷媒にもかかわらず大きな需要がある。その大きな理由は，液体ヘリウム温度（－269 ℃＝4 K）付近では電気抵抗あるいは電気抵抗率ρが急激に零になる超伝導という性質を持つ物質の存在である。一般的に金属あるいは合金の直流電気抵抗は絶対温度Tに比例し，絶対零度近くではある一定の抵抗値を持つ（常伝導物質と呼ばれる）。ただし，中にはある温度Tc（臨界温度あるいは超伝導転移温度と呼ぶ）まで下げると突然に電気抵抗率が零となる物質があり，超電気伝導物質と呼ばれる（図2）。1911年に発見された最初の超伝導物質は金属（水銀Hg）であったが，ここ20年間で液体ヘリウムよりかなり高い臨界温度Tcを持つ金属酸化物超伝導物質が発見されている。したがって，液体ヘリウム温度ではそれらの物質を安定的な超伝導状態に保つことができるようになり，液体ヘリウムの需要が急速に高まった。ただし，大量に液体ヘリウムを使用する場所では，気体となったヘリウムは回収し，ヘリウムを再利用して安定的に供給している。

　液体ヘリウムの典型的な利用法は超伝導体の線材をコイル状に巻いた電磁石（超伝導磁石と呼ぶ）のコイルの冷媒であり，そのコイルに数百 Aの電流を流すことにより20 T以上の磁束密度を得ることができるようになった。銅線ではこのような電流を流すとその電気抵抗による発熱（ジュール熱）で銅線が焼き切れる。地球の磁束密度が10^{-4} T程度であり，通常の磁石による磁束密度が0.5 T程度であるので，超伝導磁石は格段に強い磁束密度を提供できる。通常の磁石にくっつく物質（強磁性体と呼ぶ）の他に，通常の磁石にはくっつかない物質（常磁性体と呼ぶ）も超伝導磁石には応答する。医学用に使われる磁気共鳴装置（MRI）は超伝導磁石に対する私達の体内の水H_2O中の水素原子（^{1}H）の応答を観測する。最近は，液体窒素温度より高い臨界温度Tcを持つ酸化物超伝導体が開発され，液体窒素温度で稼働する超伝導磁石が期待されている。その一つがリニアモーターカー等の磁気浮上交通機関への利用である。

4　学習内容のポイント

1．空気中のヘリウムHeはウラン238（^{238}U）のα崩壊で生成し，アルゴンArは岩石中のカリウム40（^{40}K）の電子捕獲と呼ばれる原子核壊変によって生成する。
2．空気中への飛散を免れたヘリウムHeが高濃度（0.4 %〜7 %）で蓄えられている天然ガス鉱床があり，ヘリウムHeはこのような天然ガスから分離され，日本はそれを輸入している。
3．ヘリウムHeは最も簡単な分子のためその沸点は全ての物質の中で最も低い。液体ヘリウム温度（4 K）付近では，電気抵抗率が零となる物質（超伝導体）があり，それを線材としてコイル状に巻いた電磁石では高い磁束密度の磁石を得ることができる。そのため，液体ヘリウムは医学用磁気共鳴装置MRI等の超伝導電磁石の冷媒としての利用が拡大している。

5 授業に役立つ図・表

表1 地表付近の希ガスの成分と標準沸点

希ガス	体積（ppm）	標準沸点
アルゴンAr	9380	87.3 K（−185.9 ℃）
ネオンNe	18.2	27.1 K（−246.1 ℃）
ヘリウムHe	5.24	4.3 K（−268.9 ℃）
クリプトンKr	1.14	119.8 K（−153.4 ℃）
キセノンXe	0.087	165.1 K（−108.1 ℃）

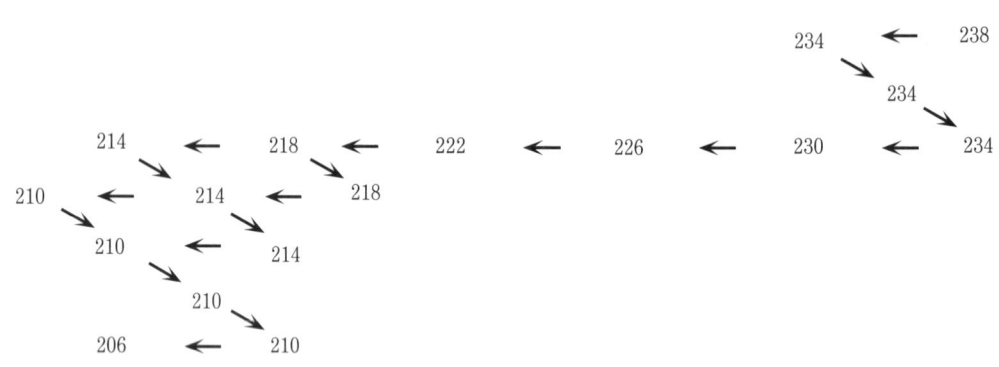

Tl(81) Pb(82) Bi(83) Po(84) At(85) Rn(86) Fr(87) Ra(88) Ac(89) Th(90) Pa(91) U(92)

```
                                                              234 ← 238
                                                                ↘
                                                                 234
                                                                   ↘
       214 ← 218 ←     222 ←     226 ←     230 ←                    234
  210 ↙   214 ↙ 218
  ↙       ↙
  210   214
            ↙
           210
              ↙
  206 ← 210
```

図1 ^{238}Uの放射性壊変（図中の整数は質量数を表し，左向きの矢印はα崩壊を，右下がりの矢印はβ崩壊を表す）

表2 ヘリウムの特性

低密度（標準状態）	0.18 kg/m³
高熱伝導率(273 K)	0.143 W/(m K)
低沸点	4.3 K
高イオン化エネルギー	2370 kJ/mol
水への低溶解度気体（標準状態）	0.94 cm³/100 cm³

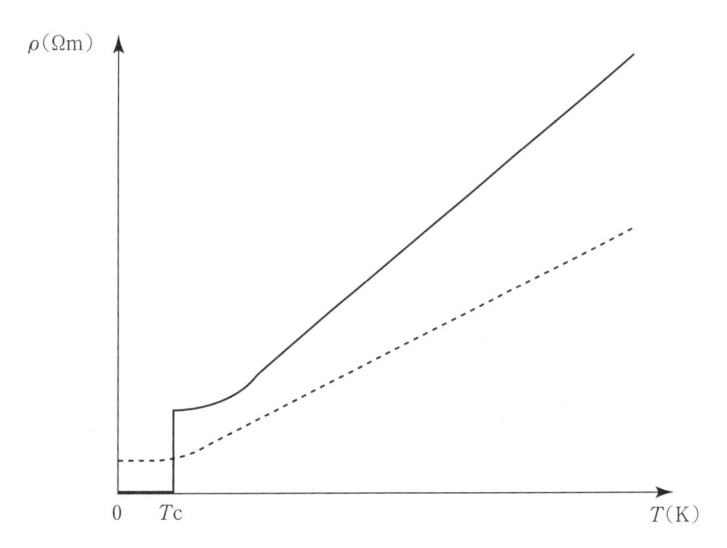

図2 典型的な金属の温度Tと直流電気抵抗率ρおよび臨界温度Tc
(-------- : 常伝導物質　――― : 超伝導物質)

6 テーマに関連したドリル

【問題1】
　ウラン(^{238}U)の放射性壊変の途中で生成するラジウム^{226}Raからもα粒子が放出される。放出されるα粒子の数は蛍光板上の閃光（シンチレーション）の数で測定することができる。ラジウム^{226}Raの1gからは，$3.4×10^{10}$/sのα粒子が放出され，それに伴って1日では標準状態（温度$T = 273.15\text{ K} = 0\text{ ℃}$，圧力$p = 1013\text{ hPa} = 1\text{ atm}$）で$0.107\text{ mm}^3 = 0.107×10^{-3}\text{ cm}^3$のヘリウムHe気体が捕集される。これからアボガドロ定数N_Aを計算しなさい。

【問題1の解答】
　標準状態での1 molの気体の体積は，22414 cm^3であるので，アボガドロ定数をN_Aとすると，次式を得る。

$$\frac{0.107×10^{-3}\text{ cm}^3}{22414\text{ cm}^3\text{ mol}^{-1}}×N_A = 3.4×10^{10}×3600×24 \qquad (1)$$

上式より，$N_A = 6×10^{23}\text{ mol}^{-1}$が得られる。

文献ナビ

① 「希ガスの発見」http://www.nararika.com/butsuri/kagakushi/kitai/kigas.htm，2005年8月2日検索
　アルゴン，ヘリウム，ネオン，クリプトンおよびキセノンの発見の歴史が紹介されている。

② http://www.sci.osaka-cu.ac.jp/phys/ult/benri/superTc.html，2005年11月10日検索
　超電導（超伝導）元素の転移温度および臨界磁場：最初の超伝導が発見された水銀(Hg)をはじめとする40以上の元素の転移温度（臨界温度）の一覧表である。

（鈴木　勲）

⇒関連題材 5・46・48

題材 49 放射能で安全を守る
放射線の電離作用で煙を検知

1 学習指導要領とのつながり
高等学校物理Ⅱ　(4) 原子と原子核　イ　原子核と素粒子　(ア) 原子核
高等学校理科総合A　(2) 資源・エネルギーと人間生活　イ　いろいろなエネルギー　(イ) エネルギーの変換と保存
（中学校理科　第1分野　(7) 科学技術と人間　イ　科学技術と人間）

2 題材と日常現実社会のなかでの活用場面—産業・人とのつながり—
　私たちは，放射能や放射線について"非常に危険なもの"という印象を持っている。そして，放射線を使うのは特殊な知識をもったごく一部の専門家の人たちであり，日常生活において放射線を出す物質とは全く縁が無いように思いがちである。しかし，放射線は意外に身近なところで，私たちの日常生活と深く関わっている。例えば，学校やデパート，映画館などの公共施設や住宅の天井に設置されている煙検知器がその一例である。煙検知器には放射線源を内蔵しているものがかなり普及している。その他にも，蛍光灯のグロー点灯管，がん治療，医療器具の滅菌，作物の品種改良，鉄や紙，半導体などの製造過程，土木工事における測量技術など，さまざまな場面で放射線が役立っている。このように，直接目には見えない多くのところで，放射線は私たちの安全を守ったり，各種産業の製造工程などに応用されている。「原子核，放射能」の学習は，この現代社会を支えるのになくてはならない放射線の応用技術に活用されている。

3 題材の解説
　電気的に中性の原子，または分子に何らかの方法で外部からエネルギーを与えると，原子（あるいは分子）に束縛されている電子を原子の外へ飛び出させ，陽イオンと自由電子を発生させることができる。この現象は電離作用と呼ばれる。例えば，紫外線やX線などの電磁波は電離作用を持っている。これらの電磁波は光電効果を介して物質中の原子と相互作用をし，電磁波のエネルギーが束縛電子へ移ることで電離作用を引き起こす。これに対して，電荷を帯びた放射線であるα線やβ線は，これらの粒子線が直接，原子内の軌道電子に静電力をおよぼし電離を起こさせる。そのため，α線やβ線は，一般に紫外線などに比べて非常に大きな電離作用を持っている。
　放射能の示す電気的な作用は，放射能が発見された19世紀末当時からすでに多くの科学者の興味の対象となっていた。当時の代表的な物理学者であるレイリー（注1）もそのような科学者の1人であり，1906年にラジウム時計と呼ばれた図1に示すような装置を作り発表している。これは，内壁の金属膜が接地されたガラス容器，少量のラジウムを封入した管，一対の金属薄片からなる一種の箔検電器である。ラジウムは電荷を持った放射線を出すので，最初，閉じていた2枚の金属薄片は帯電し，ゆっくりと開いていく。やがて金属片がガラス容器の接地電極に触れると，放電し最初の状態に戻る。ラジウムが放射線を出し続ける限り，薄片はこの動作を何度でも繰り返し行う。この試作品の例ではラジウムの放射能がなくなるのはおよそ3万年後になると見積もられ，装置は一種の永久機関としても注目された。

さて現代に目を転じると，私たちの身の回りには放射能物質を使っている製品がいくつか存在する。代表的な製品としては，「夜行時計」，「蛍光灯点灯管」，「イオン化式煙検知器」などがあり，放射性日用品と呼ばれている。以下では，これらの放射性日用品の中から，私たちの日常生活の安全を守っている煙検知器について解説する。

火災の発生を知る1つの方法は，空気中に浮遊する煙の微粒子を検出することである。煙の検出方法にはいくつかの方式がある。一般に透明な媒質中に浮遊する微粒子は光を散乱する。このことを利用した光電式と呼ばれる検出法では，煙による散乱光の増加（図2(a)），あるいは透過光の減少（図2(b)）として，煙の発生を検出する。また，イオン化式と呼ばれる方法では放射線の電離作用を利用して煙を検出する。イオン化式は，光電式と比べて煙の種類や色などによる影響が少なくサイズの小さな煙粒子にも感度が高いなどの利点を持つとされている。市場に出ている両方式の占有比率であるが，日本国内では光電式の比率が多いが，世界的には，特に米国を中心に家庭用煙検知器の市場が大きく，イオン式は全市場の85％以上を占めるといわれている。普通，煙検知器は図3に示すような丸いお椀状の形をしており，外観では両者の違いは区別できないことが多い。

イオン化式は^{241}Am（アメリシウム241）という人工放射線源から出るα線により生ずるイオン電流が，煙粒子濃度により変化することを利用したものである。α線は正電荷を持ったヘリウム原子核であるため非常に強い電離作用を示す。したがって，ごく微量の放射能を用いることで，空気中に浮遊する煙の微粒子を高感度に検出することができる。

この方式の検知器の動作原理を図4に，および構造を図5に示す。検知器の内部には電極を備えた小部屋（イオン室）があり，そこに密封された放射線源が置かれている。イオン室内には放射線源から出るα線の電離作用により一定濃度のイオンが存在している。そのため電極間には普段は一定の電流が流れている。また，電極と結線された回路には，電極間を流れる電流がある値を下回ると火災報知器を作動させるスイッチが組み込まれている。火災の発生によりイオン室内に煙の微粒子が入り込むと，α線は煙粒子と衝突しエネルギーを失うため，電離効果が弱まり，イオン室内のイオン濃度が減少し，その結果，電極間を流れる電流も減少する。そして，電流がある値以下になると，検知システムは火災が発生したと判断し，火災報知器が鳴る仕組みになっている。

なお，放射性日用品に使われる放射能の強さについては，放射線障害防止法の規制量以下となるように決められており，イオン式煙検知器に用いられている放射線源^{241}Amから出る放射能もこの規制量以下で非常に弱く，この型式の煙検知器による被爆の心配は全くない。

ごく微量の放射線源により，長期間にわたってある作用を継続的に行わせるという放射能の特性を生かしている点では，現代の煙検知器も，およそ100年前のレイリーのラジウム時計も，その基本的な考え方は一緒である。

（注1）レイリー（Lord Rayleigh）：イギリスの物理学者。光，音響学，弾性，電気など多方面で活躍した。アルゴンの発見などにより1904年にノーベル物理学賞を受けた。

4 学習内容のポイント

1. 放射線には電荷を帯びた放射線であるα線やβ線，電荷を持たないγ線やX線などがある。
2. 放射線は一般に電離作用を持つが，特にα線，β線で著しい。
3. 自然には存在しない人工放射性同位体が原子炉でつくられ，いろいろと利用されている。
4. 半減期の長い放射線源を用いると，長期に渡った電離作用効果を実現できる。
5. イオン式煙検知器には，放射線の特性が活かされている。

5 授業に役立つ図・表

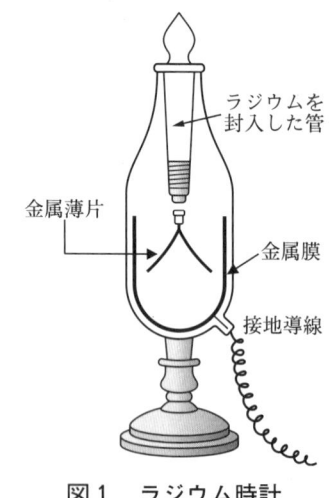

図1 ラジウム時計

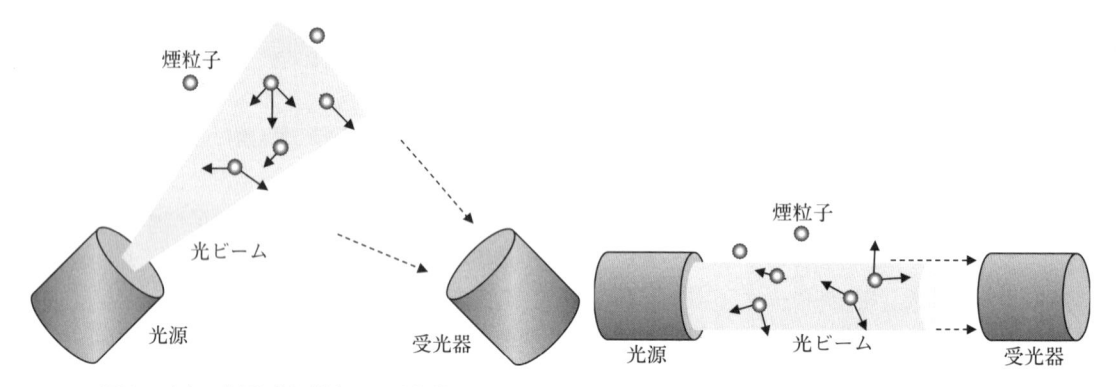

図2 (a) 光電式煙検知器（光散乱型）　(b) 光電式煙検知器（光透過型）

図3 煙検知器

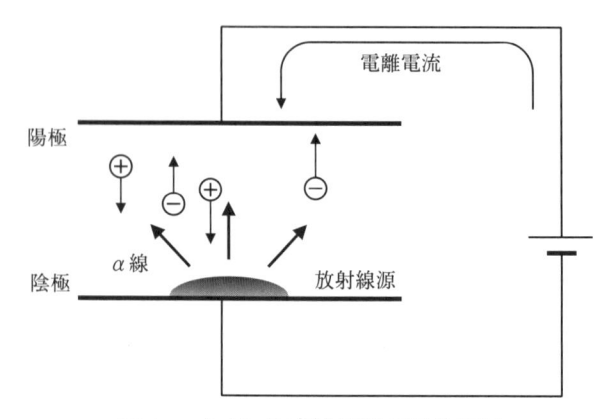

図4 イオン化式検知器の動作原理

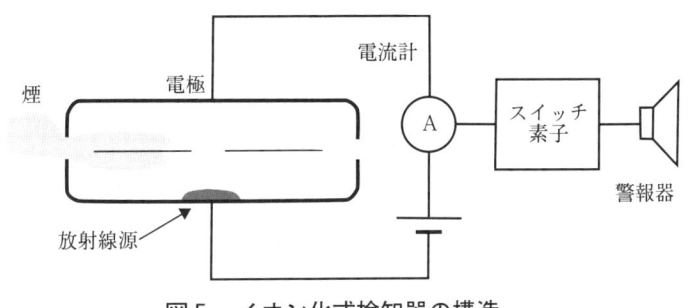

図5　イオン化式検知器の構造

6 テーマに関連したドリル

【問題1】
　放射性核種^{226}Ra（ラジウム226）は半減期1622年のα崩壊を起こす。この放射性物質を用いて，レイリーが作ったラジウム時計と同様の動作をする装置を製作したとする。装置内に封入したラジウムの量が最初の1/100の量になるまで装置が動作し続けると仮定し，この装置の動作可能時間を求めよ。

【問題1の解答】
　最初のラジウム核の個数をN_0，時間tにおける個数をNとすると，半減期の定義より

$$N = N_0 \left(\frac{1}{2}\right)^{t/T} \quad (T：半減期1622年)$$

また，時間tをこの装置の動作可能時間とすると，仮定より$N = N_0/100$とおける。よって

$$2^{t/T} = 100, \quad \therefore \quad t = \frac{\log 100}{\log 2} T = 6.64\,T = 1.08 \times 10^4 \text{年}$$

すなわち，動作時間は約1万年となる。

文献ナビ

① 岩崎民子（2003）『知っていますか？放射線の利用』丸善
　　放射線が実際にどのように利用されているか，身近な例から新素材の開発や環境保全への応用，放射線の歴史まで併せ述べている。

② 「原子力百科事典ATOMICA 放射線の利用」http://mext-atm.jst.go.jp/atomica/08040207_1.html，独立行政法人 科学技術振興機構，2005年6月20日検索

③ 「安全防災とネモト～(1)煙感知器」http://www.nemoto.co.jp/column/03_smoke.html，根本特殊化学株式会社，2005年6月20日検索

④ 「原子力のページ」http://www.atom.meti.go.jp/siraberu/r_rays/04/main02s.html，経済産業省，2005年6月20日検索

⑤ 高田紀代志・中島秀人訳（1987）『永久運動の夢』A.オードヒューム著，p. 234，朝日新聞社
　　永久機関や永久運動装置の発明に生涯を賭けた科学者，技術者，発明家たちと，その発明品を，歴史をたどって解説している。

（山本郁夫）

⇒ 関連題材 47・48・49

題材 50 放射線でつくる新素材・新技術
物質と原子　放射線と原子核

1　学習指導要領とのつながり
高等学校物理Ⅱ　(4) 原子と原子核　イ　原子核と素粒子　(ア) 原子核
高等学校理科総合A　(3) 物質と人間生活　イ　物質の利用　(ア) 日常生活と物質
（高等学校化学Ⅱ　(2) 生活と物質　イ　材料の化学）
（中学校理科　第1分野　(7) 科学技術と人間　イ　科学技術と人間）

2　題材と日常現実社会のなかでの活用場面―産業・人とのつながり―

　放射線の利用に限らず，最先端の研究の現場から生み出された技術は，実用の段階で社会とのさまざまな摩擦を起こし，受け入れられるまでに長い時間を必要とする。私たちの五感は放射線を知覚しないために，原爆や重大な原子力発電所の事故からのイメージが先行して必要以上の，いわれのない恐怖感をなかなか払拭できない。しかし日常現実社会のなかでは，新素材を開発する（放射線の物理・化学作用を利用して，特に高分子物質を加工する）技術として利用されている。
　放射線の利用においては，その被曝が重大な健康被害や障害をもたらすことから，充分に管理されて運用されなければならない。しかし放射線の利用は，日常生活で直接目に触れる機会は少ないものの，その範囲を急速に拡大している。
　放射線・原子核の学習は，医療・エネルギー分野のみならず，私たちの日常現実社会のさまざまなところで活用されている。

3　題材の解説
1　放射線（表1）
　放射性崩壊によって放出される粒子の細かい流れ，あるいは波長の短い電磁波を放射線と呼ぶ。前者としては，α線，β線および中性子線などがあり，後者としてはγ線である。また同程度のエネルギーを持つX線なども放射線に含むのが一般的である。したがって，放射線の多くは原子核反応や原子核の壊変によって発生するが，X線は原子のエネルギーレベルの変化によって発生するものである。放射線は，直接的あるいは間接的に物質中の原子や分子を電離するほかに間接的に蛍光作用を持つ。しかし一般的には，人間の五感では感じないので放射線の測定にはその電離作用を利用したGM計数管（図1）や蛍光作用を利用したシンチレーション検出器などを用いる。
　γ線は原子の励起状態からより低い状態または基底状態に移るときのエネルギーに相当するので，その原子核に固有な波長の電磁波であり，その波長は10^{-12} m〜10^{-14} mである。一方，X線のエネルギーは原子の電子エネルギーの高い励起状態からより低い状態，または基底状態に移るときに放出されるエネルギーに相当するので，その波長はγ線より長く，10^{-11} m〜10^{-8} mである。したがって，γ線はX線より一般にエネルギーが高いので透過力が強く，非破壊検査等に利用され，GM計数管，シンチレーションカウンター，電離箱等によって検出される（表2）。

2　放射線で新素材をつくる
　放射線は化学作用が大きく，高分子物質に放射線（γ線あるいはβ線）を照射すると化学結合の切断

により強度が劣化する。高分子物質の中でも芳香族系高分子化合物は放射線（γ線あるいはβ線）による機械的強度の劣化が小さいので，強い放射線の下では芳香族系高分子化合物が使用される。

　一方，放射線の照射によって高分子中の原子間に新たな結合（橋を架けるという意味で架橋と呼ぶ）が生成することにより化学的および機械的強度を増加することができる。通常のゴム（加硫ゴムと呼ぶ）は生ゴムに硫黄を5％－8％加え（加硫と呼ぶ），エボナイトは30％－40％の硫黄を加えて架橋構造を持った高分子である。橋架けにより化学結合された構造を橋架け構造または架橋構造という。放射線による橋架け法は，固体中で，また低温でもできるという特徴がある。橋架けにより網目構造になると，エボナイトのように分子は動きにくくなり，加熱しても流動性を示さない特徴を有する。このような架橋を放射線で行うことにより，新たな素材をつくることが可能になった。

3　生分解性プラスチックをつくる

　現在のオムツは吸湿性樹脂として，ポリアクリル酸塩が利用されている。しかしポリアクリル酸塩は難分解性の上に吸湿（吸水）しているために，焼却しにくく，また埋め立て処分されても微生物の分解によって土壌に還元されにくい。そこで考え出されたのが，セルロースやデンプンなどの天然高分子に放射線を照射し，吸湿性と生分解性をもたせたハイドロゲルである。

　ハイドロゲル（図2）は多量の水を含んだ親水性の高分子である。水溶性高分子には，ポリビニルアルコール（PVA），ポリエチレンオキサイド（PEO），ポリビニルピロリドン（PVD）などがあり，増粘剤として使われている。これらに放射線を照射することにより，高分子鎖間を橋架けによってつなぎ，網目状構造を作ることができる。ハイドロゲルはこの網目状構造にたくさんの水を含むことができる。放射線照射による架橋反応は1952年，イギリスのA・チャールズビーによってポリエチレンへの放射線照射で発見されたのが最初である。

　デンプンやセルロースなどの天然高分子に放射線を照射し，架橋することにより生分解性プラスチックが開発されている。

4　放射線の安全性

　放射線が身体にあたると，細胞やDNAを傷つける。これは，放射線が原子や分子の電子をたたき出すためであり，電離放射線という。放射線の被曝による人体への影響は，身体的影響と遺伝的影響に分けられる。被曝による身体的影響の中で，被曝後数週間のうちに影響の現れるものを急性障害という。急性障害は放射線事故などで極端に放射線を浴びた場合である。国際放射線防護委員会の勧告によれば，被曝後，1ヶ月以内に半数の人が亡くなる線量は4000 mSv（人体への被曝量の影響を考慮して修正係数を乗じた吸収線量を線量当量といい，単位としてシーベルト（Sv）を用いる。），吐き気や嘔吐，発熱などの症状が出る場合が2000 mSv，ほとんど臨床的症状がない線量を250 mSvとしている。発ガンや遺伝的影響への安全な線量については，現在のところ確定していない。

4　学習内容のポイント

1．放射性崩壊によって放出される粒子の細かい流れ，あるいは波長の短い電磁波を放射線と呼ぶ。
2．α線，β線および中性子線などは粒子の流れであり，γ線は電磁波である。また同程度のエネルギーを持つX線なども放射線に含むのが普通である。

5 授業に役立つ図・表

表1　放射線の種類

電磁波	X線（原子核の外で発生），γ線（原子核から発生）
電荷をもった粒子	β線（原子核から出る電子），陽電子（原子核から出る正電荷の電子），電子線（加速器でつくる），α線（原子核から出るHe原子核），陽子，重イオン，中間子など（加速器でつくる）
電荷をもたない粒子	中性子

表2　放射線の検出方法と測定器

検出方法	測定器
気体の電離作用を利用するもの	電離箱，GM計数管，比例計数管
蛍光を出す物質を利用したもの	シンチレーションカウンター，熱ルミネセンス線量計（TLD），ガラス線量計
感光作用（写真）を利用したもの	フィルムバッジ
固体の電離作用を利用したもの	半導体検出器

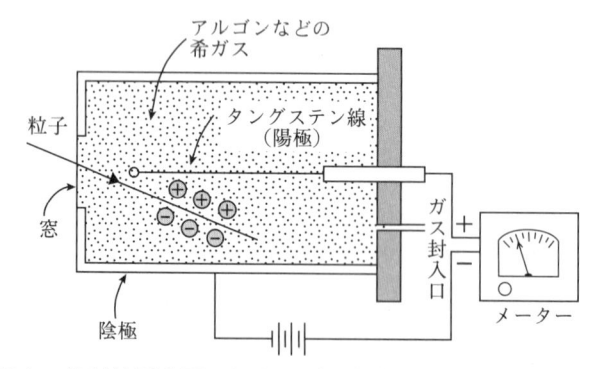

図1　放射線測定器のしくみ（電離作用を利用する場合）

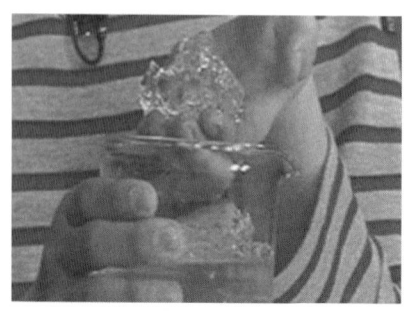

図2　生分解性プラスチック（ハイドロゲル）
（独立行政法人日本原子力研究開発機構提供）

6 テーマに関連したドリル

【問題1】（荷電粒子の飛跡）

荷電粒子（宇宙線）の速さは，飛跡の濃さ（宇宙線の軌跡に沿って数えた単位長さあたりの水滴の数[粒/m]）から求められる。宇宙線が霧箱を貫通すると，水蒸気を含む気体を構成する分子内の電子が，宇宙線からの撃力（力積）を受けて跳ね飛ばされ，イオンがつくられる。速さv[m/s]で入射する宇宙線から電子が受ける力積Pを求めよ。また，電子（静止していた）が受け取る運動エネルギーK_eを求めよ。ただし，電子の質量をm_eとする。

【問題1の解答】

図に示すように，宇宙線の軌跡をx軸にとり，y軸上$(0, b)$に電子が静止しているものとする。宇宙線が$(x, 0)$に来た時，電子の受ける力の大きさは$F(x) = k_0 e^2 / (x^2 + b^2)$。ここで$k_0$はクーロンの法則における電荷を真空中においた場合の比例定数を表す。したがって，$x = 0$における電子の受ける力は，$F(0) = k_0 e^2 / b^2$[N]となる。（力積をx成分y成分に分けて考えたとき，x成分では$x < 0$と$x > 0$の領域の寄与が互いに打ち消しあい，y成分では宇宙線が$-b$から$+b$にいるときだけ力がはたらくと考え，それ以外の位置では，はたらく力が0とみなす場合の力積に等しい。）力のはたらく時間tは，宇宙線の速さがvであるから，$-b \sim +b$の間で$t = 2b/v$である。よって，

$x = 0$における，y方向に電子の受ける力積は，$P = F / \Delta t = k_0 e^2 / b^2 \times (2b / v) = 2k_0 e^2 / bv$，また，力積は$\Delta P = m \Delta v$とも表されるから，$x = 0$の点で電子の受け取る運動エネルギー$K_e$は

$$K_e = 1/2 \, m_e v^2 = P^2 / 2m_e = 2 k_0^2 e^4 / (m_e b^2 v^2)$$

これより，電子が受け取る運動エネルギーは宇宙線の質量に依存せず，また，飛跡の濃さ（水滴粒子の密度）は，宇宙線の速度vの-2乗に比例することが分かる。

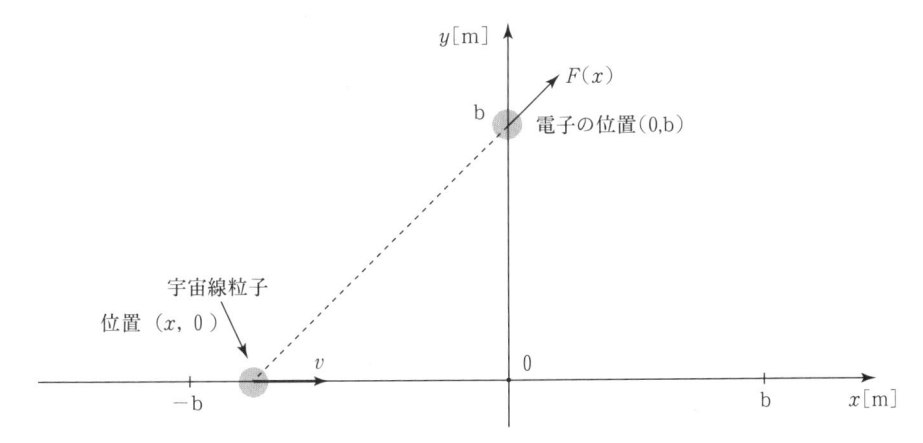

文献ナビ

① 岩崎民子（2002）『知っていますか？放射線の利用』丸善
放射線の工業，医療，農業，環境保全分野への利用の状況が簡潔に述べられている。

② 「放射線の利用」http://www.rada.or.jp，放射線利用振興協会，2005年8月10日検索
放射線のさまざまな利用について広報している。

③ 原子力学会編（2004）『原子力がひらく世紀』社団法人日本原子力学会
原子力教育・研究部会が中学・高校生向けに，原子力・放射線の利用について総合的に解説している。

（大島　浩）

あ と が き

　「おもひでぽろぽろ」というアニメがある。高畑勲と宮崎駿の映画である。主人公タエ子はごく平凡なOL，仕事がいきがいとも言えない，結婚と言われてもピンとこない。そんなどこかにこだわりを持ったタエ子が山形に行き，農業を体験することになる。そこでタエ子は小学生からの自分を振り返り，自分のなかのこだわりを少しずつ解きほぐしていく内容である。タエ子は自分の今のこだわりは，小学校5年生の分数の割り算でつまずいたことから始まったと語っている。「分数の割り算はどうして分子と分母を逆にしてかけるのか」がタエ子にはどうしても理解できなかったのである。普通は「ただそういうものだ」と疑問を抱かずにいれば，この壁は通り過ぎることができる。しかし，タエ子のように日常現実社会のレベルに落として，心の底で納得できなければ前に進めないタイプの人もいる。抽象的な思考だけでは，感性の領域に到達できず，実感を伴った理解ができないからである。こうしたタイプの人は前提に対して本質的な問いを持っている。このことは実に哲学的であり，創造的なことでもある。新しい科学や文化を創造するのはこうした既成概念（前提）を問い直すことから始まるからである。このエピソードからは，現代の学校教育のカリキュラムや教材のあり方を問う本質的な問題が隠されているように思う。それは学習内容と日常現実社会とのつながりを意識した題材・教材が今の学校教育のなかで準備されていないことである。今や学習内容や教材は断片化した知識となり，それが自分にどのような意味があるのかを児童生徒は理解できずにいる。今行っている学習が自分の将来にとってどのような影響があるかを理解できなければ，学習意欲も喚起しないのは当然である。また，学習内容と日常現実社会とのつながりをつける方法は，人間の感性の領域を刺激し，実感を伴った理解に児童生徒を導くこともできる。そこで本書では，学習内容が日常現実社会のなかでどのように活用されているかを解説した題材集を作成した。本書ではこれを「知を活用する力」に着目した題材開発とした。「知を活用する力」は，平成18年2月に出された中央教育審議会初等中等教育分科会教育課程部会の『審議経過報告』のなかで，「知識・技能を実生活に活用する力」として出されている。OECDのPISA調査でも，現実の生活に転換できる知識・技能を人生の「鍵となる能力」として捉え，これを測定している。

　現在，日本の学力低下の問題が危惧されている。この問題を解決するためには，学校の授業が日々楽しいものである必要がある。学校の授業が楽しくなければ児童生徒の学習意欲もわかず，結果的に学力も向上していかないからである。そこで教師は児童生徒の学習意欲を喚起するような題材・教材開発を行うことが必要になってくる。しかし，現在多くの教師は学校のさまざまな仕事や会議等に追われ，教材研究をする暇もないと言われている。その結果，教師用指導書に頼った授業をしたり，インターネットに出ている他人の授業実践のコピーをしたりしている。これでは授業に迫力が出ないし，授業をしている教師自身も楽しくないであろう。教師が自分の授業を楽しめないで，それを受けている児童生徒が楽しいはずがない。教師はコンテンツ開発のプロであるべきである。本書では，そうした教師の題材・教材開発を支援するひとつの視点を提案したいと考えている。したがって，その内容構成も教師にとって必要な情報を使いやすく提示するように努めた。私の知り合いの教師はみんなぎりぎりのところで頑張っている。本書がこうした教師の助けになれば幸いである。

　最後に，このような機会を与えてくださった東京法令出版の三澤弘幸氏・宮嶋智浩氏にこの場を借りて感謝申し上げたい。

2006年5月

編集代表　下田好行

編集・執筆者一覧

編集代表	吉田　俊久	埼玉大学名誉教授
	下田　好行	国立教育政策研究所初等中等教育研究部総括研究官
編集委員	鈴木　　勲	宇都宮大学教育学部教授
	山本　郁夫	横浜国立大学教育人間科学部教授
編集協力者 (五十音順)	稲場　秀明	千葉大学教育学部教授
	藤井　健司	茗溪学園中学校高等学校教諭
執筆者 (五十音順)	伊東　明彦	宇都宮大学教育学部教授
	岩田　修一	東京大学大学院新領域創成科学研究科教授
	大島　　浩	佐野日本大学中学高等学校教諭
	小澤　　啓	筑波大学附属高等学校教諭
	金田　保則	東京大学大学院工学系研究科システム量子工学専攻
	松原　郁哉	神奈川歯科大学自然科学講座物理分野講師
	南　　伸昌	宇都宮大学教育学部助教授

図説 学力向上につながる理科の題材
―「知を活用する力」に着目して学習意欲を喚起する― 物理編

2006年6月5日　初版発行

編著者──学力向上理科教育研究会
発行者──星沢　哲也

発行所──㊣東京法令出版㈱

〒112-0002	東京都文京区小石川5丁目17番3号	☎03(5803)3304
〒534-0024	大阪市都島区東野田町1丁目17番12号	☎06(6355)5226
〒060-0009	札幌市中央区北九条西18丁目36番83号	☎011(640)5182
〒980-0012	仙台市青葉区錦町1丁目1番10号	☎022(216)5871
〒462-0053	名古屋市北区光音寺町野方1918番地	☎052(914)2251
〒730-0005	広島市中区西白島町11番9号	☎082(516)1230
〒810-0011	福岡市中央区高砂2丁目13番22号	☎092(533)1588
〒380-8688	長野市南千歳町1005番地	

〔営業〕☎ 026(224)5411　FAX 026(224)5419
〔編集〕☎ 026(224)5421　FAX 026(224)5409
http://toho.tokyo-horei.co.jp/

© GAKURYOKUKOJO RIKAKYOIKU KENKYUKAI Printed in Japan, 2006

・本書の全部又は一部の複写、複製及び磁気又は光記録媒体への入力等は著作権法上での例外を除き、禁じられています。これらの許諾については、当社までご照会ください。
・落丁本・乱丁本はお取替えいたします。

ISBN4-8090-6257-0